华东政法大学国际金融法律学院
上海"五个中心"建设丛书

金融市场
基础设施的法律保护

现状、冲突与改进

郑彧　季奎明　曾大鹏 ◎ 著

上海人民出版社

自　序

　　金融市场基础设施(Financial Market Infrastructure)无论在学理还是实务上都存在不同的理解，一切为金融交易提供服务的场所、机构和设施在广义上都可以称之为金融市场基础设施。金融市场基础设施对于金融系统运行的稳定性、金融市场系统性风险防范性的作用越来越得到金融监管当局的认可与关注，世界主要金融市场也已针对金融市场基础设施的存在和运营在不同的法律层面进行了规范和确认。

　　在上海建设国际金融中心的大背景下，国际金融中心地位的树立不仅仅要依靠合理有序的资金流、信息流、人才流，还需要一系列能够支撑这些资金流、信息流的金融辅助设施系统。就我国目前金融市场基础设施的现状而言，中国证券登记结算有限责任公司(以下简称中国结算)构筑了对以股票、公司债为主要服务对象的统一证券登记结算系统；中央国债登记结算有限责任公司(以下简称中央结算)构建了为国债、企业债等债券交易提供支持的债券登记结算服务系统；银行间市场清算所股份有限公司(以下简称上清所)确立了以场外债券登记托管结算和中央对手方清算服务为特点的场外清算服务系统。这些主要金融市场基础设施的存在与发展为快速发展的全国金融市场提供了稳定、有力的清算和结算保障。

　　但问题在于，在前述金融市场基础设施快速发展的过程中，我国既无法像英美判例法系那样创立新例，也不存在德国那样在"民商分立"模式下由商法独立规范商事交易的立法模式，这导致一方面由于缺乏统一的监管安排和监管规则，我国尚未对金融市场基础设施建立起统一的管理规则和指引，现有的金融市场基础设施的运行和监管主要依据监管部门的零散规定，并没有健全的、成体系的上位法予以保障，且金融市场基础设施日常运行所依赖的法律环境还存在不确定性，亟须修改完善；另一方面，受限于我国法律传统深受"民商合一"(即将传统民法与现代商法在逻辑体系上视为一家，称之为"民商法")理念的影响，现有的法律体系遵循民法体系的基本逻辑，强调对个体交易的"公平保护"，强调"意思自治"和"等价有偿"，禁止双方当事人在担保过程中事先设定"债务人无法清偿债务时，担保物所有权自动归属债权人"的"流质条款"，也不承认那种以"先卖后买"的交易形式所实现的实质上的"让与担保"。这些传统民法逻辑的路径对于我国金融市场基础设施在所有权让与、新型金融产品质押登记、提前终止净额清算的有效性和结算的最终性等方面，导致了一系列金融市场基础设施运营所依赖的法律基础存在不确定性等问题。因此，如何在我国现有的民法、刑法法律框架下合理解决金融市场基础设施在执行金融交易、提供金融服务的过程中可能遇到的法律纠纷则成为目前金融市场基础设施群体最为关注和担心的问题，因为在日新月异的金融市场上，为这些不断涌现的金融创新产品提供交易、登记、清算和交收服务的金融市场基础设施不断面临着所有权转移、担保物登记效力、抵押品快速处置、提前净额结算效力等看似与现有传统民商规则体系不同的内部规则制定和执行语系。因此，本书希望通过探究目前金融市场基础设施现有法律保护所存在的背景、问题和根源，尝试在中国(上海)自由贸易试验区"先行先试"政策的赋权下，为构建满足上海国际金融中心建设需求的金融市场基础设施提供一些良好的法律保障建议，希望能够推动立法层面对于金融市场基础设施建设更为有效的制度供给。

本书为笔者接受上海市金融办 2017 年 3 月委托所进行的"构建符合上海国际金融中心需求的金融市场基础设施法律保障体系"之课题成果。其中，郑彧副教授负责本书的总体写作框架和统稿，撰写了本书第一章第三部分、第二章第一部分(合写)、第三部分和第四部分、第三章

第一部分和第三部分(合写)、第四章第一部分、第六部分及第七部分的内容；季奎明副教授负责撰写本书第一章第一部分和第二部分、第二章第一部分(合写)和第二部分、第三章第四部分、第四章第四部分和第五部分以及附录1有关信托登记疑难问题研究的内容；曾大鹏副教授负责撰写本书第三章第二部分和第三部分(合写)、第四章第二部分和第三部分。在本书的写作过程中，华东政法大学国际金融法律学院廉鹏老师提供了数据分析的支持，以下同学在金融市场基础设施国际经验资料收集方面提供了帮助：王静慧、叶勇攀、张钰、李麦欣、陈慧琳、王念东、张柏森、庞纯晨、林航、史一单、陈君琦、高倩、谢嫣雯、李经浩、魏舒、徐姗、罗浩亮，由此一并收录他们相关的成果作为本书附录5，在此一并致谢他们的辛勤付出。最后感谢上海人民出版社对本书的支持，也感激本书责任编辑夏红梅女士对本书付梓过程的包容和辛勤工作。

二零一八年八月

第四章

我国金融市场基础设施法律保护之提升路径

第一章

金融市场基础设施：争议及前行

一、何谓金融市场基础设施?

金融市场基础设施(Financial Market Infrastructure)在学理和实务上存在不同的定义，从广义上讲，一切为金融交易提供服务的场所、机构和设施都可以称之为金融市场基础设施。而从狭义上讲，只有那些为大规模金融交易提供集中、统一、有序服务的机构或设施才是世界各地金融监管当局所关注的金融服务内容。

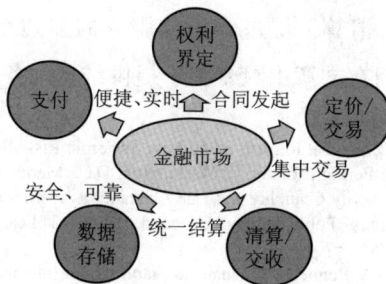

图 1-1　金融市场的分层结构

在学界，不同的专家学者对于金融市场基础设施有着不同的定义，这种不同更多的原因在于其各自关注或研究重点的不同。如美联储前主席伯南克(Ben Bernanke)在 2009 年华盛顿特区对外关系委员会演讲中将金融市场基础设施认定为是一种"金融的管道"(Financial Plumbing)，是一种"用以管理金融市场交易、支付、清算和结算，实现金融机构间相互联系和相互作用的制度、规则和惯例"；[①]而里昂(Leon)和佩雷斯(Perez)在其 2013 年的研究《作为金融市场基础设施系统重要性之指标的"中心化"》(Authority Centrality and Hub Centrality as Metrics of Systemic Importance of Financial Market Infrastructures)一文中将金融市场基础设施定义为"参与机构之间用于执行、交换、清算、结算或记录付款、证券、衍生工具或其他金融交易的多边系统"，[②]他们自己认为该等定义与国际支付结算体系委员会(CPSS)和国际证监会组织(IOSCO)所颁布的《金融市场基础设施原则》(Principles for Financial Market Infrastructure, 以下简称《FMI 原则》)中的定义不同之处在于：《FMI 原则》将适用范围限定在金融市场基础设施的狭义定义中，该原则承认其他市场基础设施如贸易交易所、贸易执行设施等的存在，但并未自动将这些其他市场基础设施纳入金融市场基础设施的范畴之中，而是需要取决于相关金融当局的认定；此后，费拉里尼(Ferrarini)和萨瓜托(Saguato)在其 2014 年的研究报告《金融机构和市场设施相互关系和金融稳定性》(Financial Stability and Interacting Networks of Financial Institutions and Market Infrastructures)一文中将金融市场基础设施定义为"为金融机构之间的交易提供交易、结算、清算、记录和压缩服务的多边系统"，[③]但基于他们的研究目的，他们在文章中只专注于提供结算服务的金融市场基础设

[①] Ben S.Bernanke, *Financial Reform to Address Systemic Risk*, Speech by Chairman Ben S. Bernanke at the Council on Foreign Relations, Washington, D.C., March 10, 2009.

[②] Leon & Perez, *Authority Centrality and Hub Centrality as metrics of systemic importance of financial market infrastructures*, Published by: Banco de la República, Available at: http://www. banrep.gov.co/en/borrador-754, pp.4—5.

[③] León & Berndsen & Renneboog, *Financial Stability and Interacting Networks of Financial Institutions and Market Infrastructures*, Published by: Center for Economic Research, Available at IDEAS: https://ideas.repec.org/p/tiu/tiucen/e1e8f9bc-2084-46df-873c-5285364138a2.html, p.1.

施，而未涵盖提供支付、数据存储等服务的金融市场基础设施。

金融市场基础设施在 2008 年之前虽已被学界和监管者所关注，但在 2008 年美国次贷危机所引发的全球金融危机之前，金融市场基础设施对于金融市场所具有的稳定作用并没有得到金融监管当局充分的认识和研究。直至 2008 年次贷危机后，国际社会才日益关注到金融市场基础设施对于金融市场稳定的重要性，并开始寻求全球统一的监管标准。美国在此方面再次充当了先行者的角色：美国国会在其 2010 年所通过的《多德·弗兰克华尔街改革与消费者保护法案》(Dodd-Frank Wall Street Reform and Consumer Protection Act)第八章中对金融市场基础设施(Financial Market Utilities, 即 FMU)进行了定义，将其界定为"在证券交易或者其他金融交易中为所参与的金融机构或者金融系统之间提供转让、结算、清算、支付服务的设施"(FMUs are multilateral systems that provide the infrastructure for transferring, clearing, and settling payments, securities, and other financial transactions among financial institutions or between financial institutions and the system)。此后，国际支付结算体系委员会(CPSS)和国际证监会组织(IOSCO)于 2012 年联合发布了《金融市场基础设施原则》(Principles for Financial Market Infrastructure,《FMI 原则》)，该原则将金融市场基础设施定义为"在各参与机构(包括系统运行机构)之间用于清算、结算或记录付款、证券、衍生工具或其他金融交易的多边系统"。这是一个包含范围较广的定义，其将金融市场基础设施分为以下五种类型：(1)支付系统；(2)中央证券存管系统(CSDs)；(3)证券结算系统(SSSs)；(4)中央对手方(CCPs)和(5)交易数据库(TRs)。①

《FMI 原则》发布以来，其对金融市场基础设施的定义与分类已为大多数国家、组织所认可并在文件或规则中加以直接援引，如金融稳定理事会(Financial Stability Board, FSB)在其文件《金融机构有效处置制度

---

① See FSB, *Principles for Financial Market Infrastructure*, p.7(For the purposes of this report, an FMI is defined as a multilateral system among participating institutions, including the operator of the system, used for the purposes of clearing, settling, or recording payments, securities, derivatives, or other financial transactions).

核心要素》(Key Attributes of Effective Resolution Regimes for Financial Institutions)中直接援引了《FMI原则》的定义及分类；①香港证券及期货事务监察委员会(Securities and Futures Commission, SFC)在其指导文件《支付及市场基建委员会与国际证监会组织的金融市场基建的原则适用范围的指引》(Guidelines on the Application of the CPMI-IOSCO Principles for Financial Market Infrastructures)中也对之进行了直接援引。除此以外，新加坡金融监管局(MAS)、法国中央银行(Banque de France)、欧盟中央银行(European Central Bank)对于金融市场基础设施的定义也多以《FMI原则》的定义为准。但在金融市场基础设施的定义上，在原有"一行三会"的金融监管格局下，无论是国务院层面还是原"一行三会"的机构监管层面都没有对"金融市场基础设施"进行统一且明确的界定，只有中国人民银行办公厅在"银办发〔2013〕187号"文件中对《FMI原则》有关金融市场基础设施的定义进行了直接援引，即将金融市场基础设施界定为"参与机构(包括系统运行机构)之间，用于清算、结算或记录支付、证券、衍生品或其他金融交易的多边系统，包含重要支付系统、中央证券存管、证券结算系统、中央对手和交易数据库五类金融公共设施"，这也是目前我国可见的唯一有关金融市场基础设施的定义。

二、本书的语境与定义

前述可见，对于金融市场基础设施的定义从形式上来看基本大同小异，离不开"为金融交易提供相关服务的多边系统，包括制度、规则和惯例等"核心环节。只不过从其提供服务的交易环节来看，《FMI原则》对金融市场基础设施的定义是将其局限在交易后环节，而学界则是将交

---

① See FSB, *Principles for Financial Market Infrastructure*, p.41(For the purposes of this report, the definition of an FMI includes five key types of FMIs: payment systems, CSDs, SSSs, CCPs, and TRs).

易环节也纳入金融市场基础设施的定义范围之中。而且在某些特定语境下也可对金融市场基础设施的定义进行调整与限缩。比如金融稳定理事会(FSB)在其指导文件《清算中的公司继续参与金融市场基础设施之指引》(Guidance on Continuity of Access to Financial Market Infrastructures for a Firm in Resolution)中就在引用《FMI 原则》定义的基础上进一步将金融市场基础设施扩展为"是为公司企业集团内一个或多个法律实体直接提供重要 FMI 服务，并且独立于该企业集团的功能实体"(An "FMI" is a multilateral system among participating financial institutions, including the operator of the system, used for the purposes of recording, clearing, or settling payments, securities, derivatives, or other financial transactions)。[①]很明显，金融稳定理事会对于金融市场基础设施的定义仅限定于支付系统、中央证券存管系统、证券结算系统以及中央对手方的范围，它并没有将《FMI 原则》中的"交易数据库"包含在其对金融市场基础设施的定义范围之内。

在此背景下，考虑到本书的目的在于构建一个满足上海国际金融中心建设需求、符合国际金融商事交易规则要求的登记、清算和结算体系，因此，虽然《FMI 原则》对于金融市场基础设施的五种分类与本书所需研究的范围存在部分交叉，比如中央证券存管系统以及证券结算系统，但《FMI 原则》定义中所涉及的支付系统与交易数据库(TRs)则不是本书研究的初衷，再加上根据 2015 年 6 月国际支付结算体系委员会(CPSS)与国际证监会组织(IOSCO)联合对《FMI 原则》的监管实施情况进行的评估结果来看，有关金融市场基础设施中的交易数据库目前在我国尚未建立，[②]因此，在借鉴《FMI 原则》有关金融市场基础设施定义的基础上，本书中所述的"金融市场基础设施"的范围仅限隐身于金融交易后端

---

①　See Financial Stability Board, *Guidance on Continuity of Access to Financial Market Infrastructures*（"*FMIs*"）*for a Firm in Resolution*, Available at FSB Website:http://www.fsb.org/2017/07/guidance-on-continuity-of-access-to-financial-market-infrastructures-fmis-for-a-firm-in-resolution-2/, p.10.

②　吕世蕴：《借鉴国际经验完善我国金融市场基础设施建设》，载《债券(CHINABOND)》2015 年第 10 期。

的，为金融交易提供存管、清算、交收等服务以保障金融交易中庞大的资金流、信息流得以合理有序运作的金融辅助设施。由此，本书中所述"金融市场基础设施"意指"为了确保在以有形或无形方式提供有组织、大规模交易的场所所进行的金融交易的及时、稳定、有序、合法而为该等金融交易场所提供登记、存管、清算、交收等服务的机构、组织或者设施"。我们通过前述定义限定了本书项下金融市场基础设施的范围，这些金融市场基础设施应至少满足以下要件：(1)其存在的意义在于服务于有形或无形的交易场所，这些交易场所可以是统一、集中的金融交易所，也可以是分散但有组织的场外交易场所(但该等金融交易市场应合法存续，诸如那些为非法设立的场外交易场所或者处于需被清理整顿状态的"非法证券交易所"提供登记、结算或者清算服务的机构或者设施因其所提供服务对象的非法性，自然不在本书所讨论之列)；(2)是为在这些交易场所中进行交易的金融产品的交易提供登记、存管、清算、交收等服务，不包括金融交易系统自身及其规则；(3)这些金融市场基础设施的运行载体可以是作为组织形式存在的法人(包括营利性法人和非营利性法人)，也可能不存在任何组织形式而仅是以电子设备作为载体的机器、设备或者其他工具，因此有关支付功能的金融市场基础设施不在本书讨论之列。

三、金融市场基础设施的基石作用：金融市场系统稳定性的基础保障

当今社会，金融市场基础设施对于金融稳定的重要性被广泛承认，因为任何金融市场基础设施运行的缺陷或者失败都将导致金融市场的灾难性后果，因此金融市场基础设施的稳定性和法律保护已经上升到防止金融市场系统性风险的高度，①金融市场基础设施在金融体系和更广泛

---

① Serafin Martinez-Jaramillo ect, *The role of Financial Market Infrastructures in Financial Stability: An Overview*, source from, Martin Diehl etc editorial, Analyzing the Economics of financial Market Infrastructures, Business Science Reference, 2016, p.20.

的经济活动中，都起着至关重要的作用。比如，以中央对手方(CCP)为标志的结算系统将有效地控制金融市场交易中的特定交易方履约不能所引发的违约传导风险，将流动性风险控制在中央对手方前期的风险压力测试之中，而不是事后的"灭火式"金融援助。正如世界银行经济学家博索内(Bossone)教授在其研究中所指出的：金融市场基础设施的发展与一国经济发展、技术进步以及金融体制的变迁息息相关。金融市场基础设施的发展能够促进规模更大、效率更高的产业资本的积累，而且金融市场基础设施越发达，其承受外部冲击的能力就越强。因此，金融市场基础设施、金融的稳定性与经济增长密切联系：一方面，金融市场基础设施是巩固服务市场、增强金融稳定性的重要基础，通过金融市场基础设施高效、有序、透明的交易流程能够保证交易商对于交易结果有着明确的预期，也能确保监管当局对于交易规模和交易资金的流向有着清楚的认知；另一方面，安全高效的金融市场基础设施，便利了证券、期货等金融交易的清算、结算以及记录，在一定程度上推动了金融交易的繁荣发展，进而促进国家经济增长。

　　图 1-2 到图 1-4 从纵向发展的角度展示了我国金融市场基础设施中清算业务发展的状况，其中主要包括证券托管/存管以及成交数据。图 1-2 分别给出了中央结算、上清所、中国结算托管/存管证券价值的相关信息，其中中央国债综合业务系统提供的债券托管总量从 2006 年 9.25 万亿元增长到了 2016 年的 43.47 万亿元，新增的托管总量主要源于每年新发行的债券。由于上清所成立时间较晚，早期主要托管短期和超短期债券，但自 2012 年开始至 2016 年短短的 4 年左右时间，上清所债券托管总额增长了 13.45 万亿元，其迅猛增长可见一斑；而在股票、基金与公司债方面，托管于中国结算的证券存管总量也呈现出巨大的增幅趋势。

　　伴随着托管数量的增加，有关证券交易的数量同样呈现大幅增长的态势：

A. 中央结算、上清所托管债券总量(万亿元)

B. 中国证券登记结算系统登记存管证券总量(万亿元)

- - - 中央债券综合业务系统　—— 上清所登记结算系统

- - - 存管证券面值　—— 存管证券市值

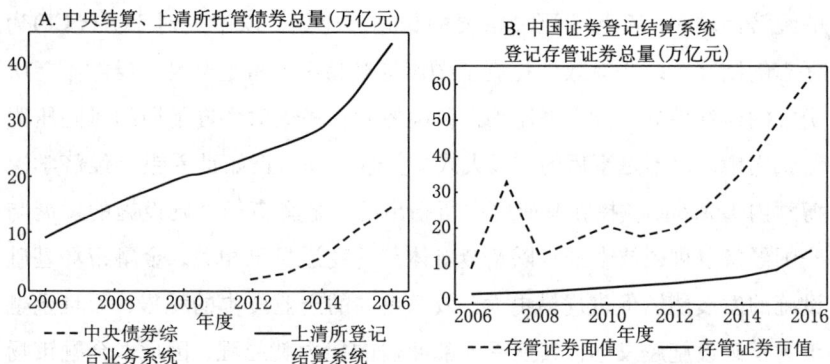

图 1-2　中央结算、上清所、中国结算证券托管/存管总量①

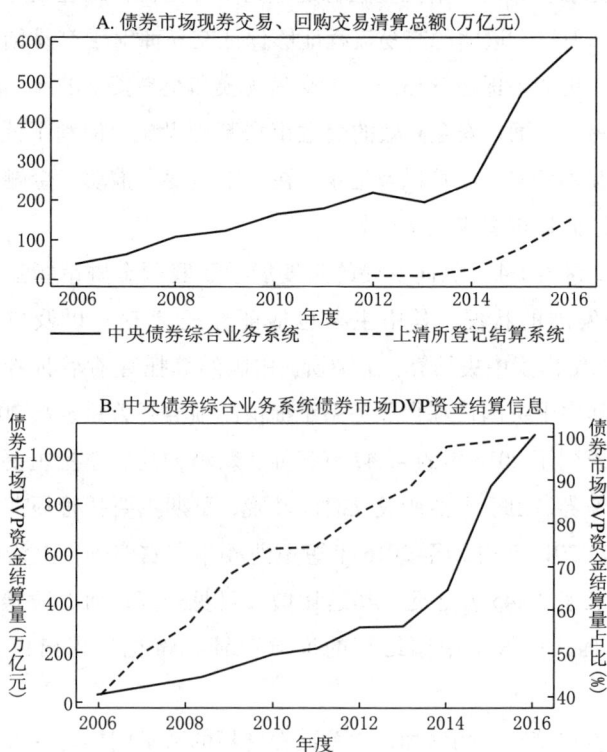

A. 债券市场现券交易、回购交易清算总额(万亿元)

—— 中央债券综合业务系统　- - - 上清所登记结算系统

B. 中央债券综合业务系统债券市场DVP资金结算信息

---

① 数据来源：《中国支付体系发展报告》及中央结算、上清所、中国结算网站公布的信息。

C. 上清所现券交易中央对手清算面额(万亿元)

现券交易中央对手清算面额万亿元

D. 中国证券登记结算系统证券结算金额(万亿元)

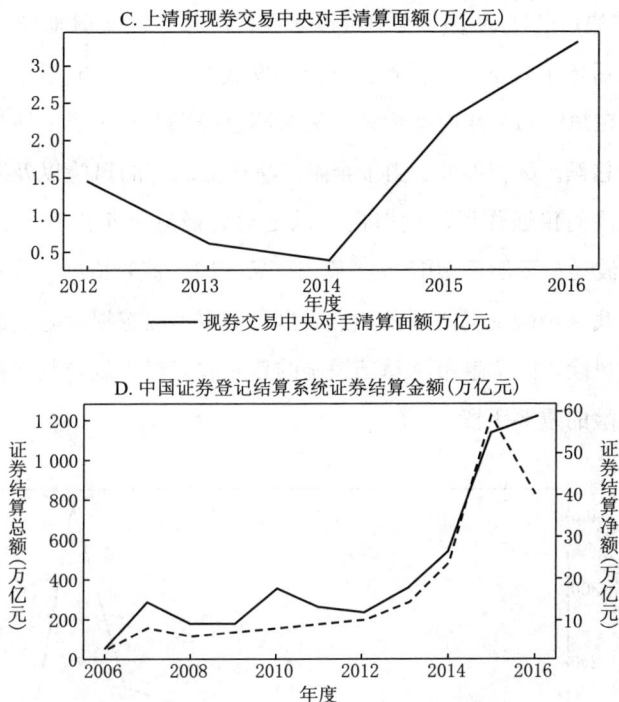

图 1-3　2006—2016 年证券交易结算量数据①

图 1-3 的 A 给出了中央债券综合业务系统和上清所登记结算系统中债券的现券交易和债券回购交易总额，无论是中央结算还是上清所交易总额都有着显著的增长。更值得一提的是中央债券综合业务系统中债券结算"券款对付"(Delivery vs. Payment, DVP)资金结算方式在过去 10 年有了大幅增长，这些信息体现在图 1-3 的 B 之中。可见，引入更高级的结算方式在有利于金融交易发展的同时，也能在清算系统风险控制中发挥更为有效的作用。图 1-3 的 C 和 D 则分别给出了作为中央对手方的上清所和共同对手方的中国结算的结算金额，从图中可以看出，除了因为市场波动引发的影响，中央对手方结算业务规模也是逐年扩大的。图 1-4 给出了同样起到中央对手方作用的四个期货交易所对应的期货交

① 数据来源：《中国支付体系发展报告》。

易总额(单边)信息。从图 1-4 中可以看到，尽管中国金融期货交易所在 2010 年之后才正式推出期货产品，但其发展态势则远远超过了传统的商品期货，在短短的一年时间内其交易金额已经大大超过了上海期货交易所的交易总额。尽管如此，由于金融期货产品固有的风险以及对其他金融市场风险的传递作用，我们也可以观察到最近一年出现的大幅度波动，这种波动主要源于 2015 年"股灾"后严厉的监管措施。从前述分析不难看到我国金融交易市场的快速发展，但也不应忽视金融交易背后蕴含的巨大风险，而金融市场基础设施的建立和完善正是防范和抑制这些系统性风险的重要手段。

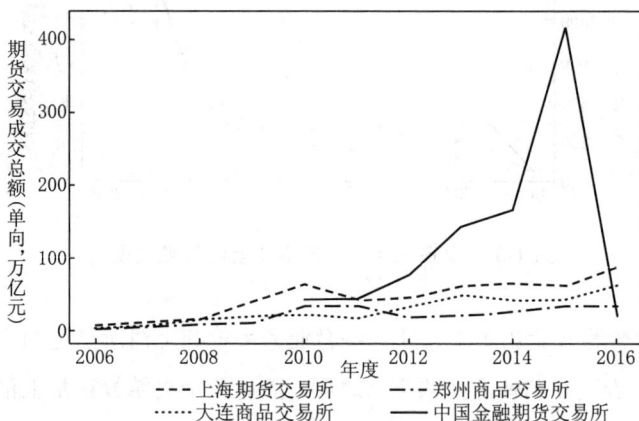

图 1-4　期货交易所成交信息(单边)①

除前述金融市场基础设施所提供服务的交易数据外，如果从横向的同期经济数据进行比较的话，以 2016 年为例，我们可以看到 2016 年我国国民生产总值为 74 万亿元、M2 余额为 155 万亿元、年末全部金融机构本外币各项存款余额为 155.5 万亿元；同期通过中国结算进行结算交收的股票交易总金额为 127 万亿元，公司债券交易总金额为 131 万亿元，基金交易总金额是 63 万亿元；通过中央国债发行、现券交割及回

---

① 数据来源：《中国支付体系发展报告》以及中国期货业协会网站公布的信息。

购交割交易总金额达到 593 万亿元；通过上清所结算的本币债券发行量、现券清算量及回购清算量的交易总金额数据为 93 万亿元。[①]

从交易数据的对照可见，金融市场基础设施已经成为支撑我国国民经济发展的重要组成部分。世界各国对于 2008 年的次贷危机的反思结论也充分证明了金融市场基础设施的重要性：在金融动荡时期，金融市场基础设施的平稳运行给了市场极大的信心，而场外衍生品市场由于缺乏金融市场基础设施，其透明度和风险管理方面存在的问题充分地暴露出来。对于金融市场基础设施的重要性，正如纽约联邦储蓄银行总裁兼首席执行官杜德利所言，"强大有效的金融市场基础设施有助于确保市场即使在危机时期也仍能够有效运作，它们是危机时期的力量之源(source of strength)，成功地履行了为交易者及时结算的义务，稳定了市场参与者继续参与交易的信心，因为参与者知道他们的交易一定会被清算和结算"。虽然改革开放四十年来，我国金融市场在整体上也体现稳健发展的态势，并没有出现像 1998 年亚洲金融风暴和 2008 年全球次贷危机这样影响金融系统稳定性的重大危机，但在金融市场近十年来高速发展的背景下，特别是在建设上海国际金融中心过程中，如何确保金融市场基础设施在全球人民币产品创新、交易、定价和清算中心中的服务作用，如何通过合理、完善的法律制度建设保障上海金融中心可持续、强有力地发展正是本书研究的出发点。

---

① 数据来源：国家统计局网站、上海证券交易所、深圳证券交易所、中国证券登记结算有限责任公司及中国债券登记结算有限责任公司披露数据。

第二章

金融市场基础设施法律保护：国际经验与启示

　　根据《金融市场基础设施原则》(《FMI 原则》)之原则 1 中的"法律基础"，《FMI 原则》要求金融市场基础设施在其所在的司法管辖区域内应具有"稳健的、清晰的、透明的以及可执行的法律基础"，即金融市场基础设施所在国要为金融市场基础设施存在与运转的合法性在基础法律方面提供确定性的保障。因此，就一个在特定司法管辖区域范围内成功而且运转良好的金融市场基础设施而言，其运作不仅需要获得商业经营方面的市场认可，而且需要得到法律在一定层面所给予的授权，才能满足《金融市场基础设施原则》中的相应要求。在此背景下，欧盟、美国等金融市场成熟的国家和中国香港地区都对金融市场基础设施的法律保护提供了成功的样本，其主要经验大致可以归功于以下几个方面：

一、立法对于金融市场基础设施地位的明确授权

1. 欧盟做法

2008 年金融危机发生之前，欧盟并没有专门设立负有执行力的统一

金融监管机构以对金融市场基础设施进行监管，传统证券市场以及衍生品市场的监管主要由各成员国自身的金融监管机构自行负责。金融危机发生后，尽管欧盟在传统证券领域的整合仍然举步维艰，但仍促成了各成员国对于场外衍生品监管的一定共识。2012 年，欧盟委员会颁布了《欧洲议会和理事会第 648/2012 号关于场外衍生品、中央对手方及交易信息库的准则》(以下简称《场外衍生品准则》)，[①]之后欧盟又公布了一系列支持性监管和实施技术标准，这些构成了完整的《欧洲市场基础设施规则》(European Market Infrastructure Regulation，以下简称 EMIR 规则)，EMIR 规则授权欧洲证券与市场管理局(European Securities and Markets Authority，即 ESMA)对衍生品市场进行统一监管。据此，根据《场外衍生品准则》第 22(1)条的规定，欧盟每一成员国应根据本准则指定唯一的有权机构(The Competent Authority)履行对于衍生品中央对手方授权与监管的职责。在中央对手方资格授权方面，根据该准则第 14 条规定，成立于欧盟范围内的法人组织应向其所在欧盟成员国的有权机构，按照该准则第 17 条程序提交书面申请并提供申请中央对手方资格所需的一切信息，由有权机构授权给予中央对手方资格。并且根据准则第 5 条之规定，一旦有权机构决定授予某法人组织中央对手方资格，其应立即通知 ESMA 并对该中央对手方所清算的衍生品履行"公开注册(A Public Register)"程序：对于衍生品交易种类、清算时间、清算机构、清算责任等信息进行明确注册，并由 ESMA 将该等信息公布于其网站。

对于欧盟各成员国传统证券领域清算结算机构等金融市场基础设施的监管，以及场外衍生品市场统一监管趋势下的各国监管模式，仍需要回到各成员国语境下进行分析。本书对于欧盟成员国金融市场基础设施的研究主要集中于英国、德国和法国。

(1) 英国

在 2012 年前，根据所适用的《2000 年金融服务与市场法》(Financial

---

① Regulation (EU) No. 648/2012, OTC Derivatives, Central Counterparties and Trade Repositories.

Services and Markets Act 2000，以下简称 FSMA)，由申请人提出书面申请，经当时英国金融服务局(Financial Service Authority)审核后进行授权，英国金融服务局可以在 FSMA 的条文内容范围内授权两种类型的清算机构(The Recognized Clearing House)：即中央对手方服务的清算所(The Central Counterparty，即 CCP)和仅提供清算服务的清算所(The Clearing House)。[①]在英国，主要的清算所包括 LCH 清算系统有限公司(LCH.Clearnet Ltd)、ICE 清算欧洲有限公司(ICE Clear Europe Ltd)、欧洲中央对手方有限公司(European Central Counterparty N.V.)、CME 欧洲清算有限公司(CME Clearing Europe Limited)[②]和欧清银行英国及爱尔兰有限公司(Euroclear UK & Ireland Limited)，他们均是依据 FSMA 的规则获得清算资格的授权。[③]

除此以外，CREST 系统是英国的证券托管系统与证券结算系统(Securities Settlement System，即 SSS)，该系统自 2002 年起由欧清银行(Euroclear SA)的全资子公司欧清银行英国及爱尔兰有限公司(Euroclear UK & Ireland，以下简称为 EUI)运营。其证券托管运营资格是由英国财政部(HM Treasury)根据《2001 年非凭证式证券条例》(Uncertificated Securities Regulations 2001)授权而获得，CREST 系统履行英国证券电子化托管与转移职能。[④]EUI 不仅具备清算所资格，同时也是英国唯一的中央托管机构(Central Securities Depository，即 CSD)。

(2) 德国

根据德国《金融业法》(Gesetz über das Kreditwesen)，中央对手方的清算、证券托管等证券类业务属于银行业务范畴，因此在德国从事清算业务需向德国联邦金融监管局(Bundesanstalt für Finanzdienstleistungsaufsicht,

---

① 《2000 年金融服务与市场法》(Financial Services and Markets Act 2000)，第 285 条。
② 已于 2017 年 10 月 12 日起关闭。
③ 随着《2012 年金融服务法》(Financial Services Act 2012)的实施，英国金融服务局更名为英国金融行为局(Financial Conduct Authority)，上述 CCP 与清算所授权主体随之变更。参见《2012 年金融服务法》(Financial Services Act 2012)，第 1A 条。
④ 《2001 年非凭证式证券条例》(Uncertificated Securities Regulations 2001)，第 4 条、第 5 条。

即 BaFin)提交书面申请并取得信贷机构(即银行)牌照。①作为中央对手方清算机构，欧交所清算有限公司(Eurex Clearing AG)参与德国证券交易所及其场外衍生品市场的清算，欧洲商品清算有限公司(European Commodity Clearing AG)参与欧洲能源交易所、APX-Endex 能源交易所、法国电力交易所等衍生品交易的清算；而明讯(Clearstream)承担了德国国内证券托管与国际证券托管的职能。在 2014 年，BaFin 根据欧盟 EMIR 规则再次对运营清算业务的组织进行授权以符合欧盟监管要求。

(3) 法国

根据法国《货币与金融法》(Code Monétaire et Financier)第 L.440-1 条与第 L.440-2 条，在法国经营清算业务必须具备信贷机构(即银行)牌照，且其运营规则(The Operating Rules)需获得法国金融市场管理局(Autorité des Marchés Financiers)的批准。因此，为满足取得银行牌照的前置条件，根据《货币与金融法》第 L.511-9 条与第 L.511-10 条，经营清算业务主体需向法国审慎监管管理局(Autorité de Contrôle Prudentiel)书面提出申请并满足相关审核标准后，由其批准授权获得银行牌照。目前法国清算业务由 LCH 清算系统有限公司(LCH.Clearnet SA)经营。

根据《货币与金融法》第 L.330-1 条与第 L.542-1 条以及《金融市场管理局总规则》(Règlement général)第 L.550-1 条与第 L.560-1 条，在法国，经营证券托管与结算业务必须经申请并通过法国金融市场管理局对于其股东、高级管理人员、运营规则与金融资源的综合考评才能获得业务的资格。法国证券托管与结算业务主要由欧清银行法国公司(Euroclear France)运作。

2. 美国经验

美国金融市场的清算组织，根据经营类别的不同划分为美国证券交易委员会(Securities and Exchange Commission，即 SEC)注册的清算机构(Clearing Agency)和美国商品期货交易委员会(Commodity Futures Trading

---

① 《权利人法》(Gesetz über das Kreditwesen)，第 1 条、第 32 条。

Commission，即 CFTC)监督管理的衍生品清算组织(Derivatives Clearing Organization)。这些结算机构根据自身结算证券种类，分别向 SEC 或者 CFTC 提出书面申请，由所对应的主管机构根据《美国法典》(United States Code)相应条款进行审核并对是否授予清算组织资格作出决定。①作为 2008 年次贷危机的反思和应对措施，2010 年通过的《多德·弗兰克华尔街改革与消费者保护法案》(以下简称《多德·弗兰克法案》)第八章对金融市场基础设施进行了定义，同时在 SEC 和 CFTC 分别对金融市场基础设施进行监管的基础之上，明确金融稳定监管理事会(Financial Stability Oversight Council)可以就对于系统稳定性具有重要作用的金融市场基础设施进行认定，并联合相关金融监管机关(the Appropriate Financial Regulator)实施更为有效的监管。

在此立法背景下，美国证券结算组织与系统主要包括纽约存管信托及清算有限公司(The Depository Trust & Clearing Corporation，DTCC)的子公司 The Depository Trust Company(DTC)与美联储运营的 Fedwire 证券服务有限公司(Fedwire Securities Service)。DTC 根据 SEC 授权取得了清算资格，主要经营传统股票债券、市政债券、商业票据的集中托管与结算。而 Fedwire Securities Service 作为美联储大额支付系统(Fedwire)的一部分，由美联储直接运营政府机构和国际组织发行的证券。

3. 亚洲的发展

(1) 中国香港地区

香港证券及期货事务检察委员会(以下简称香港证监会)与香港金融管理局(以下简称香港金管局)曾于 2013 年 3 月 28 日联合发布，将遵守《金融市场基础设施原则》及相关标准，根据具体条例内容在各自职责范围内对于结算及交收系统以及结算所等金融市场基础设施监察内容进

---

① SEC 受理申请并授予结算资格的法律依据为《美国法典》第 15 章第 78q-1 条(15 U.S.Code §78q-1)；CFTC 受理申请并授予结算资格的法律依据为《美国法典》第 7 章第 7a-1 条(7 U.S.C. §7a-1)。

行修订并实施。①而在 2004 年，香港证监会与香港金管局已就结算对象及内容等事宜的监管达成谅解备忘录以进行合作监管安排。②

《证券及期货条例》规定由香港证监会对证券及期货领域的结算所进行认可与监管。③根据该条例第 37 条，结算所需经过香港证监会认可，由香港证监会咨询财务司司长后寄送认可该公司为结算所的书面通知。同时根据该条例第 43 条，香港证监会咨询财务司司长后可以撤回对于结算所的认可并指令停止提供设施。上述结算所定义包括服务于证券交易所内交易的中央证券存管(CSD)与中央对手方(CCP)以及衍生品结算机构。

《结算及交收系统条例》于 2004 年 11 月 4 日在香港生效，并于 2015 年 11 月 13 日被修订，名称变更为《支付系统及储值支付工具条例》。④该条例中所涉及的金融市场基础设施是支付系统中的结算及交收系统。根据该条例第 8E 条与第 8F 条，任何公司都可以依据条例所规定的条件向香港金管局的金融管理专员申请该类系统商业运营牌照，金融管理专员可无条件或者根据第 8I 条附加的条件批给牌照。⑤此外，根据上述条例第 4 条的内容，金融管理专员可以依据某系统满足的条件指定其属于某个特定的结算及交收系统。

(2) 日本

根据日本《债券、股份等簿记与转让法》，要成立中央证券存管(CSD)以经营证券集中托管业务须向内阁总理大臣与法务大臣提出申请，并由其进行审查后作出批准或者不予批准的书面决定。⑥

---

① 资料来源：http://www.hkma.gov.hk/gb_chi/key-information/press-releases/2013/20130328-6. shtml，访问日期：2017 年 6 月 29 日。
② 资料来源：http://www.hkma.gov.hk/media/eng/doc/key-functions/banking-stability/oversight/ CSSO_MoU.pdf，访问日期：2017 年 6 月 29 日。
③ 《证券及期货条例》第 571 章。
④ 《支付系统及储值支付工具条例》第 584 章。
⑤ 金融管理专员由财务司司长在香港法例规定的职能范围内进行委任，为金融管理局的总裁。
⑥ 《债券、股份等簿记与转让法》(社债、株式等の振替に関する法律)，第 3 条、第 4 条、第 285(1)条。

在日本从事金融商品结算业务以及获得中央对手方的资格需根据《金融商品交易法》(金融商品取引法)向内阁总理大臣递交申请许可。内阁总理大臣根据相关的许可标准进行审查，通过书面形式通知申请人批准或者不予批准，申请条件审核包括公司法人组织结构、资产状况、主要股东等内容。①

(3) 新加坡

根据新加坡《证券期货法》(Securities and Futures Act)第三部分"清算设施"的规定，在新加坡设立证券清算设施需向新加坡金融管理局(Monetary Authority of Singapore, 即 MAS)提出申请，并由其书面同意。②由于新加坡金融管理局目前仅授予 Central Depository Pte Ltd 牌照从事证券清算业务，且所有证券均托管于该公司，因此该公司在实践中作为被动受托人(The Bare Trustee)代替投资者持有所有证券，履行《证券期货法》中"中央托管系统"所规定的中央证券托管机构职能。

(4) 韩国

根据韩国《金融投资服务与资本市场法》，经营单一中央对手方清算业务须在向韩国金融服务委员会提出预申请与正式书面申请后，由该委员会根据其注册资本、主要股东、建立中央对手方清算系统的条件是否充分、是否具备防止利益冲突系统等方面综合考量后决定是否授予中央对手方清算业务经营授权。③

《金融投资服务与资本市场法》第 294 条、第 295 条规定了仅韩国证券集中托管公司(Korea Securities Depository)可以根据该法设立并从事证券集中托管、账户间证券移转、证券结算业务，禁止任何组织或者个人使用与"韩国证券集中托管公司"相类似的名称、从事证券集中托管业务。

---

① 《金融商品交易法》(金融商品取引法)，第 156 条之二至第 156 条之六。
② 《证券期货法》(Securities and Futures Act)，第 47—56 条。
③ 根据韩国《金融投资服务与资本市场法》第 12 条、第 323 条、第 377 条、第 378 条、第 393 条。

(5) 我国台湾地区

在台湾地区，由于其证券清算业务或者充当中央对手方的清算业务由证券交易所、期货交易所进行，[①]证券集中保管业务由台湾集中保管结算所股份有限公司经营。根据台湾地区"金融监督管理委员会组织法"，由台湾地区金融监督管理委员会证券期货局负责证券与期货行业的许可与监督事宜。根据"证券交易法""期货交易法""票券金融管理法"和"证券集中保管事业管理规则"，证券交易所、期货交易所以及证券集中保管业务须获得台湾地区金融监督管理委员会证券期货局的注册许可。[②]

4. 小结

从上述国家或者地区的法律实践可以发现，在金融市场基础设施的商业经营中，特别是《金融市场基础设施原则》发布后，上述国家或者地区就中央证券存管(CSD)、中央对手方交易(CCP)、证券结算系统(SSS)等牌照的发放，基本上都是通过制定基本法律以赋予本国或本地区范围内的特定金融监管部门(或者特定行政官员)批准与监管的权力。

表 2-1　部分国家或地区金融市场基础设施牌照立法授权情况表[③]

国家/地区	牌照类型	授权主体	授权依据
英国	中央对手方(CCP)	英国金融行为局	1.《2000年金融服务与市场法》(FSMA 2000) 2.《2012年金融市场服务法案》(Financial Services Act 2012)
	证券结算系统(SSS)/中央证券存管(CSD)	英国财政部	《2001年无纸化证券规则》(Uncertificated Securities Regulations 2001)

①　即台湾证券交易所股份有限公司与台湾期货交易所股份有限公司。
②　"金融监督管理委员会组织法"第2条；"证券交易法"第93条；"期货交易法"第8条；"票券金融管理法"第14条；"证券集中保管事业管理规则"第3条。
③　资料来源：国际清算权利人支付结算体系委员会，《支付、清算与结算红皮书》，http://www.bis.org/cpmi/paysysinfo.htm?m= 3% 7C16% 7C30，访问日期：2017年6月30日。

国家/地区	牌照类型	授权主体	授权依据
德国	中央对手方(CCP)/中央证券存管(CSD)/证券结算系统(SSS)	德国联邦金融监管局	《德国金融业法》(Gesetz über das Kreditwesen)
法国	中央对手方(CCP)	法国金融市场管理局 法国审慎监管管理局	《货币与金融法》(Code Monétaire et Financier)
	中央证券存管 (CSD)/证券结算系统(SSS)	法国金融市场管理局	1.《货币与金融法》(Code Monétaire et Financier) 2.《金融市场管理局总规则》(Règlement général)
美国	中央对手方(CCP)/中央证券存管(CSD)/证券结算系统(SSS)	美国证券交易委员会	《1934年证券交易法》第17章第q节第1款(15 U.S.Code §78q-1)
	中央对手方(衍生品)(CCP (Derivatives))	美国商品期货交易委员会	《商品交易法案》第7章第a节第1款(7 U.S.C. §7a-1)
中国香港	中央对手方(CCP)	香港证监会	《证券及期货条例》
	中央证券存管 (CSD)/证券结算系统(SSS)	香港金管局 金融管理专员	《结算及交收系统条例》
日本	CSD/证券结算系统(SSS)	内阁总理大臣 法务大臣	《公司债、股份过户规则》(社债、株式等の振替に関する法律)
	中央对手方(CCP)	内阁总理大臣	《金融商品取引法》

(续表)

国家/地区	牌照类型	授权主体	授权依据
新加坡	中央对手方(CCP)/中央证券存管(CSD)/证券结算系统(SSS)	新加坡金融管理局	《证券期货法》(Securities and Futures Act)
韩国	中央对手方(CCP)	韩国金融服务委员会	《资本市场和金融投资业法》자본시장과 금융투자업에 관한 법률
	中央证券存管(CSD)/证券结算系统(SSS)	—	《资本市场和金融投资业法》자본시장과 금융투자업에 관한 법률
中国台湾	中央对手方(CCP)/中央证券存管(CSD)/证券结算系统(SSS)	台湾金融监督管理委员会证券期货局	1. 《证券交易法》 2. 《期货交易法》 3. 《票券金融管理法》 4. 《证券集中保管事业管理规则》 5. 《金融监督管理委员会组织法》
南非	中央证券存管(CSD)/中央对手方(CCP)/证券结算系统(SSS)	南非金融服务局执行长官	1. 《2004年证券服务法案》(Securities Services Act 2004) 2. 《2012年金融市场法案》(Financial Market Act 2012)

二、金融市场基础设施规则优先性和最终性的法律保障

根据《金融市场基础设施原则》之原则 8 "结算最终性"，金融市场基础设施 "应至迟在生效日提供清晰和确定的最终结算"。金融市场基础设施在日常运营过程中，其对于自身结算实践具有较明晰的规则，通

过合同约定或者交易各方认可交易规则的方式在结算交易方中实现效力。但是，该类金融市场基础设施提供的结算规则在遭遇具体现实情况的法律处理(特别是破产法)规定时，往往会受到一定的挑战：结算规则是否得到所在国家或者地区的认可与接受，或者在与其他法律规则发生冲突的，适用效力孰先孰后等问题，就会凸显出来。在前文所述的 10 个国家和地区内，结算最终性都在该等司法管辖区域得到反馈。

1. 欧盟的做法

1998 年 5 月，《欧洲议会和理事会第 98/26/EC 号关于支付与证券结算系统结算最终性指令》(以下简称《结算最终性指令》)得以发布。① 根据欧盟法的条约与制度，上述指令应在发布之日起 2 年内由欧盟成员国通过直接接受或者法律修订等方式嵌入成员国法律体系，因此欧盟主要成员国内在世纪之交基本构建了关于结算最终性的法律体系。该指令针对破产程序的目标在于将涉及结算系统参与人的破产程序对结算系统造成的不利影响减少到最低程度，也希望各成员国出台的法律能够实现上述目标。指令不仅涵盖各成员国国内的支付与证券结算系统，也涵盖了涉及成员国之间的跨境支付与证券结算系统。指令最注重三个方面的问题：一是交收最终性；二是担保证券的有效性和可执行性；三是破产程序的不可追溯性。其中的重要条款包括：一是划转指令和净额交收具有法律可执行性。如果划转指令进入结算系统的时间早于破产程序生效时间，划转指令和净额交收具有法律可执行性，即使在参与人破产的情况下，对于第三方仍具有约束力；二是生效当日的破产程序不得妨碍交收。在破产程序生效当日，破产程序不得妨碍参与人交收账户(Settlement Account)内的资金和证券用于履行参与人在当天对于结算系统的相关义务；三是划转指令不可逆转。在结算系统规则规定的某个时刻之后，系统参与人或任何第三方都不能逆转已完成的划转指令；四是破产程序不具有可追溯性。对于参与人在破产程序生效前，其参与结算系统所产生

① Directive 98/26/EC of the European Parliament and of the Council of 19 May 1998 on Settlement Finality in Payment and Securities Settlement Systems.

的债权债务关系，破产程序对其不具有追溯效力。

在该指令的指引下，《英国破产法》规定如果金融衍生品合约一方当事人进入破产程序，那么合约的相对方就可以根据合约中的撤销条款来终止合同。金融衍生品交易合同中的破产约定条款因为获得破产法的认可，守约方可以在违约事件发生时撤销交易达到保护金融衍生品交易的效果，而《1999 年金融市场与破产(结算最终性)条例》(The Financial Markets and Insolvency (Settlement Finality) Regulations 1999)第 14 条特别规定了在交易的转移指令、指定系统的违约后安排、指定系统的结算规则、基于担保品合同的违约处理等方面，该条例的规定优先于普通破产法的适用。为此，《英国公司法》还专门设置了一章来阐释金融市场规则与破产法的关系，即第七章"金融市场与破产程序"。该章从第 154 条至第 181 条，对三个方面的内容作出了规定：第一，市场参与人破产、清算和违约的特殊规则(第 155 条至第 172 条)；第二，确保市场交易的特定担保的效力和执行(第 173 条至第 176 条)；第三，关于提供用于抵偿交收净额的特定财产的权利和救济的规定(第 177 条至第 181 条)。其中，第 159 条明确规定了证券登记结算机构在市场参与人破产程序中的优先权利。该条规定市场合同、证券交易结算机构的风险防范规则以及证券登记结算机构根据其业务规则作出的处理措施在破产程序中仍然被认为有效。第 164 条规定，一般破产程序中的合同撤销权不适用于金融市场合同或者证券登记结算机构根据其业务规则作出的处理。第 177 条规定，证券登记结算机构对用于抵偿交收净额的财产的权利不受该财产上其他利益的影响，只要根据业务规则是必要的，尽管在该财产上存在其他的优先利益或权利或者因违反信托业务产生的救济权，证券登记结算机构仍可对该保证金行使权利。

而在德国，其通过所修订的《德国破产法》嵌入了"结算最终性"原则，并辅以在民事诉讼法上的可执行性保障从而确保在立法与司法层面有关金融市场基础设施结算的确定性可被确实执行，不受破产程序的影响。根据《德国破产法》第 96 条第 2 款，在破产程序起始之日或之前属于金融市场基础设施的结算系统内指令、交易与义务履行依然有效，上述时间节点前的债务抵销同样具有效力。

在同为大陆法系的法国，其《货币与金融法》(Code Monétaire et Financier)第 L.330-1 条规定"若属于授权的结算系统，则该系统内的交易与交易指令直至当日交易日结束前，不会因法院重整指令或者破产程序的启动而无效，确保了系统内交易指令的不可撤销性"。

2. 美国经验

虽然《美国法典》第 11 篇有关"破产"章节(以下简称《美国破产法》)体现"自动终止规则"(automatic stay)、"禁止优先和欺诈转让(preference and fraudulent transfer)" 和"禁止破产约定条款"(ipso facto clause)三大原则，但《美国破产法》仍给金融合约的对手方提供了三种特殊的保护：第一，金融合约对手方能够对破产的债务人行使合同项下的权利，包括提前终止(closing out)、净额结算(netting)、抵销(setting off)金融合约项下的权利义务以及清算抵押物等权利；第二，阻止破产管理人依优先性转让和欺诈性转让原理行使针对破产申请前的个别清偿行为的撤销权；[1]第三，其允许金融合约对手方行使破产约定条款(ipso facto clause)，在金融合约一方申请破产以后，对手方有权终止、变更合约，或者终止、变更、加速合约中的具体权利义务，避免破产管理人行使选择权以终止对债务人不利的合同，上述合同权利可以出自交易所或者清算结算机构的交易规则，且不会因清算、破产、重整等程序的发生而丧失。[2]

除破产法外，由于在美国法项下金融交易很大一部分是通过"证券"交易的形式出现，因此在美国证券法对于"证券"采取"全部纳入、例外豁免"的监管理念背景下，作为美国证券监管三大基本框架之一的《1934 年证券交易法》(Securities Exchange Act of 1934)直接明确了结

---

① 参见金晓文：《破产程序中的金融合约安全港——安全边界的功能性定位》，载《现代法学》2017 年第 1 期。

② 11 USC §555, 11 USC §556.

算机构规则的效力，其规定经 SEC 注册的结算机构可以在遵守 SEC 依据《证券交易法》所制定的规则或发出的命令的前提下，设置对于违反结算机构的任何规定的惩罚措施。

而 2005 年美国通过的《防止破产滥用和消费者保护法案》(BAPCPA) 则再次对安全港原则进行修订，更加清晰地界定了适格的净额结算金融合约，BAPCPA 将跨产品净额结算引入《美国破产法》，允许金融互换的对手方与债务人之间就不同产品的金融合约行使净额结算权，以期降低市场系统性风险。①

2006 年，美国国会通过了《金融净额结算提升法案》(Financial Netting Improvement Act)，进一步强调了金融合约对手方提前终止和净额结算的权利。金融合约对手方不愿失去他们的交易地位，因为进行净额结算的权利可以减少他们暴露在债务人的信用风险之下，从而极有可能造成对手方集中并引发系统性风险。

3. 亚洲实践

在中国香港地区，根据《证券及期货条例》第 45 条"认可结算所的处事程序凌驾破产清盘法"，在破产程序进行中，证券及期货的市场合约、抵押、结算所规章以及违约处理不因破产程序而无效。《支付系统及储值支付工具条例》第 19 条规定了"在指定系统之内的转拨、转让及交收属终局的"内容，即"任何透过指定系统达成的转拨、转让或交收，而该系统的运作规则规定上述的转拨、转让或交收属终局的及不可撤销的"，确定了通过指定系统的结算具有最终性。并且，根据该条例第 20 条"各指定系统的处事程序凌驾破产清盘法"，结算系统内转拨指令及财产处置、违约处理安排以及附属抵押品不因破产程序而无效、不因破产管理人的身份与权限而受到干扰。若破产债权所指向的标的属于违约处理的对象，则在相应处理完结前，上述标的不得计入破产清算的债项之中。此外，根据该条例第 22 条与第 23 条，破产与公司法规中对

①　Charles W.Mooney Jr., *The Bankruptcy Code's Safe Harbors for Settlement Payments and Securities Contracts: When is Safe Too Safe?*, Texas International Law Journal, 2014 Vol.49.

于放弃财产、限制财产产权处置的规制不适用于转拨指令及转拨指令处理的对象，并不得作为优先调整的对象。此外，该条例对于遭遇其他域内域外破产法律规定情形挑战所适用规则进行了厘清，就结算最终性与破产法律适用的关系形成了相对完整的界定。

在日本，2004 年颁布施行的《破产法(暂定版)》第 58 条第 1 款与第 4 款规定：基于交易本质，具有在交易所报价或者其他报价的合同约定了在特定时间或者特定期限内履行将会继续生效，除非该到期日迟于破产程序而被视为取消，并且规定了优先适用《破产法》中其他规定。此外，《金融商品交易法》(金融商品取引法)第 156 条之十一之二，规定了结算交易方在清算程序、破产程序、再生程序、重整程序等开始时的未结算债务依据结算机构的结算规则处理。除此以外，日本《金融机构之间的特定金融交易终止净额结算法》是对金融衍生品交易的特别立法，该法对提前终止净额结算进行了定义，明确了该法适用的对象是主协议，规定了自动提前终止制度，界定了合格金融机构和受保护的特定金融交易。

新加坡与中国香港地区相类似，其在《证券期货法》中第 67 条确认了获得授权许可的清算所商业规则具有等同于合同的效力，并进一步在第 81C 条与第 81SR 条中规定，清算所、中央证券存管(CSD)的市场合约、托管财产、市场担保、违约处理等内容不会因破产程序的开始而无效。其《支付与结算系统法》(Payment And Settlement Systems Act)第 231 章之第 8 部分也明确规定了"指定系统的处理程序优先于破产法"，划转指令、依据划转指令进行的任何财产转让、指定系统的违约处置安排、指定系统在违约处置安排下关于未交收的划转指令的规则等不应视为无效，即便其与破产者资产处置相关的法律发生冲突。

根据 2017 年 3 月修订生效的韩国《债务人恢复和破产法》第 120 条"关于支付结算系统等特殊规则"，结算系统内的债务承继、调整、减少适用结算系统相应规则；破产金融交易者合同所涉及的任何一方所参与的金融交易履行与结算有效，债务人恢复和《破产法》所规定的合同取消、终结、撤销以及无效的条款不适用于该类金融交易，除非上述金融交易是由于双方共谋欺诈所施行的。

在中国台湾地区，仅在效力较低的"中央银行同业资金电子化调拨清算业务管理要点"中涉及银行同业资金结算最终性问题，而在其他具体法规中并不提及结算最终性。①

4. 南非的立法

南非《证券服务法案》第 39 条第 4 款与《金融市场法案》第 35 条第 6 款规定中央证券存管(CSD)的交易规则与指令对于证券交易各方均具有约束力。此外，在《金融市场法案》第 35 条第 2(w)款规定了依据交易规则确定交易指令不可撤销的时间点，且该条款规定了中央证券存管(CSD)或者交易参与者有权根据启动的破产程序终结交易。

因此，从金融市场基础设施规则的最终性保护而言，除中国台湾地区外，其他国家或者地区均在基本法律层面针对结算最终性制定了相应的法律，且该等立法呈现两个特点：第一，对交易规则的直接确认与间接确认，比如英国、美国、日本、新加坡、韩国、南非等国家或中国香港地区在相关法律中直接确认了结算规则对于金融产品交易各方的效力优先于其他法律；而德国与法国则通过在具体法律适用中区分结算结果与破产程序启动的效力，间接确认了结算规则的效力；第二，对于保护金融市场基础设施结算最终性采取专案或专法处理，比如英国、法国、日本、新加坡、南非等国家或中国香港地区是通过颁布修订专设的基础金融法律而将结算最终性内容加入本国或者本地区的法律框架之内；德国、美国、韩国则通过修订破产法的方式，将结算最终性内容嵌入破产法的法律框架。

---

① 资料来源：中央权利人业务局，《中央权利人遵循金融市场基础设施准则之信息揭露报告(同业资金调拨清算操作系统)》，http://www.cbc.gov.tw/public/Data/691313455271.pdf，访问日期：2017 年 6 月 30 日。

三、对于商事习惯的优先承认与保护

众所周知，由于立法者对于市场运行的规律并无完全周知的可能，所以针对复杂多样的商业社会，制定法作为唯一法律渊源存在着不可避免的单一性与不周延性，多元化法律渊源的存在有其内在合理性。特别是在金融交易领域，基于金融交易的复杂性和易变性，商事法律规范在某种程度上更显滞后性。因此，除了尽量制定详尽而周密的商事法律规范外，将金融交易习惯作为法律渊源的一部分也是大陆法系和英美法系对于金融交易承认和保护的一贯做法。

1. 美国的做法

虽然作为典型的需遵循先例进行裁判的判例法系国家，美国各州及联邦法院系统长期以来，在商事审判实践中体现了在可能有违先例的情况下仍对商业交易惯例保持充分尊重和认可的态度。在此基础上，美国的 50 个州在商事立法层面接纳了由美国统一州法委员会(NCCUSL)和美国法学会 (ALI) 联合组织制定并推荐的《统一商法典》(Uniform Commercial Code, 即 UCC)中对于"商事惯例承认与保护"的基本规则。比如，《美国统一商法典》开宗明义的宗旨有三条：一是简化、明确调整商业交易的法律，并使之现代化；二是容许商业惯常做法通过习惯、惯例和当事人之间的协议得以继续扩展；三是统一各法域调整商业交易的法律。[①]为此，该法典在第 1—205 条中分六款对商事惯例的定义、效力、地位、程序等进行了详细的规定。由此可见，美国《统一商法典》将"交易习惯"视为交易双方从事交易的一个影响因素，通过交易习惯可以了解当事方订立的协议在商业上的含义，并将交易习惯解释为"对特定地点或者特定职业或行业中的特定商事交易的当事方可能合理期待

---

① 参见吴兴光、蔡红、刘睿、盛琨：《美国〈统一商法典〉研究》，社会科学文献出版社 2015 年版，第 13—15 页。

的东西"。在这种背景下，"交易习惯"这一术语足以表明交易双方最后可以产生拒绝接受某些先前判例的结果，证明"习惯"存在的证据视为代表着取代或者否认"公认的法律规则"的尝试。①简单地讲，在美国法律体系中，当"习惯"在案例中有取代甚至否认制定法等公认的法律效果时，法院可以不适用"遵循先例"的原则。值得关注的是，该法典关于惯例的认可所要求的证明规则是"一方为证明某种有关的行业惯例而提供的证据，只有在该方曾已经适当地通知对方，使法院认为该通知已足以避免不公正地使对方感到意外时，该证据才可被法院接受"。这意味着虽然行业惯例有一定的普及性，但是其与法律始终存在明显的效力等级上的差异，"不知法"不能作为违法的免责事由，但是"不知行业惯例"却存在着一定的合理性，要求当事人双方知晓所有的行业惯例似乎强人所难，容易造成不公正的裁判。因此，规定行业惯例已被对方知晓的情况下才能作为证据是美国法院的一个重要裁判技术。

2."民商分立"的德国和法国

《德国民法典》第 157 条规定："契约之解释应考虑到交易习惯，依诚实信用原则为之。"民法是私法的基础，在通常情况下，民法中规定的交易习惯之适用对于私法具有一般性意义。同时，《德国商法典》第346 条规定"在商人之间，在行为和不行为的意义和效力方面，应当顾及在商事往来中适用的习惯和惯例"。②法律这一规定的基本精神是，在商事交易中，行为人所做的法律行为与法律后果，除了适用法律的基本规定，同时也适用商事习惯。德国当代法学家普遍认为《德国商法典》中对商事习惯所作的规定，从广义上说应包含两个方面的内容：第一，商事习惯不仅仅对商法条款的解释有重要意义，而且只要商事习惯与法律上的责任形成某种联系，它甚至可以对所有的商人、商人性公司或组织的商事权利交往产生影响。随着商事习惯在法律上的价值逐渐提

---

① 参见美国法学会(ALI)，美国统一州法委员会(NCCUSL)：《美国〈统一商法典〉及其正式评述》，孙新强译，中国人民大学出版社 2004 年版，第 29—31 页。

② 参见杜景林、卢谌译：《德国民法典》，法律出版社 2010 年版，第 211 页。

高，应基于法律社会学的角度和意义更为深刻和更加广泛地理解商事习惯；第二，商事习惯的适用不需要限制在商人范围之内，也不必对所有的商人都有强制性。商事习惯及由此而形成的商事习惯法的适用可以限制于特定的范围内，一方面它可以适用于商人的商事权利交往，另一方面，它也可以扩大到非商人的权利交往。①

在大陆法系另一个主要国家，法国通过其《法国民法典》确定习惯对于成文法的补充、说明作用。比如其第 1159 条规定"有歧义的文字依契约订立地的习惯解释之"，第 1160 条规定"习惯上的条款，虽未载明于契约，解释时应用以补充之"；而在商事领域，"商事习惯"对商事法律的制定与完善的作用相对于民事习惯在民事法律中的补充作用要高得多：《法国商法典》的目的就是为了在法国境内统一商事法律，避免地方性或习惯性商事法律的差异对流动性或地域性增强的商业活动造成的负面影响。②同时，法官对于商事惯例的适用，加速并进一步巩固了惯例向法律的转变。③

除前述民商分立模式的德国和法国外，欧洲大陆另一采取"民商分立"立法模式的西班牙也通过立法对于习惯作为法律渊源给予了承认：《西班牙民法典》第 1 条规定"法的渊源包括法律、惯例和法的基本原则。惯例在无现行法律适用时有效，且惯例须已被广泛接受并不得违反公共秩序和'善'的道德规范。司法判例在不仅仅是意向声明的解释性实践时，可视同惯例"；④同时，《西班牙商法典》第 2 条也规定了"本法典认定的商人或其他人从事商业活动，应遵循本法典规定。本法典没有规定的，应依据当地商事惯例"。⑤西班牙的民商法典对于惯例具有一致的规定，表明民事惯例与商事惯例有着高度的相似性和贯通性。

---

① 参见范健：《德国商法：传统框架与新规则》，法律出版社 2003 年版，第 310—312 页。

② 参见聂卫锋：《法典化与〈法国商法典〉的最新发展》，载《国家检察官学院学报》2013 年第 2 期。

③ 参见周林彬、王佩佩：《试论商事惯例的司法适用——一个经济法学的视角》，载《学术研究》2008 年第 10 期。

④ 参见潘灯、马琴译：《西班牙民法典》，中国政法大学出版社 2013 年版，第 1 页。

⑤ 参见潘灯、高远译：《西班牙商法典》，中国政法大学出版社 2008 年版，第 3 页。

3."民商合一"的瑞士和意大利

瑞士和意大利是欧洲两个典型的将相关民事法律和商事法律融合在一部法典进行规范的国家。这两个国家对于商事习惯在商事交易中的地位也采取了认可和承认的态度。《瑞士民法典》第1条规定了法律适用的顺序："(1)凡本法在文字或解释上有相应规定的任何法律，一律适用本法。(2)如本法无相应规定时，法官应依据习惯；如无习惯，依据自己作为立法人所提出的规则裁判。(3)在前款情况下，法官应依据经过实践确定的学理和习惯。"该条表明了法院首先应在法律中寻找具体案件的解决方法，只有在法律没有提供解决方案时，习惯法和法官法才登上舞台。①20世纪初，《瑞士民法典》针对众多民法典无法解决的制定法不完备这一问题，开创性地引入了习惯法与法官造法，并且在制定法、习惯法与法官造法三者间明确了适用的先后顺序，《瑞士民法典》的这种立法例对他国民法法律渊源的修改产生了深远的影响；而《意大利民法典》第1条则明确了法律渊源的范围：法律、规则、组合规范与习惯，在其第8条规定"关于依法律及规则调整的事项，习惯只有为此等法规援用场合始有其效力"。②相较于民商分立的德国和法国，瑞士及意大利虽然也明确了"习惯"的法律渊源，但其在传统民法体系下也表明法律与规则在法律渊源中的地位优于习惯，在法律和规则调整的范围内，习惯只有在援引法律和规则的情况下才发生效力，而在法律和规则调整的范围之外，习惯是否能够直接适用并无明确规定。

虽然在方法论上很难直接将德法民商分立项下商事习惯作为独立法源，与瑞意民商合一情况下将习惯法作为补充法源的优劣做一个科学的对比分析，但一个不可否认的事实是德国法兰克福、法国巴黎已经远远甩开瑞士的苏黎世、意大利的米兰，成为欧洲乃至世界的金融中心，这里面对于"商事习惯"的尊重与承认是否对于金融市场基础设施乃至金

---

① 参见贝蒂娜·许莉蔓-高朴、耶尔格·施密特：《瑞士民法：基本原则与人法》，纪海龙译，中国政法大学出版社2015年版，第40页。
② 参见陈国柱译：《意大利民法典》，中国人民大学出版社2010年版，第1页。

融中心建设产生实质性影响是一个值得继续研究的话题。

四、高效的商事纠纷快审快裁和专业裁决制度

就商法与民法在法律思维上的差异而言，"民法具有伦理的特点，更偏重于追求俊美的特征，商法更强调追求个别主体营利的效益，更追求交易的安全、迅捷、可靠"。①因此，可以看到，民法是以民事主体之间的"平等性"和交易的"公平性"为逻辑出发点，在民事纠纷中，民法思维看重的是单个交易对于双方主体实体性的公平或平等，较少考量整体交易机制或者交易习惯的机理、背景与要求，其特征是通过寻求个体的"绝对公平"来实现社会的"整体公平"；而商法却是以整个商业社会的整体交易规则为保护对象，它重视保护已达成的交易对于其他交易或者当事人的影响，强调交易本身的效率、迅捷和安全，由此衍生出商法思维的逻辑基础是在整个交易机制效率的前提下考虑个体的公平，其特征是通过寻求商业社会的"整体公平"来实现个体的"相对公平"。因此，商法这种应该独立于其他部门法的特点决定了商法在商业活动纠纷认定与解决机制上应有别于民法、经济法或者行政法的方式与路径，进而发展出自身独特的商事审判思维。其中，在商业纠纷解决机制下，为了确保对商事交易的效率保障，市场经济发达国家的商事纠纷解决机制无一不体现出"快审快裁"和"专家裁判"的特征。

比如，在英国，能够体现对于商事纠纷"快审快裁"原则的是"纠纷替代解决机制"（Alternative Dispute Resolution，即 ADR，下同）。在英国 20 世纪 90 年代民事诉讼法改革前，英国司法制度存在案件审理拖延、诉讼成本高、程序复杂等特点。为了改变以上缺点，1994 年英国法务大臣任命沃尔夫勋爵负责英国民事司法改革，沃尔夫勋爵在其《接近

---

① 王保树：《尊重商法的特殊思维》，载《扬州大学学报(人文社会科学版)》2011 年第 2 期。

正义》(Access to Justice)的最终报告中建议将 ADR 解决纠纷方式引入司法实践，这项建议最终被英国新的《民事诉讼规则》所采纳。英国的《民事诉讼规则》从基本原则到具体制度对 ADR 进行了全面细化。从基本原则层面看，该规则第 1.1(1)条规定：民事诉讼规则的基本目标是确保法院公正审理案件。第 1.1(2)条规定：公正审理案件应切实保障当事人平等；节省诉讼费用；应该根据案件金额、案件重要性、系争事项的复杂程度以及各方当事人的经济状况，采取相应的审理方式；保护便利、公平地审理案件；案件分配与法院资源配置保持平衡，并考虑其他案件资源配置的需要。①从具体制度层面看，法院首先通过案件管理制度督促当事人采用 ADR 解决纠纷。比如第 1.4 条规定：法院认为在适当时，可以鼓励当事人采取替代性纠纷解决程序，并促进有关程序的适用(第 5 项)，以及协助当事人就案件实现全部或者部分和解(第 6 项)。新规则第 26.4 条规定，当事人在提交案件调查表时可以书面请求法院终止调查程序，但法院也可以依职权中止诉讼程序，由当事人尝试通过替代性纠纷解决方法解决争议。法院可以通过诉讼费用杠杆机制，根据当事人的不同行为给予诉讼费用补偿或惩罚。其次，英国法院采用诉讼费用制度促使当事人采用 ADR 机制解决纠纷。②比如，新规则第 44.3 条和第 44.5 条规定：在裁定诉讼费用时，法院可以考虑当事人的所有行为，特别是在诉讼程序前以及在诉讼程序进行中的行为，特别是当事人遵循任何有关诉前议定书的行为及在诉讼程序前以及在诉讼程序进行中，为试图解决争议所作的努力，比如提出和解要约或向法院付款。新规则第 36.10 条就规定，如果一方当事人在诉讼程序启动前提出和解要约的，法院在作出有关诉讼费用的命令时，应该考虑有关当事人提出的和解要约。

英国的司法改革推行 ADR 机制的适用，改正了司法改革前英国法

---

① 参见蔡从燕：《英国民事司法改革架构中的 ADR 及其借鉴意义》，载《福建政法管理干部学院学报》2003 年第 4 期。

② 参见朱宏文、王健：《专家解决程序在英国商事争议解决中的应用与法律实践》，载《诉讼法论丛》第 10 卷，法律出版社 2005 年版。

院机制的缺点，使得当事人解决纠纷的效率性增强，也使得英国诉讼文化中的对抗性降低、合作性增强。有一点值得注意的是，英国法院在使用 ADR 机制时并不直接提供 ADR 产品，而是试图通过经济杠杆作用，包括法律援助资金和诉讼费用促使当事人自觉采取 ADR 机制，这种模式可以被总结为"大力支持，谨慎介入"模式。①

　　与英国"大力支持、谨慎介入"模式不同的是，美国的法院通过"大力支持、积极介入"的形式推动 ADR 机制在美国的实行——比如纽约州法院鼓励将诉至法院的纠纷委托 ADR 项目化解。原告起诉后，法院会对适合用 ADR 机制化解纠纷的案件由自己或者委托调解员或相关第三方机构化解。因此美国的 ADR 机制分为法院 ADR 类型、ADR 调解员类型和 ADR 创新项目三类：(1)法院 ADR 类型细分较多，首先是中立评估模式，由拥有专业知识的第三方听取当事人简短辩论，作出的裁判结论是无约束力的，目的是为和解提供预期指导。其次是调解模式，美国的州法院将调解模式细分为背对背调解，即当事人在中间人帮助下无需面对面协商解决纠纷；促进型调解，即调解员较少强调或得出结论，而是组织公开或私下交流。第三是仲裁模式，主要在州法院运用，又分为自愿仲裁、强制仲裁、棒球或终局性提交仲裁、夜间棒球仲裁、高低仲裁。自愿仲裁是指当事人选择的仲裁员在简单地听取争议后作出有约束力的终局判决；强制仲裁是指无约束力的对抗性程序，当事人不服裁决可要求法院审理；棒球或终局性提交仲裁是指当事人提交有金额的裁决建议，仲裁员根据案情选择更合理的仲裁建议而不改变内容；夜间棒球仲裁是指当事人提交金钱裁决建议，仲裁员不知内容时单独裁决，裁决内容与数额最接近的建议产生拘束力；高低仲裁是指当事人在听证前作出有范围界限的裁决建议，仲裁员在不知内容时作出裁决，如果裁决的内容在界限内则对当事人有拘束力，如果超出界限，则接近裁决的仲裁建议具有拘束力。第四是简易陪审团审理，是指当事人和律师在简易

────────────

①　参见蔡从燕：《英国民事司法改革架构中的 ADR 及其借鉴意义》，载《福建政法管理干部学院学报》2003 年第 4 期。

陪审团前做出简要开场陈述并提交证据，陪审团讨论后作出建议性裁决，并促进和解。[①]法院可以将案件交给该项目处理，当事人也可以自愿运用。简易陪审团的裁决是有约束力的；(2)ADR 调解员机制是由律师和非律师专业人员组成，并形成调解员名册由法院采用。比如国王县(Kings County)法院婚姻案件项目中，中立评估人必须为志愿律师，且拥有 7 年以上婚姻案件评估人工作经历；(3)社区纠纷调处中心、志愿律师和荣誉律师、合作家庭法律中心项目。由于这些 ADR 创新项目只是最终诉至法院的前置纠纷解决程序，与本书主题无关，在此不再加以阐述。

在澳大利亚，虽然法院依旧是当事人解决纠纷的中心，但是法院冗长的程序、低下的效率、高昂的律师费以及会伤害商业合作双方当事人感情的缺点促使澳大利亚司法界探寻一种经济、快捷和友好的纠纷解决方式。ADR 模式应运而生。在澳大利亚，ADR 主要分为协商、居中调停、独立专家评估、案件陈述、调解、混合仲裁、仲裁、私人法官租借法官等模式：第一种模式的协商是指在没有第三人参与的情况下由当事人自己作出决定，达成双方满意的协议的方法。协商方式一是要求当事人自行参加和主持协商；二是当事人必须接受成功的协商结果。协商的核心在于当事人通过互相让步的方式快速解决纠纷；第二种模式的居中调停需要第三方的参与，调停者针对案情不发表个人观点，其作用在于帮助当事人参加会议，安排适当场所与日程促使当事人自行达成协议；第三种模式是独立的专家评估。当事人首先要向专家请求，专家的意见仅供参考，该方式仅适用于涉及复杂的专业技术案件；第四种模式是案件陈述。[②]这是一种"微型审判"模式，同样需要第三方的参与，只是该第三方并不中立，其与纠纷当事人存在某种联系；第五种模式是调解，调解需要调解人的参与，调解人的作用在于召集当事人就纠纷进行

---

① 参见高陈：《美国纽约州法院 ADR 机制及其启示》，载《湖北警官学院学报》2014 年第 3 期。

② 参见李广辉：《试论澳大利亚民商事纠纷的解决机制》，载《河南省政法管理干部学院学报》2000 年第 2 期。

调解；第六种模式是混合仲裁，其将调解和仲裁相结合，如果调停无效就开始仲裁。这种模式又可分为两个阶段，第一阶段第三人以调解员的身份参与双方当事人的纠纷解决并收集相关证据。如果双方当事人在调解程序中没有达成合意解决纠纷，就进入第二阶段的仲裁程序。在仲裁程序中，仲裁员是由调解程序中的调解员担任，并根据其在调解程序中收集的证据进行仲裁；第七种模式是仲裁，也就是纠纷当事人约定将其争议交给第三人进行评判，在纠纷发生时交给第三人评判并受其约束的制度。澳大利亚的仲裁制度分为协议仲裁和附属法院仲裁。协议仲裁与中国仲裁制度相同，在此不做赘述；附属法院仲裁是指在法院的诉讼程序开始后，由法院将案件交给仲裁员审理，仲裁员的权力派生于法院；最后一种模式是私人法官或租借法官制度。[①]当事人指定一名退休法官作为第三人，该名法官所做的决定可以是有拘束力的也可以是无拘束力的，当该"法官"做的决定无拘束力时其只相当于一种咨询意见。

前述快审快裁及专业裁决的存在使得商事交易的纠纷能够在最短的时间内得到解决，减少当事人的诉累，用最小的成本和最少的时间将引发双方当事人之间不确定性的纠纷转换为具有法律约束力的、具有确定性的裁决结果，有利于当事人管理交易的预期和期望，促进金融交易的稳定和可持续发展。

---

① 参见李广辉：《试论澳大利亚民商事纠纷的解决机制》，载《河南省政法管理干部学院学报》2000 年第 2 期。

第三章

我国金融市场基础设施法律保护的主要问题

一、我国金融市场基础设施的法律地位界定不明

虽然金融市场基础设施的主要功能都是为金融产品提供交易、登记、存管、结算平台并进行自律监管，从而促进金融市场的发展。但通过对国内各类金融市场基础设施设立现状的梳理可以发现，虽然国内主要金融市场基础设施设立的依据不尽相同，各自所采取的组织形式也不尽相同，但各类金融市场基础设施都面临着一个共同的基础性问题，即现有各类金融市场基础设施多以"公司"形式存在，因而以公司组织所颁布的内部规则"排他性"效力并无明确的法律保障。

从前述各国经验介绍可见，金融市场基础设施之所以能够为金融交易提供可靠、有效的交易后台保障，非常重要的一个原则就是法律对其内部规则对世效力有效性和优先性的明确承认和保障，通过对于这种内部规则高规格的法律保障以确保金融市场基础设施运营主体及市场参与方能够准确预期参与金融市场交易的法律后果。但就我国现有的金融法律体系而言，由于金融市场基础设施基本上都是以相关行政主管部门的

"行政批复"方式设立，且现有符合本书定义项下之金融市场基础设施又都是以"公司制"这种组织形式出现(参见表 3-1)。

表 3-1　我国各主要金融市场基础设施存续形式类型表

设施名称	类　　型	批准/主管机关	权力机构	有无法律直接授权
中国证券登记结算有限责任公司	有限责任公司	证监会	股东会	证券法
中央国债券登记结算有限责任公司	有限责任公司	中国人民银行	股东会	无
中国信托登记有限责任公司	有限责任公司(国有控股)	原中国银监会	股东会	无
中国金融期货交易所股份有限公司	股份有限公司(非上市)	中国证监会	股东大会	无
银行间市场清算所股份有限公司	股份有限公司(非上市)	中国人民银行	股东大会	无
上海保险交易所股份有限公司	股份有限公司(非上市、自然人投资或控股)	原中国保监会	股东大会	无
上海票据交易所股份有限公司	其他股份有限公司(非上市)	中国人民银行	股东大会	无

这些以"公司"形式存在的金融市场基础设施最大问题就是其虽然是合法成立并存续，但由于大多数金融市场基础设施是依据公司法而设立的"企业法人"，因此在法理上，作为"企业法人"的各金融市场基础设施面临从何得到授权并对市场参与人具有"管理"权限的问题，这已经不是传统意义上金融市场基础设施与市场参与人的契约关系可以解释的，因为金融市场基础设施的内部规则会要求市场参与人以外的第三人也需无条件服从金融市场基础设施的规则问题：

第一，依据我国《公司法》，公司在法律性质上属于"企业法人"。虽然公司法没有进一步解释什么是"企业法人"，但依据全国人大法工委在就《民法总则》立法所做的民法与商法是"一般法与特别法"观点，①在公司法没有明确界定的情况下，对于"公司"这种企业法人的定义需要回到现行民法的法律条文中寻找答案。在《民法总则》中，法人分为"营利法人"、"非营利法人"和"特别法人"三个类型。"营利法人"被界定为"以取得利润并分配给股东等出资人为目的成立的法人"，其中"营利法人包括有限责任公司、股份有限公司和其他企业法人等"。②问题由此产生，除了极少数金融市场基础设施因存在特别性的法定授权外，③公司作为一种非公益性的"营利性"组织，无论按照商事法律还是民事法律的观点，其只能与第三方主体存在平等的民(商)事关系，即使其可能为了自身经营需要而发布一定的交易规则(如结算规则、清算规则、交收规则等)，但该等规则只可以勉强解释公司与其交易对手方之间的法律约束力问题，如果缺少法律对其自身"管理"功能的特别确认，作为公司所试图发布的那些意图具有"对世性""终局性"规则(比如将依据其内部规则对市场参与人权利所进行的处置安排优先于第三方对于市场参与人的权利)都不可避免地会受到第三方对其规则权力来源合法性的挑战。

　　第二，基于我国现有金融行业"分业经营、分业监管"的格局，各个金融市场基础设施分别归属证监会、银保监会(合并前的银监会、保监会)或者中国人民银行主管，因此我国并不存在统一的有关保障金融市场基础设施内部规范对外执行效力的文件。在此背景下，虽然我国《证券法》第120条、第167条分别规定"按照依法制定的交易规则进行的交易，不得改变其交易结果"，"证券登记结算机构为证券交易提供净额结算服务时，应当要求结算参与人按照货银对付的原则，足额交付

---

　　①　李建国：《关于〈中华人民共和国民法总则〉的说明》，载《人民日报》2017年3月9日。

　　②　《民法总则》第76条规定"以取得利润并分配给股东等出资人为目的成立的法人，为营利法人。营利法人包括有限责任公司、股份有限公司和其他企业法人等"。

　　③　比如《证券法》第155条规定"证券登记结算机构是为证券交易提供集中登记、存管与结算服务，不以营利为目的的法人"，而中国证券登记结算有限责任公司作为中国证监会核准的唯一为沪深两地证券交易所提供证券登记结算服务的法人实体，其作为公司但却具有一线管理职责的权力是通过《证券法》间接得以实现的。

证券和资金，并提供交收担保。在交收完成之前，任何人不得动用用于交收的证券、资金和担保物。结算参与人未按时履行交收义务的，证券登记结算机构有权按照业务规则处理前款所述财产"。但《证券法》的发行与交易只是适用于"股票""公司债券"和"其他国务院依法认定的其他证券"这三类特定证券品种，前述有关股票、公司债券的"交易规则最终性"和"交收规则优先性"的法律保障无法直接适用于其他"证券"品种，这也决定了事实上只有中国结算的业务规则的对世效力在理论上可以享受到法律的承认与保护，而为其他"证券"品种提供交易清算、交收服务的中央结算、上清所、中信登等其他金融市场基础设施所颁布的包含有类似效果的内部规则无法自然而然享有这样的法定授权，目前也仅是这些金融市场基础设施为了确保交易的顺利进行而进行的"自我授权"。①

第三，虽然中国人民银行办公厅和中国证监会办公厅曾分别以"银办发〔2013〕187 号"、"证监办发〔2013〕42 号"文件要求在其系统内部贯彻实施《金融市场基础设施原则》，但问题在于：首先，《金融市场基础设施原则》中所提供的"结算最终性"原则只是一个宣示性的技术性原则，如果没有经过国内法的转换无法真正"落地"成为所有金融市场基础设施可普遍享受的法律原则。因此单纯以中国人民银行或证监会内部文件援引的方式无法实现金融市场基础设施内部规则对世效力有效性和最终性的法律保护效果；其次，这两个文件只是中国人民银行办公厅和证监会办公厅的行政性文件，作为法律规范的级别效力太低，其效果更类似于行政管理性文件而非普遍适用的法律规范；最后，这两个文件只是各自面对由中国人民银行或证监会领导、主管的各金融机构发布，并未针对其他金融市场基础设施，因此决定了该等文件只在中国人民银行、证监会各自负责监管的领域发挥作用，其对金融市场基础设施效力

---

① 从我国的金融市场实践上看，由于《证券法》对于证券定义的界定过窄，这导致《证券法》无法涵盖其他诸如中期票据、金融债等被其他金融监管机构同样认定为"有价证券"的证券品种。

的规定在现有法律体系项下根本无法被主动、自主地适用于诸如法院、检察院等司法系统的司法裁判之中。

在此立法现状下，为了确保所服务的金融交易的正常清算和交收，现有各个金融市场基础设施都试图通过各种形式为其各自的业务规则树立规则的最终性效果：

1. 以形式上的公司制、实质上的会员制获得所谓会员的"权利让渡"

以上海保险交易所股份有限公司(以下简称上海保交所)为例，上海保交所是一种典型的公司制交易所，其最早可追溯的设立依据是在《进一步推进中国(上海)自由贸易试验区金融开放创新试点 加快上海国际金融中心建设方案》中提及了保险交易所，除此之外找不到其他的法律规范的定位与授权。也就是说，对于保险交易所而言，没有类似于证券交易所那样的来自行政法律规范的行政授权，也就使得其在设立之后从事运营所颁布的内部规范的效力无法获得来自法律或者行政法规的授权。由于无法通过《公司章程》形成对全体保险商的约束(因为公司章程只是解决股东之间的公司治理结构关系，而不是解决交易关系)，因此，上海保交所推出了《上海保险交易所股份有限公司会员办法(试行)》，①该办法是根据《保险法》等法律法规以及《上海保险交易所股份有限公司章程》而制定的，依据该试行办法，在境内外依法设立的企业、事业单位、社会团体和其他组织等可以通过该办法自愿申请为保险交易所的会员，并在上海保交所同意后拥有该所会员身份。由此，上海保交所用了一个"绕道"的技术性手段，将主要股东和交易方变为"会员"，并通过"自愿申请——审批同意"的契约方式锁定会员之间的关系。一旦成为会员，则会员单位便需依照试行办法的第13条"遵守本所及附属机构管理规范和相关业务规则"、"接受本所的自律管理"的规定，由此将保交所有关交易及结算最终性的规则提升到约束各交易参与人的层面。

---

① 《上海保险交易所股份有限公司会员办法(试行)》。

虽然"会员制"在某种程度上可以制约各会员之间的交易行为，确保结算规则在金融市场基础设施之间的执行，但会员制没有解决一旦各会员的财产、交易权利受到会员以外的第三人主张权利时，并没有法律确保这种内部规则可以对抗向会员主张财产或者交易权利的第三人，由此无法将金融市场基础设施内部规则的有效性扩展到不特定的第三方，这样在本质上变成内部规则只能依赖于会员间的自觉遵守，一旦涉及会员以外的第三方的纠纷，这种内部规则对于交易结果、清算结果、交收结果的排他优先性就无对抗第三方的法律保障。

2. 以行政主管机构的行政规章、规范性文件或者批复作为内部规则优先性的法律来源

以上海票据交易所股份有限公司(以下简称上海票交所)对票据交易的交收为例，由于票据交易涉及票据市场登记与电子化、登记与托管、交易、交易结算与到期处理等各个方面，为了确保这些金融市场基础设施的顺利运行，中国人民银行颁布的《票据交易管理办法》第 62 条规定"票据市场基础设施依照本办法及中国人民银行有关规定制定相关业务规则，报中国人民银行同意后施行"。据此，上海票交所先后发布了《上海票据交易所票据交易规则》《上海票据交易所票据登记托管清算结算业务规则》，作为对于规范票据交易的内部规则依据。其中《上海票据交易所票据登记托管清算结算业务规则》第 41 条相应地规定了"票据交易的资金结算完成后，结算指令不可撤销"等体现结算最终性的业务规则以作为其提供结算服务的规则要求。

由此可见，就现有提供金融交易服务的金融市场基础设施而言，其大多通过行政主管部门的规章或者规范性文件授予其内部结算规则的最终性效力，或者通过自身的契约安排从交易参与(对手)方处获得对交易最终性的"契约承诺"。但无论是基于行政规范还是契约安排，对于这些金融市场基础设施规则的效力最终性并没有在《证券法》等直接具有法律渊源效力的法律中得以确认和体现，而且即便是《证券法》第 158 条也仅是笼统地规定"证券登记结算机构章程、业务规则应当依法制

定，并经国务院证券监督管理机构批准"，并没有明确授予这些规则对外的最终效力(特别是对于那些不参与市场交易，但在诉讼中主张证券登记结算机构内部规则效力不具有约束力的非市场参与方而言)，因此在业务实践中就存在司法审判机关否定中国结算按照法定程序制定发布的业务规则的个别案例，究其本质也可归咎于我国金融市场基础设施法律地位的法律授权不明，由此为金融市场基础设施在为市场参与人提供登记、清算、结算和交收的服务过程中埋下涉诉隐患。

二、我国金融市场基础设施的所有权变动规则与传统民法要求存在冲突

根据我国物权法的相关规定，可以产生物权变动的方式主要分为三类：(1)不动产物权的设立、变更、转让和消灭，经依法登记，发生效力；未经登记，不发生效力；(2)动产物权的设立和转让，自交付时发生效力；(3)其他由于特殊原因导致物权设立、变更、转让或消灭的，以其特定区域或行业所普遍认可的权利外观为准发生效力。如具有强制力的征收或依据法律文书执行财产自征收决定或法律文书生效时发生效力；继承受遗赠财产自继承受遗赠时发生效力；因事实行为设立或消灭物权自事实行为成就时发生效力。由此可见，在我国，对于具有较高稀缺性的不动产采用登记生效为主、登记对抗为辅的原则，对于稀缺性较低的动产则采用交付主义原则。登记与交付都为物权变动公示的表现方式。传统物权变动的规则通过所有权占有的公示为物权交易赋予连续的、不间断的权利外观，使得交易变得明晰可见，以增加权利人和社会公众对交易的安全感。[1]但这也就意味着，物权的变动除了需要达成物权变动合意以外，还需要"公示"作为物权变动的生效要件，如果未公示，物

---

[1]　参见常鹏翱：《物权公示效力的再解读》，载《华东政法学院学报》2006年第4期。

权则不发生变动的效果，物权仍属于原当事人没有特定化的财产，可以被执法机关冻结、扣押。而"物权公示"最主要的特征就是登记(不动产)和交付(动产)。其中，就动产的交付而言，除"所有权保留"的安排外，动产所有权的转移应以让渡人在转移所有权的意思表示下将动产转让给受让人并由受让人实际控制该等动产之时起发生。按照传统物权法规定，证券和资金由于属于能够移动而且移动并不损害其经济用途和经济价值的物，因而应属于民法项下的"动产"类别，据此有关"证券"或者相关体现为"请求权利"的其他金融产品(在物理上体现为有形的权利凭证或者电子凭证)的所有权转让也应自证券或者"权利凭证"(以下统称"证券")交付时发生效力。由此，对于证券交付时点的认定在本质上会影响到"证券"所有权是否完成转移的法律认定。在金融市场交易中，由于交易量的巨大，其有别于传统的"一对一"的市场交易行为，它的交付往往是在金融交易完成之后的特定时段内由统一、集中的后台结算系统(即本书所述的金融市场基础设施)完成最终的交收，因此为了便于理解其中存在的法律规则的冲突性，在此以证券交收与结算为例，简要回溯一下金融市场基础设施如何在交易后台为证券交易提供结算服务：

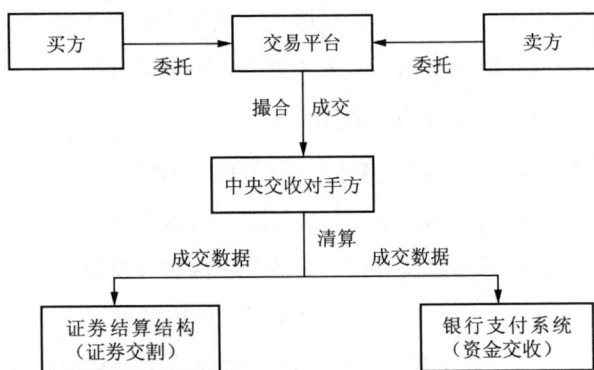

图 3-1　证券结算运作机制

由上可见，证券结算包括清算和交收两个步骤：清算是对交易双方应收、应付的证券数与资金数的计算，其最终目的在于确认交易双方在结算日的债权、债务关系，为后续结算工作做好准备；而交收是最终的证券交割和资金交付，其目的是最终完成整个交易过程。从图 3-1 可以看出，证券结算运作机制从买卖双方下单开始，并通过委托下达买卖指令至交易平台。交易平台利用电脑系统或公开叫价的方式为买卖双方进行撮合；交易平台在撮合成功后会将此数据传送至证券结算机构，由证券结算机构根据成交数据计算出应收、应付的资金金额和证券数量；经过清算计算出应收、应付的资金金额与证券数量后，金融市场基础设施会根据其交收程序和交收时间要求进行资金和证券的反向转移；其中证券的转移一般通过结算机构来进行，而资金的转移一般通过指定银行系统来进行。在此过程中，为了简化交割的流程，减少交割误差，同时提高效率，这些金融市场基础设施主体往往为市场提供中央交收对手方(CCP)服务，即原本在双方结算之间进行结算的收取和支付证券或资金的权利一并转让给证券登记结算机构，由证券登记结算机构统筹轧差完成各市场参与人之间当日交易的证券及资金的应收应付金额。由此，虽然一个交易商在交易日可能有多笔交易发生，并且会涉及多个交易对手方，但通常最终只对其直接结算对手方——中央交收对手方产生一个净债权或净债务。这种交易方式，可以减少交易的运作成本，有效地减少在交收过程中因交易量过大而造成的"一对一"或者"一对多"模式的交收错误风险。在此等背景下，目前绝大部分金融市场基础设施都采取持续净额清算交收的方式提供交收服务。[①]此外，整个证券交易交收的过程包括证券交收与资金交收两部分，证券交收在现代证券非移动化和无纸化条件下通常由中央证券存管机构(CSD)负责办理；资金交收存在两种方式：通常做法为由指定银行系统来提供证券交易的资金结算服务，这也是我国金融市场基础设施结算时所采用的交收方式；另一种由

---

① 作为重要的金融市场基础设施之一的人民币跨境支付系统 (CIPS)，根据实际调研情况获知，其一期建设采取的是实时全额清算方式。并非全部金融市场基础设施业务都采取净额清算的方式。

中央证券存管机构(CSD)同时开设证券账户和资金账户，同时完成证券交收和资金交收，个别国际清算组织如欧洲清算(EUROCLEAR)采用的就是这种特殊的做法。

由此，问题产生：由于清算结算体系采用了净额结算的方法进行证券的交收，并且中央对手方机制的介入使得交收效率提升的同时却引发证券交易结算关系的复杂化。具体而言，一项交易的最终交收完成大致包括以下几个步骤：(1)交易时段内的交易及对交易在形式上的成交确认；(2)交易时段结束后的清算；(3)在清算的基础上完成实际的证券交收与资金的交付，就此市场参与方之间就证券交易所产生的债权债务关系消灭，所有权过户最终完成。在大多数情况下，清算和交收是在时间上前后相连的两个步骤，更准确地说，交易撮合成功后至证券交收完成之前有一段时间窗口，一般称为清算交收期，"交易—清算—交收"的过程如图 3-2 所示：

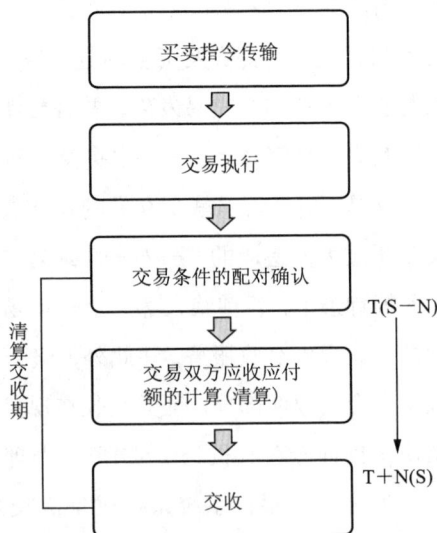

注：T 指交易日；S 指交收日；N 指天数。

图 3-2　交易时点与交收时点

可见证券最终的交收时间与交易时间是有差异的，而且可能这个时间差异还不小(不同市场会根据交易习惯以及市场特征的不同而有所不同)。比如美国证券市场通常交收完成的时间需要 T + 3，中国香港地区是 T + 2，沪深两地股票市场为 T + 1(名义上是当天完成，但因为是在交易时间结束后进行清算与交收，所以为了区别 T + 0 回转交易的区别，我们在此认为实际完成的交收时间是 T + 1)。正是基于实际交易时间和最终交收(所有权)的时间差，此时采用中央交收对手方机制的金融市场基础设施可以在交收确认之前以自身名义提前交易双方交付的过程，其采取的形式是固定作为各市场参与人唯一的证券买方或者证券卖方，由其作为唯一对手与各市场结算参与人进行资金和证券的交收，登记结算机构对各结算参与人的履约义务不以任何一方结算参与人是否正常履约为前提。①其中"证券交易阶段"是在日常的交易时段客户通过其交易系统可进行的交易，表面上客户买卖的成交结果在系统上可实时确认，但证券所有权的转移并不是如交易软件中所呈现的"实时交易、即时过户"的"假设状态"。在这一阶段，客户用于交易的证券所有权仅是处于"交易冻结状态"(交易规则项下的"过户担保"状态)，最终所有权的交收是在交易时段结束进行清算完成后才最终完成所有权和资金的"DVP"(Delivery vs. Payment)交付。这样的交收安排可以保证无论任何一方结算参与人(包括其所代理的客户)是否可以正常交付，参与市场结算的其他参与人能够最大程度地获得证券或资金的交收保证。

显而易见，在证券交收完成之前，证券交易虽然已经达成(类似于一项财产交易的合同签约)，但作为"物"的证券的最终所有权并未实际发生转移(即处于未实际交付的待交收状态)。因此如果还是拘泥于传统民法"所有权转移"理论看待前述交收的整个过程，则在此阶段依据传统民法所推导的所有权权属归属逻辑是：因为作为"物"的证券尚未实际交收，双方也不存在通过统一的保管机构(如中国结算)产生"占有

---

①　参见范向阳：《〈关于查询、冻结、扣划证券和证券交易结算资金有关问题的通知〉的理解与适用》，载《人民司法》2008 年第 3 期。

改定"效果的约定，即这些尚未交付的证券在交易日收盘前尽管已经达成买卖的合意，但所有权并未实际转移。这就可能暴露的一个风险在于如果从事交易的当事人自身发生债务纠纷，这些名义上已经卖出(或买入)的证券由于尚未完成"所有权的转移"而仍归属于该等当事人所有，在法理上，司法机关有权依据民法上的"所有权认定标准"将该等尚未交付的证券视为被执行人的财产而采取冻结、划扣等强制措施。虽然名义上《证券法》第167条"证券登记结算机构为证券交易提供净额结算服务时，应当要求结算参与人按照货银对付的原则，足额交付证券和资金，并提供交收担保。在交收完成之前，任何人不得动用用于交收的证券、资金和担保物"的规定看似界定了有关证券所有权的转移时间(交收完成之时)以及交收完成之前的"担保状态"，但问题在于此条规定只是限定现有的二级结算①机制中作为一级净额结算过程中的券商交付责任，并没有明确在二级结算过程中客户对于券商的证券交付时间及交付是否存在"担保状态"的问题。在此背景下，如果按照民法与商法的"一般法与特别法"的解释路径，传统民法的所有权转移规则是"标的物的所有权自标的物交付时起转移，但法律另有规定或者当事人另有约定的除外"，②这也意味着在民法的解释方法论下，即便客户在证券交易阶段的交易已经得到确认(相当于合同已经订立)，但在证券交收完成前(相当于货物交付之前)，卖方的证券所有权并没有实际发生转移，已达成交易但尚处待交收状态下的证券仍有可能被视为是卖方的财产而被司法机关追及。③这也恰恰正是目前基层司法机关对涉案当事人所拥有的证券财产进行查封、冻结和扣划的执法基础。但问题在于，为了确保订单的可执行性，交易订单一旦被系统撮合交易成功，除了在证券交

---

① 所谓"二级结算"是指券商通过结算登记机构与其他券商之间就各自自营和经纪的交易量总和所进行的结算("一级结算")和券商与其客户之间就当天交易所进行的结算("二级结算")。

② 《合同法》第133条。

③ 由于证券交易必须确保已经成交的交易进入交收，所以证券交易中所有权转移规则也不能解释为《合同法》第134条的"所有权保留"，因为在所有权保留规则项下对于已经达成交易且拟进行付款的买方而言担保交易的效力不足。

收阶段的"银货未能对讫"外，在以中央对手方为交收保证的证券交易过程应该是呈现一种交易不可逆的结果，即对于已经确认交易但尚未过户的证券必须确保已经达成交易结果的证券交付的确定性，而这种确定性又不能用现有的以"交付"作为权属和风险转移的"所有权规则"进行界定和适用，传统民法的所有权变动解释规则和所有权追及规则已经明显不适应证券交易中的双方平衡保护功能。遗憾的是，对于这种所有权变动规则的特殊性，目前并无司法上的明确保护，最高人民法院仅是通过司法意见在司法执行层面确认"对被执行人的证券交易成交后进入清算交收期间的证券或者资金，以及被执行人为履行清算交收义务交付给登记结算公司但尚未清算的证券或者资金人民法院不得冻结、扣划"，并没有更高一个级别的法律渊源进一步明确是否在诸如证券交易的金融交易中，可以赋予金融市场基础设施突破现有传统的民法所有权归属的判断规则而自行确立所有权转移和交易担保的内部性规则。

三、我国金融市场基础设施对交易标的的出质、质押 登记及质押物的处置效力并无法律授权

（一）金融市场基础设施对出质物的承认与登记超越物权法上的"物权法定"规则

逻辑上，在统一的法律体系下，现有金融市场基础设施对于交易当事人可用于质押的出质物(通常表现为新型权利)及其质押登记的应该遵循"物权法定"原则，即需遵守《担保法》第63条、第75条[1]和《物权法》第209条有关出质物应属于"未被禁止转让的动产以及法律、行政

---

[1]　《担保法》第63条"本法所称动产质押，是指债务人或者第三人将其动产移交债权人占有，将该动产作为债权的担保。债务人不履行债务时，债权人有权依照本法规定以该动产折价或者以拍卖、变卖该动产的价款优先受偿。前款规定的债务人或者第三人为出质人，债权人为质权人，移交的动产为质物"；第75条"下列权利可以质押：(一)汇票、支票、本票、债券、存款单、仓单、提单；(二)依法可以转让的股份、股票；(三)依法可以转让的商标专用权，专利权、著作权中的财产权；(四)依法可以质押的其他权利"。

法规规定可出质的权利"。无论是《担保法》还是《物权法》对于可用于出质的权利要求是：其一，必须是私法上的财产权；其二，必须具有可让与性；其三，须是有权利凭证或有特定机构管理的财产权。这是《担保法》和《物权法》对权利质权所作的特别规定。①

在此背景下，就我国现有与金融市场基础设施提供质押登记服务有关的法律主要是《物权法》第224条关于"债券"的质押登记和第226条关于"基金"和"股权"的质押登记的规定。②相应地，作为债券的质押登记有关部门的中央结算和作为基金、股权的质押登记机构的中国结算分别在其有关规则中明确了可接受质押的种类，《中国证券登记结算有限责任公司债券登记、托管与结算业务实施细则》第53条和第56条规定了国债和企业债券以及其他担保品可作为出质物进行质押登记。③由此，如果严格依据"物权法定"原则，我们会发现可被合法质押的质押物种类非常狭窄，无法涵盖全部金融产品及金融交易市场的全部实践。比如实践中出现的其他具有担保价值的权利，例如保单、账户、各类收益权等，不仅具有价值又具有可转让性，符合作为出质物的条件但却没有明确的被法律授权可用以质押。④这几类典型的具有担保功能的权利与金融市场基础设施存在一定的关联，金融市场基础设施也越来越倾向于接受这些新型权利的质押担保，但如果以这些新型权利作为出质物进行质押则会导致对现行"物权法定"原则的突破：

---

① 参见最高人民法院物权法研究小组编著：《〈中华人民共和国物权法〉条文理解与适用》，人民法院出版社2007年版，第655页。

② 《物权法》第224条规定：以汇票、支票、本票、债券、存款单、仓单、提单出质的，当事人应当订立书面合同。质权自权利凭证交付质权人时设立；没有权利凭证的，质权自有关部门办理出质登记时设立；第226条规定：以基金份额、股权出质的，当事人应当订立书面合同。以基金份额、证券登记结算机构登记的股权出质的，质权自证券登记结算机构办理出质登记时设立；以其他股权出质的，质权自工商行政管理部门办理出质登记时设立。

③ 《中国证券登记结算有限责任公司债券登记、托管与结算业务实施细则》第53条规定：国债回购申报提交的质押券应当为国债，企业债回购申报提交的质押券应当为企业债。第56条规定：证券交易所相关通知中规定的可用于质押式回购业务的债券，方可申报提交成为质押券。在债券不足的情况下，经本公司许可，结算参与人也可以申报提交其他担保品。除此以外，《证券质押登记业务实施细则》第2条规定：本细则适用于登记在本公司开立的证券账户中的股票、债券和基金(限于证券交易所内登记的份额)等证券的质押登记业务。

④ 王磊：《我国无形资产质押融资的可行性及存在问题研究》，载《经济界》2009年第3期。

1."账户质押"的合法性争议

证券账户(包括证券交易账户和证券资金账户)质押是伴随着我国市场融资需求的发展而出现的有别于现有传统证券质押的一种新型质押方式。从学理上看，这种账户质押通常是指证券账户所有人为其自身或他人融资需要而将自己名义所有或者实际控制的证券账户的控制权(体现为登录、交易、资金转移，最典型的是融资融券业务中的客户信用交易担保证券账户①和已经被禁止的 HOMES 系统②)让渡给被担保人控制从而作为账户所有人履行相关债务的保障。证券账户质押的争议来源于对质押标的到底为何的问题：

第一，很明显，证券账户质押不是一种动产质押。有一种观点认为，依据《担保法》第 63 条"动产质押，是指债务人或者第三人将其动产移交债权人占有，将该动产作为债权的担保。债务人不履行债务时，债权人有权依照本法规定以该动产折价或者以拍卖、变卖该动产的价款优先受偿"的规定，同时结合《最高人民法院关于适用〈中华人民共和国担保法〉若干问题的解释》第 85 条"债务人或者第三人将其金钱以特户、封金、保证金等形式特定化后，移交债权人占有作为债权的担保，债务人不履行债务时，债权人可以以该金钱优先受偿"的解释，证券账户质押应该属于动产质押，其理由是认为在证券账户质押中，债务人是将证券账户内的金钱(代表货币价值)向债权人作出了质押的意思表示。然而，依据动产质押在民法理论的通说，动产质押需存在以下几个特征：其一，担保的标的应该是"动产"；其二，质押人仍拥有标的物

---

①　为控制融资融券过程中券商的风险，在融资融券业务设计过程中，实际上是在本质上借用了"信托"(但又不能叫作"信托账户")的本质设计了一个可被提供融资融券服务的券商所控制的所谓"客户信用交易担保证券账户"和"客户信用交易担保资金账户"这两种类型的账户，这两个账户存在的目的就是方便券商在客户违约时及时处置客户账户上的证券或者资金。

②　HOMS 系统是沪市上市公司恒生电子股份有限公司下属子公司恒生网络技术服务有限公司开发出的一种账户子账户系统，其主要功能是可以将一个证券账户下的资金分配成若干独立的小单元进行单独的交易和核算。通过 HOMS 系统，账户所有人可以对外融资，提供融资方可以通过 HOMS 系统控制融资方所买的证券仓位，并在账户市值低于约定市值时(平仓线)不经账户所有人(融资方)同意自动执行卖出指令的交易系统。由于被认定是造成 2015 年股灾的"罪魁祸首"之一，HOMS 系统被认定为非法交易系统而被强制取缔。

的所有权；其三，质押人转移了对于标的物的占有。对照前述特征，我们可以清楚地发现：在证券账户质押中，权利人并没有实际掌握出质人证券账户的占有权利，权利人获得的只是在出质人作为债务人违约时不经出质人同意而直接划转证券账户内证券或者货币的"权利"，因此，与出质人将货币汇入以权利人为所有权人的账户或者直接向权利人交付特定金额的保证金不同，①证券账户质押并没有使得权利人实际占有证券或者货币，出质人不仅没有向权利人移交对于账户内资金的占有权利，出质人也没有将账户内的证券或者资金以"保证金"或者"质物"的形式转移给权利人，因此这种以"权利人单方划转账户证券或者资金"为担保手段的"证券账户质押"因为没有产权"交付"的过程而不符合动产质押的法定要件。

第二，证券账户质押也不能划入动产抵押的范畴。随着商业社会的发展，传统民法中以标的物是否交付而将担保划分为"不动产抵押"和"动产质押"的方式已经有所松动，基于担保财产范围扩大及出质人本身使用的需要，在飞机、汽车、轮船等动产上出现了"动产抵押"这种担保方式。所谓动产抵押是指出质人在不转移对于出质物(担保物)占有的情况下，将出质物作为债务人向债权人清偿债务的担保，当债务人不履行债务时，出质人有义务将出质物予以变价出售并向债权人优先清偿的担保方式。如果证券账户质押不是动产质押，那么它可否归为动产抵押的范畴呢？依据《物权法》第180条，我国目前只承认诸如"生产设备、原材料、半成品、产品、正在建造的建筑物、船舶、航空器、交通运输工具和法律、行政法规未禁止抵押的其他财产"的动产抵押，但值得注意的是，《物权法》第189条规定了一个有关动产抵押可否对抗善意第三人的限制性规定，即"企业、个体工商户、农业生产经营者以本法第一百八十一条规定的动产抵押的，应当向抵押人住所地的工商行政管理部门办理登记。未经登记的动产抵押不得对抗善意第三人"。如果

---

① 此等情形下，其实体现为义务人用特定化和固定化的证券或者货币(体现为由权利人占有)作为动产进行质押，证券或者货币本身成为质押物。

依据此等思路，因为证券账户质押中所对应的"账户"的占有没有转移给权利人，似乎证券账户质押可以归类于动产抵押，但基于以下两个理论和操作上的障碍将导致证券账户质押无法归属于动产抵押：第一，动产抵押的前提条件是标的物是"动产"，那么在证券账户质押中，出质人抵押的是"账户"还是"账户内的证券或者货币"？如果是账户，账户不属于法定的"动产"，用账户抵押的合法性也就无从谈起；如果是"账户内的货币"，则因为账户内货币金额的变化导致账户证券或者资金的抵押不具备动产抵押中有关抵押物数量或金额确定的要求。

第三，证券账户质押非为法定的权利质押。我国《担保法》第75条规定，"汇票、支票、本票、债券、存款单、仓单、提单"可以进行质押，《物权法》第223条第2项也规定"债券、存款单"等权利可以进行质押，那么证券账户质押是否属于《担保法》和《物权法》所规定的权利质押呢？就法律所规定的权利质押的标的物类型而言，如果出质人将证券账户的证券或者存款凭证(如存单)交付给了权利人，则此类权利凭证的交付可以构成权利质押。但问题是，如果接受了这样的权利凭证，那有关担保应该是直接的"证券质押"而非本书所述的"证券账户质押"，再加上大多数"证券账户质押"中义务人仍可以按照约定买卖证券、支取资金的安排，证券账户质押显然也不是就账户内固定且确定的金额进行质押，因此，在出质人未向权利人移交权利凭证且固定用以质押的担保金额的情况下，很显然证券账户质押也不属于法定的权利质押方式。

除此以外，也有一种观点认为，证券账户质押可以归属于《担保法》第75条第4款和《物权法》第223条第7项所述的"法律、行政法规规定可以出质的其他财产权利"而被列入权利质押的类型之中。然而以此解释证券账户质押的法律属性则明显存在两个问题：首先，目前并没有任何法律、行政法规将"证券账户质押"规定为可以出质的财产权利。即使《最高人民法院关于适用〈中华人民共和国担保法〉若干问题的解释》承认"货币"或者"金钱"特定化后的权利质押，但一来这个司法解释不属于法律或者行政法规，二来这个司法解释只是确认已被特定化且需转移"占有"的金钱可作为权利质押，并不是针对证券账户质押的；其次，在法律法规所认可的其他权利质押中很重要的一个条件是"财产权利"，这种财产权利在法律上通常是指对于财产的所有权或者具有财产利益的使用权。对于证券账户质押而言，权利人获得的只是出质人违约时划拨出质人证券账户内余额的权利，权利人对于账户内的金钱余额并没有所有权、使用权和支配权，所以证券账户质押中所涉及的权利也不是一种正常的"财产权利"，故此不可归为法定权利质押的类型，由此一旦金融市场基础设施通过类似的账户质押安排试图以市场参与人账户内的财产(权利)作为交易担保时，此等担保安排的合法性在某种程度上是经不起现有民法解释体系的逻辑挑战的。

2.*"信托受益权质押"和"保单质押"的法源缺失*

除了证券账户质押外，在现有金融市场基础设施提供的服务(包括正在考虑提供的服务)中还有信托受益权的质押登记(如中国信托登记有限责任公司，以下简称中信登)和保单质押登记服务(如上海保交所)。信托受益权质押、保单质押在大的方面也与证券账户质押一样面临着其非为"法定权利"的问题，因此，就信托受益权和保单开展质押也存在合法性的问题。在细节上，信托受益权和保单质押与证券账户质押所碰到的问题又有一些小的区别：

第一，就信托受益权而言，理论上信托受益权因具备法律上所承认的可转让性[①]而具有经济属性，所以在目前的信托产品设计中，信托产品计划通常会载明诸如"受益人转让信托受益权，应持有效证明文件与受让人到某某信托公司 (或其指定地点) 申请办理转让登记手续，经某某信托公司确认后生效，或者约定信托受益权质押、继承及信托文件挂失等，均应在某某信托公司(或其指定地点) 办理登记手续"等约定，但

---

① 《信托法》第47条规定：受益人不能清偿到期债务的，其信托收益权可以清偿债务，但法律、行政法规以及信托文件有限制规定的除外；第48条：受益人的信托受益权可以依法转让和继承，但信托文件有限制的除外。

是由于法律法规均未明确信托受益权的性质和地位，因此这种信托受益权质押到底是属于信托受益权权利人对其未来现金流的"应收账款质押"，还是属于一种未归于法定质押之列的"新型权利质押"却存在不同的看法。反对信托受益权归属于"应收账款质押"而可被质押的观点认为应收账款质押应是已经确定或者明确的未来债务才基于"金额确定、权利确定"而被《物权法》所承认，但"信托受益权"是基于信托财产而享有的权利，它必须依附于"信托财产有利益，信托受益权才有价值"的前提条件，而由于信托受益权的基础财产是不确定的，基础财产有可能有收益，也有可能不产生收益甚至亏损，所以信托受益权不能跟应收账款等同。因此，虽然在金融实践中以信托受益权作为质押的信托贷款已在金融市场广泛应用，但对于信托受益权质押及其登记对抗的合法性效力在现有的《物权法》和《担保法》及其解释体系项下却是呈现法律效力不足的状态。

第二，"保单质押"更呈现性质认定上的特殊性：一般认为财产保险单是保险人与被保险人订立保险合同的书面证明，并不是有价证券，也不是可以折价或者变卖的财产，因此财产保险单不能用于质押。可是由于人寿保险单一般具有现金价值，在一定条件下投保人可以通过退保等方式取回现金价值具有类似有价证券的效用，所以人寿保险单因在理想的假设条件下具备财产价值而被保险公司接受作为出质的质押物。[①] 由此与信托受益权质押类似，人寿保险单也不是《物权法》和《担保法》上规定的可供质押的权利类型，且就人寿保险单而言，人寿保险单只是因在投保期间具有现金价值的可能性，一旦被投保人发生保险事故，则保险公司应向受益人支付保险金，此时投保人也就丧失了对于人寿保险单的现金价值，这就与传统民法所要求的质押物必须具有财产的确定性以作为违约担保的"质物确定性原则"相违背。基于此等原因，目前各大保险公司只是根据《保险法》第 34 条"以死亡为给付保险金

---

① 参见《最高人民法院关于财产保险单能否用于抵押的复函》(1992 年 4 月 2 日，法函〔1992〕47 号)。

条件的合同所签发的保险单，未经被保险人书面同意，不得转让或者质押"的这个"附加转让及质押"条件的规定作为开展保单质押业务的上位法依据，为了新型业务的拓展而故意回避在物权法上有关作为法定优先受偿权利的担保物权应"特权法定"的"一般法"要求。这导致在保单质押的操作层面，目前仅是保险公司层面的自我质押登记和违约事件出现后的保险公司内部对于保单质押的自我处置。在更大的制度设计层面，一旦通过保交所这样的平台将保单进行流转或者就保单质押进行统一登记时，为具有对内、对外双重优先效力的保单质押应当遵循什么程序，是否需要登记，登记的效果如何，现行法并未作出规定，保单成为质权标的及质权人获得公认的受偿优先权仍缺少上位法的明确与认可。

（二）金融市场基础设施对于质押物的登记效力并无法律依据

根据《物权法》第 224 条的规定，有权利凭证的债券自交付时设立质权，无权利凭证的债券自在有关部门办理出质登记时设立质权，由此，目前凡在《物权法》项下得到确认的这些债券品种(诸如国债、金融债券、企业债券、公司债等)都采取登记生效模式，即这些金融产品在作为债券登记结算机构的中国结算(负责"公司债")或者中央结算(负责除"公司债"以外的其他债券品种)办理出质登记时质权合法设立。①同时，《物权法》第 226 条也进一步确认了"基金"和"股权质押"采用的是登记生效模式，即质权自在证券登记结算机构办理出质登记时设立。②因此，目前中央结算和中国结算分别依据前述两个条文对具备法定权利的那些权利凭证的质押履行质权登记职能。但问题在于中央结算和中国结算作为金融市场基础设施只是现有金融市场基础设施中的一部分而并非全部，其他金融市场基础设施在其业务范围中开展相应的质押登记业

---

① 《物权法》第 224 条："以汇票、支票、本票、债券、存款单、仓单、提单出质的，当事人应当订立书面合同。质权自权利凭证交付质权人时设立；没有权利凭证的，质权自有关部门办理出质登记时设立。"

② 《物权法》第 226 条："以基金份额、股权出质的，当事人应当订立书面合同。以基金份额、证券登记结算机构登记的股权出质的，质权自证券登记结算机构办理出质登记时设立；以其他股权出质的，质权自工商行政管理部门办理出质登记时设立。基金份额、股权出质后，不得转让，但经出质人与质权人协商同意的除外。出质人转让基金份额、股权所得的价款，应当向质权人提前清偿债务或者提存。"

务过程中，其进行质押登记的合法性却一直处于争议之中。虽然每个金融市场基础设施具体开展的质押登记的业务对象和内容均不同，但是其存在两个共同的且无法绕开的基础问题：一为金融市场基础设施是否有法律的明确授权可进行权利质押登记，二为这些金融市场基础设施进行登记的效力问题。

再以前述提到的中信登和上海保交所对于信托受益权质押和保单质押为例，中信登和上海保交所对于依托受益权质押和保单质押的登记其实也存在两个亟须明确的法律问题：

1. 具备优先权效力的质押登记的法律授权在哪？

质押登记作为设立质权的构成要件，根据"物权法定"的原则，其权利的内容和种类均应由法律规定。为保证登记效力的权威性，其登记机构也应当由法律规定或者有法律的明确授权，而中信登与上海保交所作为新兴的金融市场基础设施，其开展以信托受益权以及保单这两类非法定出质物为对象的"担保登记"并无法律的明确授权，在严格意义上也就不能产生物权法上的担保登记效力和后续的法定优先受偿效果。可以说，在目前阶段，无论是信托受益权质押登记还是保单质押登记都还只是中信登和上海保交所在业务开展过程中通过其内部规则意图使这类登记产生权利质权效果的自我尝试，是业务规则名称中的"质押登记"，而非真正法律意义上的质押登记。由于对有关此类质押登记在监管层面只是散见于原银监会和原保监会的部门规章、业务操作规范或者规程指引，这些只具备行政监管效力的文件在法律效力援引级别上等级非常低，无法在司法纠纷审判中被人民法院援引，因此引发了前述两家对金融市场基础设施开展相关质押登记业务在法理上合法性的争议。

2. 质押登记生效主义还是质押登记对抗主义的模式选择？

目前中信登和上海保交所进行的登记并非严格意义上的质押登记，虽然其意图产生质押登记的效果，但是根据《物权法》和《担保法》的规定并不会产生设立质权的效果，所以并无讨论该登记的效力是登记生效还是登记对抗的必要，因为登记生效与登记对抗是在物权变动的基础上讨论登记行为的法律功能，而中信登与上海保交所提供的该类登记在目前的法律规则下并不能导致物权的变动，除非未来的立法允许商事交易采用有别于传统民事交易的规则，使非法定物权也能通过登记的方式获得类似法定物权的功能和效果，或者未来这些非法定可出质的权利被纳入法律、行政法规规定的其他可以设立质权的权利类型。进一步而言，即使承认该登记为质押登记，但该类登记的效力按照目前的立法规定也并不明确，采用何种登记效力模式仍需要进一步的探讨。而这样的探讨是有必要的，不仅可以给现存的该类登记的效力认定提供一些过渡性的思路，也能对未来的立法导向奠定些许可供参考的基调。

对于"登记生效"和"登记对抗"两种模式，各个国家或地区态度不一，纵观各国或地区立法例，多是于此二者中择一而贯彻之，然而我国现行《物权法》却选择了让两种模式并存的方式。从比较法的角度观之，上文所称登记生效模式，即实质登记主义的体制是"由《德国民法典》所建立，为《瑞士民法典》和现在仍在我国台湾地区生效的旧中国民法典等所采纳"，[①]而登记对抗模式，即形式登记主义的体制则是"《法国民法典》创立的，后来为《日本民法典》等所继受"。[②]不难发现，采用登记对抗主义立法体例的国家——法国、日本，在物权变动主义上均采意思主义，即物权变动仅依当事人之意思表示即可；而采取实质主义立法体例的德国和我国台湾地区采取的是物权形式主义，瑞士则为债权形式主义，均认为物权变动需要符合一定的形式要件。

我国《物权法》的物权变动主义并非一些学者所称的单一的债权形式主义或是债权意思主义，而是处于两种以上物权变动主义同时存在的混合状态。[③]学界主流观点认为我国《物权法》规定的物权变动主义既

---

① 孙宪忠：《论不动产物权登记》，载孙宪忠：《论物权法》(修订版)，法律出版社2008年版，第402—420页。

② 孙宪忠：《论不动产物权登记》，载孙宪忠：《论物权法》(修订版)，法律出版社2008年版，第403页。

③ 参见李永军、肖思婷：《我国〈物权法〉登记对抗与登记生效主义并存思考》，载《部门法专论》2010年第3期。

有债权形式主义的色彩，①又有债权意思主义的倒影，②并非是严格意义上的债权意思主义或者债权形式主义，而更倾向于采用两种主义本土化后并存的立法模式。就我国而言，登记对抗模式与登记生效模式的存在均有其合理之处，本质上是意思主义的物权变动主义和形式主义物权变动主义共存的体现。本书所讨论的"质押登记"设立的"质权"，最终的目的是获得物权或者类似物权的效力，以便能对质押的权利享有对世性和支配力，因此讨论应采用何种登记效力模式也必须立足于当前的法律现状和未来的立法趋势，结合法理与该种登记适用的特殊环境特点，这样的探讨才能具有现实的参考意义。

在当前的法律体系下，登记生效模式与我国物权二分的逻辑起点是一致的，符合物权的法理。

首先，登记生效主义对应的是债权形式主义体系，立足于形式主义的物权变动主义之上，原则意义上的债权形式主义承认物权行为的独立性，采用物权行为的有因性，其物权变动主义中的登记是作为一种物权变动的构成要件而非单纯的公示手段。③显然我国采用的是修正过的债权形式主义，即使理论上的通说认为我国存在物权行为，④但我国立法上并没有明确承认物权行为的存在，但认可物权变动的有因性，接受了登记作为物权变动构成要件的理论。其采用了物权、债权二分的逻辑，《物权法》第 15 条所规定的区分原则就是物权、债权的二分在立法上的体现。而登记生效主义主张物权与债权是区分的，仅依意思主义无法导致物权变动，这与我国物权二分的逻辑起点是一致的。

而登记对抗主义对应的是债权意思主义体系，立足于意思主义的物权变动主义之上。依债权意思主义，只要债权合意生效即发生标的物所

①　田士永：《〈物权法〉中物权行为理论之辨析》，载《法学》2008 年第 12 期。
②　赵万忠：《我国物权变动主义的应然选择》，载《青海社会科学》2010 年第 5 期。
③　参见费宏达：《中国未来民法典物权变动主义的立法选择》，载《沈阳工业大学学报》2013 年第 3 期。
④　朱庆育：《物权行为的规范结构与我国之所有权变动》，载《法学家》2013 年第 6 期。

有权的变动，既不需要另有物权合意，也不要求以履行交付或登记作为物权变动的构成要件，登记只是物权变动的公示方法，它只决定变动后的物权是否具有普遍的对抗力。基于这样的设定，登记对抗主义难以贯彻物权的特性和一物一权的法理：其一，登记对抗主义与物权的绝对权本质存在冲突，物权是绝对权、对世权，具有排他性，绝对权是可以对抗任何人的权利，然而在登记对抗主义下设定的物权却需要通过登记才能对抗某些人，显然与物权之本质不合，理论上也不当；[①]其二，登记对抗主义违背了一物一权的物权法理，在双重买卖中，登记对抗模式并不能合理地解释基于买卖合同且进行登记的后一买受人取得物权的依据，既然登记并非物权变动的构成要件，前一合同买卖的买受人已经基于买卖合同取得所有权，后一交易关系的买受人如何能基于买卖合同并且办理了登记而优先于前一买受人取得所有权，且不论能否对抗前一买受人，但就同一物上存在两个所有权的问题就已经造成了理论上难以化解的矛盾。另外，引入了登记对抗模式之后还有一系列技术上的问题需要进一步解释，比如对于对抗效力的解释，对于第三人范围的解释等，而这些并非是容易解决的问题，我国这项工作显然还有待跟进。

其次，从商事交易安全上考虑，登记生效主义安全性更高，而两者关于效率上的差异也在逐渐缩小。

有观点认为在交易安全保护方面，登记对抗模式不及登记生效模式，但是在交易效率方面，登记对抗模式更胜一筹，只要交易双方达成合意即发生物权变动的效果，特别是在登记制度不完备的社会中，更有利于交易的迅捷化。该观点前半句比较客观，登记公示的价值目标在于保护交易安全。[②]在登记生效模式下，登记使物权的变动得以顺利完成，同时该物上的权利状态及内容得以明确化，为了达成交易愿望，交易当事人只能选择进行登记，而这样的登记是有公示性的，其能使与当

---

① 参见龙俊：《中国物权法上的登记对抗主义》，载《法学研究》2012 年第 5 期。
② 参见石明：《我国〈物权法〉物权变动中登记效力模式之评析》，载《法制与社会》2011 年第 5 期。

事人进行交易的第三人了解该物的权利状况，以便作出是否交易以及怎么交易的商业判断，因此有利于保护第三人的交易安全，同时登记生效模式对于整个市场的稳定有序发展来说也是不可或缺的。

但是后半句并不能准确反映出现实的发展状况。我国采取登记对抗模式设立的物权都有一个共通的理由——登记不方便(登记制度不完善)，采取登记对抗模式可以降低交易成本，①如《物权法》第127条规定的土地承包经营权、第158条规定的地役权、第188条规定的特殊动产的抵押等都是基于立法当时登记制度不完善的现实状况和其他特殊情况的考虑，才采用登记对抗的模式。但是在目前电子化登记盛行以及登记机构逐渐增多，全国统一登记成为新趋势的背景下，这种效率上的差距在逐渐缩小，特别是在如今各大金融机构纷纷推出业务办理电子化的潮流下，当事人可以在任何地点在指定的时间和系统内以较快的速度办理登记业务，效率上的差异几乎不能作为反对采用登记生效模式的理由。而在登记对抗模式之下，登记与否并不会影响物权变动的效力，是否登记的主动权完全在当事人手中，由于登记存在一定的成本，故不登记的情况也并不少见，这其实是不利于交易的安全与稳定的。

再次，从现有金融基础设施质押登记效力模式上考量，采用登记生效模式有先例可循。我国权利质押皆采登记生效模式(除有权利凭证的权利设立质权采交付生效模式外)，而信托受益权与保单中的现金价值返还请求权等非法定出质物如未来可能会被纳入可质押的权利范围，应当被归为无权利凭证的一类，也应采用登记生效模式，从我国《物权法》规定来看，设立质权需交付权利凭证的这些权利凭证均属于有价证券。有价证券即代表一定财产价值的证券，其所代表的财产价值与证券本身不可分离，该民事财产权的发生、转移和行使，均以持有证券为必要，即权利的发生须做成证券，权利的转移须交付证券，权利的行使须

---

① 胡康生主编：《中华人民共和国物权法释义》，法律出版社2007年版，第293、348、411页。

提示证券。交付有价证券，即代表有价证券上的财产也一起转移给质权人，因此占有有价证券即代表占有有价证券代表的财产，从而可以达到保持质权和公示的效果。而作为信托受益权载体的信托文件与现金价值返还请求权的载体的保单并非有价证券，而是确权证券，只是证明该权利的存在以及状况，该权利的发生、转移和行使，并不以持有证券为必要。所以这两项并非有权利凭证的权利，则应当归入无权利凭证的一类，遵循先例，采用登记生效的模式。

最重要的是，登记生效主义与现行的行业实践规则更切合。各金融基础设施的建立，其目标并非满足于在某一区域实现质押登记的统一，大多数是先作为一个试点探索(当然也有些金融基础设施一开始就是面向全国市场开展质押登记业务的)，并在不断的完善中积累经验和可推广模式，以实现面向全国统一市场开展业务的最终目的，因此其自然必须要求能通过登记的途径明确该质押物的权利情况。在登记生效模式下，未登记无法设立质权，当然会促使所有想参与市场交易的行为人积极主动地办理登记业务，而在登记对抗模式下，登记只是一种对抗要件，不登记并不会影响物权的变动，是否登记只能依靠当事人的自觉性，更有甚者，可能会被有意之人利用此等漏洞做出危及市场安全之事，无论对于金融基础设施自身长远发展来说，还是从整个市场的稳健有序来看，登记生效模式所具有的优势都是很明显的。至于有反对观点认为采用登记生效主义会增加交易成本这一观点，以传统的民事思维来看或许是成立的，但是将其放在现代商事交易的环境下，这种成本是其享受相应服务的合理对价，也在合理的区间内，并非是毫无意义的增加支出，因此也就不能简单地评价增加了交易成本。

综上所述，采取登记生效模式是比较符合金融交易的安全性要求的，同时对于金融基础设施来说也是其实现效用的最佳方式。但采用登记生效模式在目前的法律体系下也存在一些亟待解决的困境，一为登记权力来源始终未有法律上的依据，二为采用登记生效模式未能得到立法上的明确，这两个问题直接影响到司法机关对质押登记效力的认可以及金融基础设施的支付结算业务能否顺利进行。

（三）对"质押物"的处置与现行"禁止流质"规定的冲突

在金融市场基础设施中，为了保证支付结算业务的顺利进行，其必须要保证其规则无论对于结算参与人还是非结算参与人的优先性和结算结果的最终性及不可逆性。为此，金融市场基础设施在发生结算参与人违约情况之时普遍采用快速处置方式对质押物进行处置，例如中央结算采用的对质押债券进行清偿处理并生成"债券清偿过户通知单"的处理模式；[1]中国结算采用的依法处分质押券用以支付违约产生的全部费用和款项的处理模式。二者共同的特点是通过事先的协议与出质人进行约定，要求出质人事先同意金融市场基础设施按照其颁布实施的业务操作规则对质押券进行快速处置或者要求出质人承诺认可金融市场基础设施快速处置的后果。在该种快速处置模式下，质押券本身不属于处置人，且对于质押券的处置也不是在主合同违约后双方经过协商程序进行的"折价"或"变卖"手续，其唯一的处分依据是相关参与人在事先签署的质押协议中约定违约交收情况下的直接处分约定。很显然，这种快速处置在道理上有利于保护交易对手方，有利于金融市场的稳定、有效，但在某种程度上，由于法律立法理念和修法的滞后性，金融市场基础设施对质押物的快速处置并未得到法律的明确授权，导致此类的交易安排在某种程度上与我国"禁止流质"的传统规定存在不小的冲突：

第一，担保物的快速处置虽没有直接违反《物权法》和《担保法》所设置的流质方式，但其"事先约定，事后处理"的方式在司法实践中会受到有关"禁止流质"的司法审查挑战。

《物权法》和《担保法》都禁止抵押权人和质权人对于担保物事先约定所有权的转移归属(即直接流质)，其中《担保法》第 40 条和

---

[1]　《中央国债登记结算有限责任公司自动质押融资业务实施细则》(2014 年修订)第 32 条："对已人工终止扣款的已融资业务，中央结算公司按照有关法律法规的规定及相关各方的书面指令，对出质行质押债券进行清偿处理并生成'债券清偿过户通知单'"。

第 66 条、①《物权法》第 5 条、第 186 条、第 211 条和第 219 条都对禁止流质作出了明确的规定。②根据《物权法》和《担保法》的规定，我国采用广义的流质概念，包括禁止流质和禁止流押，即不允许在债务未届履行期之前或者未发生当事人约定的实现质权(或者抵押权)的事由前，质权人(或者抵押权人)就与债务人直接约定发生到期不能清偿债务时将出质物(或者抵押物)的所有权直接归于质权人(或者抵押权人)，这是一种"时间要素+内容要素"的禁止模式。首先，在金融市场基础设施对质押物的快速处置过程中，虽然双方当事人在合同中不是约定质押权人在债务人违约时直接将质押物收归其所有，但其在规则中的"有权直接处置"的功能间接地验证了以质押物"所有权人"身份而进行的处置，这就使得金融市场基础设施对质押物的快速处置本质上与流质无异，因为金融市场基础设施在质押申请人进行质押申请之时就与其签订事先协议或者要求其签订承诺函承认金融市场基础设施对质押券有快速处置的权力或者必须认可其对质押券快速处置的结果，这就已经符合流质的时间要素；其次，在快速处置模式下，金融市场基础设施无需质押人任何形式的许可或者同意就可以根据内部的业务操作规则对质押券进行处分，如果不是事先约定在履约不能之时将所有权转移给金融市场基础设施，至少在我国现行的法律体系下，是无法解释为何在履约不能发生时金融市场基础设施无需出质人的任何授权就能对质押券进行处分的原因，也即金融市场基础设施的快速处置是立足于取得所有权的基础之上，其与禁止流质的内容要素相符。虽然有学者主张快速处置并非传统

---

① 《担保法》第 40 条"订立抵押合同时，抵押权人和抵押人在合同中不得约定债务履行期届满抵押权人未受清偿时，抵押物的所有权转移为债权人所有"；第 66 条"出质人和质权人在合同中不得约定在债务履行期届满质权人未受清偿时，质物的所有权转移为质权人所有"。

② 《物权法》第 5 条"物权的种类和内容，由法律规定"。 第 186 条规定：抵押权人在债务履行届满前，不得与抵押人约定债务人不履行到期债务时抵押财产归债权人所有。第 211 条规定：质权人在债务履行届满前，不得与出质人约定债务人不履行到期债务时质押财产归债权人所有；第 219 条"债务人履行债务或者出质人提前清偿所担保的债权的，质权人应当返还质押财产。债务人不履行到期债务或者发生当事人约定的实现质权的情形，质权人可以与出质人协议以质押财产折价，也可以就拍卖、变卖质押财产所得的价款优先受偿。质押财产折价或者变卖的，应当参照市场价格"。

意义上的将出质物的所有权归属于质权人，而是一种法律赋予交易清算机构的优先权(先收取权)，该优先权的效力不仅及于清算交收的财产，而且可以延伸至担保品(包括质押券)和备付金等财产，故金融市场基础设施的快速处置并未违反禁止流质的规定，而是金融市场基础设施行使法律赋予的优先权。虽然我们同意前述的优先权解释，甚至我们也可以采取"委托—代理"的替代观点解释金融市场基础设施的处置权力，但严格从法律逻辑上推导，优先权的解释论仍存在以下三个问题：一是我国对于优先权采取严格意义上的法定主义，所有的优先权必须由法律作出明确的规定，而该优先权并不是我国法律上明确规定的优先权类型；二是该优先权(先收取权)源自日本，是日本法上的概念，其是否适合我国的国情以及与我国现行法律体系相融合仍然是需要论证的，不能只是简单地认为这个权利貌似可以解释金融市场基础设施的快速处置的合法性就径直将其引入；三是即使承认《证券法》第167条、第168条所强调在处理相关事项时要按照"业务规则"是关于优先权的规定，但是该条文只确认了规定证券登记结算机构的优先权，其他金融市场基础设施是否拥有优先权难以在该条文中得到解答。

第二，金融市场基础设施的快速处置并未得到法律的明确授权。

我国《担保法》和《物权法》禁止流质，但是如果金融市场基础设施可以得到其他新法或者特别法明确授权其可以依据内部结算规则对质押券进行快速处置，则根据"新法优于旧法"和"特别法优于普通法"的法律效力判断规则，其快速处置的效力并不会因为违反禁止流质规定而被否认。可事实上，除了《证券法》第120条、第167条分别以"按照依法制定的交易规则进行的交易，不得改变其交易结果"和"结算参与人未按时履行交收义务的，证券登记结算机构有权按照业务规则处理前款所述财产"的规定以授权证券登记结算机构按照业务规则处理交易过程中待交收的财产外，并无特定法律直接、明确地对金融市场基础设施进行赋权，以授权其依据内部规则快速处置质押物的权力。在无法律明确授权的背景下，金融市场基础设施对质押券的快速处置效力就必须存在被质押人或其他当事人挑战的争议，甚至存在不能得到现行司法体系承认的风险。

四、提前终止净额结算的效力缺少法律保护

金融衍生品交易已成为金融市场上的一大核心业务，除了具有较强的投资获利能力，独特的风险管理价值也是其广受欢迎的重要原因。伴随着科技与金融市场的发展，交易主体间的联系越来越紧密，一旦一家市场参与机构没有控制好衍生品交易的风险，由于衍生品交易的杠杆效应其所造成的违约后果不仅会令交易方面临倒闭的危机，而且还会因为交易方的巨量违约导致整个金融市场陷入连锁违约的危险。正因为衍生品交易所造成的风险往往是系统性的风险，为了减少此类危机的发生，金融市场基础设施为了减少自身在净额结算制度中的风险，在实践中往往通过在自身结算规则中采用"提前终止净额结算"制度来规避因为交易对手方违约而产生的交收风险。根据提前终止净额结算机制，当衍生品交易一方出现合同约定的风险事件(如 ISDA[1] 主协议中具体载明的各类违约事件和终止事件)时，交易对方有权立即指定一个日期终止主协议项下全部未完成履行之交易(或全部受影响交易)，或全部未完成交易根据双方事先的合同约定于特定违约事件发生的当时被视为立即终止，并在终止后按合同约定方式计算每个终止交易的终止金额即盈亏头寸，然后将所有这些盈亏头寸进行总括性的抵冲或轧差，以求得一个最终的净（余）额。只有这个净(余)额，才是双方在全部交易项下应付或应收的金额，而非各个单个合同项下的金额为各自需结算的金额。因而在提前终止净额结算项下的金额是一个单向支付而非多向支付的金额。[2]根

---

[1]　国际互换和衍生工具协会(International Swaps and Derivatives Association, ISDA)。

[2]　陶修明：《国际金融衍生品交易终止净额结算法律制度研究》，对外经济贸易大学 2007 年博士论文。

据国际互换和衍生工具协会(ISDA)主协议，提前终止净额结算的操作流程主要涵盖三个结算过程：一是提前终止，即当出现违约事件或终止事件时，所有未完成合同均提前终止并加速到期；二是计算，于提前终止日或其后合理可行之最短时间内，各方应按规定计算其账目，并提供对方一份报告，这份报告需合理详细地说明彼此之间应付应收金额的计算(包括计算中使用之任何报价、市场数据或内部讯息)，说明应付之任何提前终止款项及详细说明其应收款项应存入有关账户；三是付款，由前述约定好的计算方法计算出一笔净额后，由处于净支付方地位的交易者交付给处于净收入方地位的交易者。①

提前终止净额结算制度看似复杂，但它在法律性质上仍属于一项合约安排。理论上，按照合同法的原则，双方通过自愿协商在合同中约定的内容，只要不违反法律的强制性规定以及社会的公序良俗，就是合法有效应得到法律保护与执行的，因此从合同法的角度，提前终止净额结算作为一项合同约定对于合同缔约方具有法律上的有效性与可执行性。但是，由于提前终止净额结算的触发事件往往是交易参与人自身陷入破产或者资不抵债的情形，此时，诸如《破产法》等意在平等保护所有破产人之债权人的法律条款将适用于已经陷入破产境地的交易参与人，此时如果没有明确的法律说明，则适用公平偿债理念的破产法作为特别法就会优先于作为适用当事人意思自治的合同法，其结果就是使得提前终止净额结算条款与破产法强制性规定产生冲突。

第一，破产法基于公平偿债原则及保护破产申请人的角度，授权破产管理人对法院正式受理破产申请前若干时间内所发生的涉及破产申请人的交易或财产转移行为，享有否认/撤销或申请法院加以否认/撤销并予以追回的权利。如我国《破产法》第31条和第32条、第33条、第34条分别赋予了破产管理人撤销权、否认权以及追回权。若结算协议中约定有提前终止净额结算条款，而该条款适用的违约或终止事件恰好发生

---

① 参见国际互换和衍生工具协会(ISDA)2002年主协议第6条。

在法定时段内，交易方在此时段实施的提前终止净额结算行为将很可能被破产管理人否认/撤销或被申请法院加以否认/撤销并予以追回。

第二，我国破产法授权破产管理人享有"合约挑拣履行权"(又称"摘樱桃")的权利，①即破产管理人接管后，所有未完全履行的合同效力中止，管理人有权选择履行哪些合约，解除哪些合约。破产管理人通常会选择承认并继续履行对破产申请人有利的合约，而否认或拒绝履行对其不利之合约，以尽可能保持与增长破产申请人的财产权利。在衍生品交易中，交易双方地位相对，一方支出一方收入，若一方申请破产，其破产管理人在履行上述权利时就会选择承认并继续履行其处于收入方地位的合约，而否认并拒绝履行其处于支出方地位的合约。这虽然保护了破产方的利益，但交易对方的利益将因此受损，尤其当交易对方本可通过对两笔合约实施提前终止净额结算以维护自身利益的情况下更是如此。这可能会对场外衍生品交易守约方(非破产方)的经济利益产生重大影响，并且在等待破产管理人决定是否履行的过程中，也会因衍生品价格的变动而使得非破产人面临巨大的市场风险。

第三，虽然破产抵销在实际运作时的结果与提前终止净额结算相近，但两者在法律上并不完全相同，还是存在较大的区别：其一，破产抵销是依据成文法的明确规定，而提前终止净额结算条款则由当事人自行约定。我国《破产法》第40条规定了"债权人在破产申请受理前对债务人负有债务的，可以向管理人主张抵销"这一破产抵销制度。根据这一规定，债权人在破产宣告前对破产人负有债务的，无论是否已到清偿期限，均可在破产清算前相互抵销。因此破产抵销反映的是破产法的成文法规定，体现的是法定原则；而提前终止净额结算条款的内容、触发条件则是由交易者自行约定，体现的是契约自由原则；其二，破产抵销应是破产人和债权人之间的契约已经履行完毕，破产人与债权人存在已经发生的债务金额为先决条件。而提前终止净额结算并不是以合约到期

---

① 《破产法》第18条。

为条件，它是依据合约的触发条件是否成就而由债权人或者清算机构负责宣告合约提前加速到期并按相应合约届时市值实施轧差净额结算；其三，破产抵销通常要求双方所负合约债务的标的物种类或品质相同，而提前终止净额结算允许交易各方对标的物或品质不同的合约债务实施轧差净额结算。由此可见，破产抵销作为一种特定的法律制度，其适用的范围较提前终止净额结算更为狭窄，这就可能导致法院在审理涉及提前终止净额结算案件时，会以提前终止净额结算条款约定与法定破产抵销权条件不相符为由，判定当事人约定的结算条款无效；其四，各国一般均在破产法律中规定，一旦进入破产程序，破产申请人向任何债权人的偿债或转移财产的行为均须自动终止，权利人(包括享有担保的债权人)也不可自行行使破产抵销权，而须向法院或破产管理人提出行使破产抵销权的申请。这一法律规定的原因在于：若允许债权人自行行使破产抵销权，该破产债权将在抵销额度内有可能得到100%的清偿，但却可能因此而损害其他债权人的受偿，有悖于破产法秉持的"公平偿债"的法律原则，而提前终止净额结算相反却正是为了保护金融市场其他参与者不会因为一个交易对象的破产而被广泛影响而建立在交易一方或清算机构约定自行行使抵销权利的基础上的(虽然概念上两者并不一致，但两者的实施结果均是对相互间存在的债务实施轧差互抵后取最终的净额)，所以如果没有其他特别性法律条款明确其效力的话，这种金融市场基础设施内部规则所设计出的提前终止清算的效力就不具备"对世"的绝对性效力。

提前终止净额结算条款与破产法之间的矛盾冲突在本质上可被视为合同法与破产法之间的矛盾冲突。破产法的价值追求在于给予破产申请人一定程度上的保护以使其有重生的机会，因此注重尽可能保存甚至扩展破产申请人的财产权利和资产价值，当最终不可避免需要对其进行破产清算时，也注重对所有破产债权人都享有的破产债权的公平保护，以确保各类破产债权得到公平有序的清偿。破产法追求之法律价值为公平保护破产人和破产债权人双方的利益；而提前终止净额结算条款的设计目标在于，降低单个交易者的交易风险并从整体上降低整个金融品交易市场的系统性风险，提高市场运行的整体效率，其追求的价值是降低金融市场系统风险和提高金融市场运行效率，即使是这样的清偿会有损于陷入破产危险的单个交易者的其他相对方的利益。很显然，两项制度设计的价值取向和目标存在较大差异。如前所述，由于提前终止净额结算目前在我国仍只是合同法项下的合同约定，受合同法的保护，而破产法是针对破产行为的特别法，按照"特别法优于一般法"的传统，现有金融市场基础设施在格式合同中所设计的提前终止清算条款在作为一般法的合同法保护框架下并无法对抗作为特别法的破产法的有关破产的普适性规定。

第四章

我国金融市场基础设施法律保护之提升路径

一、尽快明确金融市场基础设施的法定地位，
通过法律或者司法实践赋予金融市场
基础设施内部规则的普遍"对世权"

虽然现有《证券法》通过第 102 条规定了"证券交易所是为证券集中交易提供场所和设施，组织和监督证券交易，实行自律管理的法人"，并且在其第 118 条"证券交易所依照证券法律、行政法规制定上市规则、交易规则、会员管理规则和其他有关规则，并报国务院证券监督管理机构批准"的规定中明确了证券交易所进行自律监管的权力。但对于金融市场基础设施而言，其对市场参与者之间依据自身规则进行管理和应急处置的权力和效力并不明确，主要原因在于：

第一，就我国现行金融监管体制而言，《证券法》仅仅针对由中国证监会"管理"下的"证券交易所"的内部规则效力，但其对于为证券交易所提供清算、结算服务的结算机构规则的最终性和有效性的问题并没有明确。如果就《证券法》第 112 条的条文分析而言，该条仅是要求

"证券登记结算机构根据成交结果，按照清算交收规则，与证券公司进行证券和资金的清算交收，并为证券公司客户办理证券的登记过户手续"，《证券法》并没有像对待证券交易所那样明确那些为证券交易提供登记、清算服务的结算机构所颁布的内部规则的效力。可能意识到了法律的这种逻辑漏洞，中国证监会在其颁布的《证券登记结算管理办法》第5条中规定了"证券登记结算活动必须遵守法律、行政法规、中国证监会的规定以及证券登记结算机构依法制定的业务规则"，但由于该办法在效力层级上仅是行政机关就证券登记结算管理颁布的行政性管理办法，在现有司法环境下并不能直接作为司法机关审理证券登记结算纠纷可被援引的法律渊源，效力层级太低。

第二，在原有"一行三会"的金融分业监管格局下，现有的《证券法》只涵盖了对于股票、公司债券的监管，而对于诸如国债、中期票据、短期融资券、保险产品交易、信托产品等其他本质上基于"债"的属性而原本应归属于广义"证券"的金融产品都不在《证券法》的监管框架之下。因此，相应地，《证券法》项下所指的证券交易所和证券登记结算机构其实也就仅限于上海证券交易所、深圳证券交易所和中国证券登记结算有限责任公司，那些为国债、中期票据、短期融资券、保险产品交易、信托产品等其他金融产品提供交易和登记、结算服务的金融市场和金融市场基础设施(比如中央结算、上清所、中信登等)并不在《证券法》管辖的范围内，由此出现《证券法》第102条、第118条有关对"证券交易所"自律规则的效力以及中国证监会《证券登记结算管理办法》第5条对于"证券登记结算机构内部规则的效力"等规定对其他金融市场和金融市场基础设施并不具有准据法上的效力。

第三，除了《证券法》中对证券交易所和证券登记结算机构的存续进行了相应的规定和要求外，其他金融市场基础设施本身并非依据其所在行业所适用的专门法律而依"法"设立(比如《保险法》、《信托法》或者《银行法》中并没有有关登记机构或者结算机构的专章规定)。相反，这些金融市场基础设施多是依据对应金融行业主管金融监管部门的行政规章或者行政性文件而得以公司的形式设立，有的甚至直接是以"行政批复"这种行政许可的方式成立。再加上这些金融市场基础设施本身在存续的过程中又都是依据《公司法》和《公司登记管理办法》而以"公司制"这种商业组织形式出现，因此当这些以"公司"形式存在的金融市场基础设施为了维持金融交易结果而制定的内部规则，其所意图实现的普遍"对世"适用效力无论在法律文本还是司法适用方面都存在现实的障碍。

对此，本书从上、中、下三套方案讨论一下有关金融市场基础设施法律地位的确认问题：

1. 上策：一个理想中的方案

基于金融市场基础设施内部规则法律授权的缺失，最为理想的解决方式是在本次证券法修改的过程中，将证券交易所、结算机构统统界定为"自律性组织"，通过法定授权的形式将那些依照特定行政审批程序所设立的自律性组织界定为金融市场基础设施，且赋予这些金融市场基础设施依据经金融主管机关所认可的流程制定业务规则，并明确这种内部业务规则对市场参与主体的约束力和对非市场参与主体的对抗性。

前述设想的立法模式其实并不特殊且有先例可循。比如，美国《1934年证券交易法》就将自律性组织定义为"任何全国性证券交易所、注册证券业协会、注册结算机构[①]或者(仅就本法第19(b)条、第19(c)条以及第23(b)条而言)根据本法第15B条设立的市政证券规则制定委员会"。在《1934年证券交易法》的立法过程中，美国国会充分意识到"鉴于以下原因，在证券交易所和场外交易市场进行的证券交易通常关涉国家公共利益，因此必须对这种交易及其相关做法和事项(包括公司高级管理人员、董事和主要证券持有人进行的交易)进行监管和控制；必须要求提供适当的报告；必须消除对全国证券市场系统和全国证券交

[①] 美国《1934年证券交易法》上的结算机构是指"作为中介机构就证券交易进行支付、交收或者两者兼营的任何人，或以减少证券交易结算次数或分配证券结算责任为目的，为比较有关证券交易结算条款的数据而提供各种设施的任何人"。

易结算、清算系统及相关证券和资金保障系统等机制存在的各种障碍并且健全此类机制；并且规定要求保障此类监管和控制的完整和有效，以保护州际商业、国家信用和联邦税权，保护全国银行系统和联邦储备系统并且使之更加有效，确保维护该交易市场的公平和诚实"，[①]因此"作为防止欺诈或者操纵的合理手段，证券交易委员会通过为维护公共利益、保护投资者或者以其他方式促进本法所需或者适当的规则、条例或者命令，可以指令自律组织：(A)就以下会员或者人员持有的任何以证券为基础的互换头寸规模制定规则：(i)该自律组织的任何会员；或者(ii)该自律组织的会员为其实施该以证券为基础的互换交易的任何人；(B)通过合理设计的规则，确保遵守委员会根据本款规定的要求"。[②]为此，该法第 17A(b)(5)(C)款明确注册结算机构在其内部规则下可以通过简易程序立即暂停或者关闭以下参与者的账户：(i)被任何自律组织开除资格或者暂停资格的参与者；(ii)在向结算机构交付资金或者证券方面有违约行为的参与者；或者(iii)陷于财务或者经营困难，以致结算机构决定并通知该参与者的有关监管机关有必要为保护结算机构及其参与者、债权人或者投资者暂停和关闭账户的。

美国模式的优点在于其通过证券法明确赋予作为自律性组织的金融市场基础设施内部规则的法律效力，从而保障了在其组织金融市场交易、交收服务过程中对于交易结果的确定性、交易的不可逆性，从而实现对整个交易市场交易秩序和交易对手的保护。但我国现阶段借鉴这种模式受到最直接的挑战就在于在现有"证券监管"事实割裂下的"证券定义"根本无法统一：在美国法项下，虽然也有诸如证券监管、期货监管、货币监理的不同监管机构的功能监管划分，但通过在美国《1933 年证券法》中统一界定"证券"的定义，因而使得《1934 年证券交易法》中有机会对于不同监管机构监管项下证券结算机构的规则仍需统一适用

---

① 美国《1934 年证券交易法》第 2 条。
② 美国《1934 年证券交易法》第 10B(c)(1)条的一般规定。

《1934 年证券交易法》，①因此美国《1934 年证券交易法》一部法律就已经对涉及"证券"(无论是何种类型的证券)的全部结算机构及其规则的效力进行了法定赋权。反观我国，虽然中国证监会在 2015 年之前的证券法修改计划中试图统一"证券"的定义，②但在 2015 年向全国人大常委会一读送审之前还是因为其他金融主管机关的反对而放弃了"大一统"的证券定义，无论是提交全国人大常委会一读还是后面进行人大常委会二读的草案送审稿，对于证券的定义只是在原有的"股票""公司债券"基础上，简单地扩展到"本法所称证券是指代表特定的财产权益，可均分且可转让或者交易的凭证或者投资性合同"，依据草案，"证券"的定义仍被牢牢限制在(一)普通股、优先股等股票；(二)公司债券、企业债券、可转换为股票的公司债券等债券；(三)股票、债券的存托凭证；和(四)国务院依法认定的其他证券。对于现有由央行、银保监会分头主管的其他本质上为"债"的金融产品没有涵盖到证券的定义之中。对此，在证券法一读草案送审稿中，全国人大法工委给出的理由是"现行证券法规定的证券的范围主要限于股票、公司债券"，已难以适应证

①　美国《1934 年证券交易法》第 17(c)(1)条规定"结算机构、过户代理人和市政证券交易商的有关监管机关不是证监会的，该结算机构、过户代理人和市政证券交易商应当(A)向其有关监管机关提交因其是结算机构、过户代理人或者市政证券交易商而向证监会提交的任何申请书、通知书、建议书、报告或者文件"。

②　时任中国证监会主席肖钢在 2013 年出席"第四届上证法治论坛"时发表了一篇题为"证券法的法理与逻辑"的演讲反映了当时证监会的修法思路，他指出"证券法应当以行为统一监管为原则。对证券市场进行集中统一监管是现行证券法明文规定的基本原则。但是，在我们的实践中，同属证券性质的产品，同属证券业务的活动，同属证券交易的市场，却存在着产品规则不统一，监管要求不统一，监管主体不统一的现象。债券市场是这样，私募市场是这样，资产管理市场也是这样，都是分别由不同的部门，不同的法规，不同的规则来监管……造成这样的局面在我们国家有一些原因，一个就是实践发展往往在先，法律规范在后，你还没规范，某一个品种已经开始出现了，所以法律规范总是有滞后的原因。另外，也有基于历史的原因，因为各个部门、各个主体已经形成了，所以我们立法的时候往往迁就和照顾现实状况，在做具体规定的时候，总会留一个'其他部门'、'其他监管机构'的尾巴。这种立法个别情况可以，如果多了，这就成问题了……我们现在修改证券法就面临这样一个现实，市场分隔的现实，不同政府部门分别监管不同的市场，实质上是相同性质的产品和业务实行了不同的行为规则，不利于统一市场的形成和发展。三中全会提出让市场在资源配置中起决定性作用，很核心的一条，就是建立统一的市场体系。如果没有一个统一的市场体系，市场经济是建立不起来的。规则不统一的最终结果，影响的是一国证券市场的整体竞争力，我国证券市场周期性地出现需要清理整顿的问题，根本原因也在于此。立足于行为统一监管的原则修改证券法，应当做到业务规则的统一、监管要求的统一和监管机构的统一"。

券市场发展的现实需要，也不利于打击非法证券活动。对此，学界多数的意见是主张扩大证券范围，将实践中已经出现的以"有价证券"为本质的金融交易品种纳入证券范围，以体现证券法作为资本市场基础性法律的地位。但是，扩大证券范围(比如将集合性投资计划份额等纳入证券定义)，这就涉及对现有金融产品性质的认定问题，也涉及有关部门的职责分工等一系列复杂问题。①因此，就金融市场基础设施自身的法律地位和其内部规则的有效性而言，通过一部《证券法》以确认金融市场基础设施的法定条件，并且赋予这些金融市场基础设施规则的"自治权"是最为科学的选择，但目前看来，这个选择涉及证券定义的统一问题，可能需要等待监管认识上的统一。

2. 中策：一个过渡性方案

如果《证券法》的统一因为部门之间争执而无法在短期内实现，则可以考虑的一个折衷方案是：通过一部由国务院颁布实施的行政法规(比如《金融市场基础设施条例》)来统一赋予金融市场基础设施"准公共组织"的地位，同时集中赋予金融市场基础设施业务规则的最终性效力。通过行政法规作为折衷方案主要是要尽快解决现有金融市场基础设施内部规则在司法审判实践中对于市场参与人以外的第三人主张的对抗效力问题，其主要思路在于：虽然根据《立法法》第7条，"全国人民代表大会制定和修改刑事、民事、国家机构的和其他的基本法律"、第8条，"下列事项只能制定法律：……(八)民事基本制度；(九)基本经济制度以及财政、海关、金融和外贸的基本制度"，但《立法法》第56条也为国务院的行政法规规定法律以外的事项留出了一个通道："行政法规可以就下列事项作出规定：(一)为执行法律的规定需要制定行政法规的事项；(二)宪法第八十九条规定的国务院行政管理职权的事项。应当由全国人民代表大会及其常务委员会制定法律的事项，国务院根据全国人民代表大会及其常务委员会的授权决定先制定的行政法规，经过实践检

---

① 参见《关于〈中华人民共和国证券法(修订草案)〉的说明》。

验,制定法律的条件成熟时,国务院应当及时提请全国人民代表大会及其常务委员会制定法律"。因此,如果短期内无法实现对于《证券法》有关证券定义的统一而统一金融市场基础设施的法律地位,那么另一条替代性的方案就是在《FMI 原则》的基础上由国务院针对金融市场基础设施专门订立行政法规。比如以《金融市场基础设施条例》的名义统一对涉及金融市场基础设施的定义、资格、准入、法律地位、规则效力作出规定,改变现有各个金融监管部门对不同的金融市场基础设施各自立规、单独发展的局面。行政法规的好处在于可以通过行政法规的授权明确金融市场基础设施的法律地位,并且明确金融市场基础设施自身颁布规则的适用效力。这样既无需因漫长的立法过程而贻误金融市场基础设施发展的大好时机,又解决了作为公司制的金融市场基础设施行使"自律监管"法律依据不足的问题。

由国务院另行颁布专门性行政法规隐含的另一个便利在于:一旦在金融交易或者金融市场基础设施运行过程中出现相关的民事、商事纠纷,作为中立裁判机构的人民法院可以依据《最高人民法院关于裁判文书引用法律、法规等规范性法律文件的规定》,在人民法院的裁判文书中依法引用相关法律、法规等规范性法律文件作为裁判依据。也即依据现行的司法裁判要求,在涉及金融市场基础设施的民(商)事裁判和行政裁判中,人民法院对于民事裁判文书依据上述规定第 4 条"应当引用法律、法律解释或者司法解释。对于应当适用的行政法规、地方性法规或者自治条例和单行条例,可以直接引用",第 5 条对于行政裁判文书"应当引用法律、法律解释、行政法规或者司法解释。对于应当适用的地方性法规、自治条例和单行条例、国务院或者国务院授权的部门公布的行政法规解释或者行政规章,可以直接引用"。①由此可见,民事审判工作可以援引的行政法规一是国务院为执行民事法律而制定的行政法规,此类行政法规是为执行民事法律基本制度而由行政法规进行细化而制定的,实际上是对民事法律的补充;二是全国人大及其常委会授权国

①　参见《最高人民法院关于裁判文书引用法律、法规等规范性法律文件的规定》。

务院制定的本属于应当制定法律的民事事项的行政法规，此类行政法规实质上代行民事法律职能。①因此，如果以行政法规的方式对金融市场基础设施进行统一的定义、赋权，则其法规起草过程相对于立法而言显得简单、统一，又能通过国务院的行政法规确保金融市场基础设施内部规则最终性在司法层面得到承认与执行。

3. 下策：一种临时性保护方案

如果前述立法途径因为需要履行立法决策程序而在短期内无法落实，则短期对于金融市场基础设施法律地位采取"临时保护"的措施只能是把金融市场基础设施的业务规则当作"商业习惯"对待，并通过司法解释承认金融市场基础设施内部规则作为交易习惯的效力，从而产生对无论是否为市场参与人的约束效力。

如前所述，金融市场基础设施规则的一个重要作用就是要对相关的交易以及交易项下的结果保持确定性，以使得参与交易的市场主体各方对于其交易行为有着明确的预期，同时保护整个市场的交易秩序和交易安全。比如在美国的证券结算体系中，法律明确要求当结算机构或者其一名或者多名结算会员资不抵债时，需要"存在处理客户和以证券为基础的互换交易对手头寸、资金和财产相关的合理的法律确定性"。②因此，考虑到立法论证程序和立法过程的复杂性，在对《证券法》进行修订或者制定《金融市场基础设施条例》之前，可以考虑的一种临时性保护方案是：将金融市场基础设施为了提供这些金融交易服务而制定的规则看成是一种被金融市场广为认可并被普遍接受的"商业习惯"，通过司法裁判(司法解释或者案例)承认金融市场基础设施类似于"公法人"的法律地位，并将金融市场基础设施内部规则视为"商业习惯"进行保护，从而通过对于"商业习惯的保护"实现对于市场参与主体以外的第三人的对抗效力。金融市场基础设施制定的交易规则只要不违反公序良俗，即可被视为金融交易习惯，可被法院视为法律渊源适用，成为法院

---

① 吴兆祥：《关于〈裁判文书引用法律、法规等规范性法律文件的规定〉的理解与适用》，载《人民司法》2009 年第 3 期。

② 美国《1934 年证券交易法》第 3C(b)(4)(B)(v)款。

裁判的依据之一，法院可依此进行裁判，不必适用与交易规则相冲突的现有法律(有关对于"商事习惯的承认与保护"的进一步论述可进一步参见本书第四章第六部分的相关内容)。

二、赋予金融市场基础设施交易过户中所有权变动的特别保护规则

在以金融市场基础设施为支持的金融交易中，金融交易本身虽然是由交易双方直接达成，但通常是由金融市场基础设施充当共同对手方而与结算参与人之间进行所有权的交割。金融市场基础设施交易资产变动的核心是共同对手方的参与，由于共同对手方的参与导致在大量的交易过程中为了减少结算的错误、提高结算效率，而采取"交收"在"交易"后的净额结算制度。共同对手方的法理基础是"合同更新"制度，也称为"合约更改"或"责任更替"制度。合同更新制度指一旦共同对手方介入买卖合同，原合同就被双方分别以结算人为对手的两个新合同所取代，买卖双方对于对方的权利和义务均由共同对手方承继。中央对手方与参与人之间的债权债务关系(新合同)不同于原参与人之间的债权债务关系(旧合同)。首先，新旧合同的当事人不同；其次，新旧合同订立时所依据的法律关系具有较大差异，旧合同的订立是基于买卖双方就证券买卖达成的合意，新合同的成立则是基于清算交收规则，也就是说，合同更新形成的新合同并不是新合同订立时的当事方合意，而是通过规则拟定产生；最后，关于新合同之债与旧合同之债的关系，罗马法上有"代位说"和"变形说"之分。"代位说"认为新旧债务在形式与实质上均有所不同，新债与旧债无关。"变形说"则认为新旧债务具有同一性，形式之变更不影响其实质的同一。[1]对于此，因"代位说"表达

---

① 参见史尚宽：《债法总论》，中国政法大学出版社 2000 年版，第 823 页。

出了新债消灭旧债的因果关系而成为主流，获得了包括史尚宽教授和诸多英美法学者的认同。因此合同更新后形成的新合同关系完全独立于原当事人之间的旧合同间的法律关系。这种合同更新与我国现有《合同法》的合同概括转让制度有类似之处。①与合同更新相一致的是，合同的概括转让包括权利的转让和义务的转移，转让的后果会导致原合同关系的消灭，第三人取代了转让方的地位，从而产生一种新的合同关系。而中央交收对手方为了确保其向所有结算参与人进行集中轧差交收，其必须在交收过程中引入"担保交收"制度，即一项正常合约一旦达成，虽然还未完成最终的所有权交割，但基于共同对手方承担的履约义务并不以任何一个对手方的正常履约为前提，即使在交易结算中一方违约，共同对手方不能以此为抗辩拒绝另一合同的正常履行。在共同对手方的相对一方即结算参与人违约不能正常交收时，作为共同对手方有权处置违约一方尚未交收完成的资产和担保以用于作为共同对手方替代履约的担保。

在此背景下，金融市场基础设施运行过程中的所有权变动规则已经产生明显有别于民法的一般交易规则，其中关于交收过程中"待交收财产"的保护问题仅仅用传统民法理论已经不能够很好解决(参见本书第三章第二部分论述)。在此背景下，我国现有的《证券法》针对"股票"和"公司债券"这两类证券品种通过第167、168条的规定试图确立起证券交易结算过程中的"履约优先"原则，即要求对于已达成的证券交易，履约义务人无论处于何种信用状态，所有已进入清算交收程序的财产应优先用于清偿证券交易过程中所产生的清算债务。②在本质上，这种证券结算履约的优先权是证券登记结算机构作为债权人对于交收财产有一种"先取"特权，就债务人的应付证券和应付资金来说，证券登记

---

① 参见《合同法》第88条的规定：当事人一方经对方同意，可以将自己在合同中的权利和义务一并转让给第三人。

② 参见全国人大证券法修改起草工作小组著：《中华人民共和国证券法释义》，中国金融出版社2006年版，第166页。

结算机构有先于其他债权人优先清偿自己债权的权利。①这种先取特权依据通说一般称之为优先权。

这种"履约优先"其实就是在证券交易过程中于传统民法背景下所有权未完成典型过户时为对抗其他第三人而采取的一种特殊利益安排机制。关于该等法定优先权的设计初衷，我们可以从以下三方面来理解：首先，该等优先权类似于一种具备交易担保效果的权利，且这种优先直接得到法律的确认。法定优先权设立之目的在于担保证券交易过程中所有市场交易结果的平衡，确保已产生之交易不会出现因某一参与主体交割未果而导致的连锁性反应；其次，这种优先权可被看作是一种与担保物权具有同等效力的法定优先权，但其与抵押权等担保物权的根本区别在于，抵押权等担保物权所具有的"优先性"的权利是基于当事人之间的约定而产生的，具有意定性；而此等优先权的产生则完全基于法律的直接规定，具有法定性；最后，这种优先权是实体性权利而非程序性权利，优先权的设定会直接影响当事人之间法律关系的实质内容，而不仅仅是为了实体性权利行使的方便或公正而设立的权利。②优先权一般分为一般优先权与特别优先权，特别优先权所担保的债权通常是基于某种交易关系而发生的，而一般优先权的发生在原则上是非交易的结果，其通常是基于保护公共利益、共同利益、社会公平与公正等理由。除了一般法上的优先权外，还存在特别法上的优先权，因此特别法上的优先权，是指传统民法以外的特别法中规定的优先权，特别法上的优先权不同于特别优先权，特别优先权是与一般优先权相对应的概念，而特别法上的优先权是与普通法上的优先权相对应的概念。特别法上的优先权的"特别之处"在于其发生的依据不是作为普通法的民法典，而是民法典以外的特别法。我国现行《证券法》第167、168条规定的证券交易履约

① 参见《日本民法典》第303条规定：先取特权人(优先权)人，依本法及其他法律的规定，就其债务人的财产，有优先于其他债权人受自己债权清偿的权利。

② 参见郭明瑞、仲相、司艳丽：《优先权制度研究》，北京大学出版社2004年版，第2—3页。

优先就为特别法上的优先权，其发生原因并不是如特别优先权一样基于交易关系，而是为了保护公共利益——正常的交收秩序。由于结算参与人的债权债务关系概括转移到了共同对手方，随之而来的是证券交收的违约风险也集中到了结算机构。为了防范清算交收风险，保证交易系统的正常运行，保护投资者的合法利益免于遭到损害，维护证券市场健康稳定发展，我国规定了证券交易结算机构对于已进入清算交收期的财产予以优先权(先取特权)。

特别法上的优先权作为担保制度的重要组成部分，其在基本属性与效力上也应适用担保制度优先权的一般属性。由此优先权(先取特权)在本质属性上应被视为一种特定的担保物权，作为担保物权之一的优先权，其存在的目的并不在于对标的物之物质形态进行占有及利用，而在于担保特种债权的实现。此外，优先权的发生和存在必须以特种债权关系的发生和存在为前提和基础，并因所担保特种债权的消灭而消灭。最后，优先权于其标的物买卖、出租、灭失或者毁损时，对于债务人应得之金钱或其他替代物，可行使优先受偿权。在证券清算期间，交易结算财产优先用于清偿证券交易清算交收债务，换言之，也即共同对手方对于已进入清算交收程序的财产拥有优先权(先取特权)。

从日本等国的立法实践来看，特别法上不断出现的新类型的优先权(先取特权)使得优先权制度的调整范围越来越大，在各类担保物权中的地位也显得越来越重要，特别法上的优先权已经构成优先权制度的重要组成部分。[1]从我国相关立法与司法解释中也可以看出优先权不断扩大的趋势，在证券交易中，证券交易结算机构因作为中央对手方而处于债权人身份时仅对已确认成交的交易标的物享有优先权，《关于查询、冻结、扣划证券和证券交易结算资金有关问题的通知》的第5、6、7条对豁免冻结、扣划的证券和资金的特殊保护已经不能完全适应金融市场基

---

[1] 参见邓曾甲《中日担保法律制度研究》，法律出版社1999年版，第86—88页；[日]近江幸治：《担保物权法》，祝娅、王卫军、房兆融译，法律出版社2000年版，第32页。

础设施涵盖的全部流程，对于金融市场基础设施先取权的范围不应只是局限在作为中央对手方的金融市场基础设施与结算参与人之间的应付证券、应付资金，其优先效力还延伸至结算参与人提供的担保品、客户结算备付金与证券公司最低限额自营备付金等财产。[①]

现有对证券结算机构的交收规则保护中，《证券法》第167、168条都强调在处理交收事项时要按照"业务规则"，这表明《证券法》第167、168条将"场内交易优先权"这一市场间的规则间接地上升至得到法律承认的层面，这种内部业务规则的法律化大大提高了证券登记结算机构在维护正常交收秩序的权威性，也保证了业务规则的严肃性。[②]清算交收履约优先原则在实践中本身就为金融市场基础设施内交易、清算交收规则的一部分，所以应该普遍适用于金融市场基础设施中，即金融市场基础设施中清算交收机构也可以享有《证券法》规定的优先权。

《证券法》第167、168条规定的证券交易结算履约优先原则属于特别法上的优先权，其发生原因在于保护正常的交收秩序，进而保护投资者的整体利益，具有保护公共利益的目的。与之相似的是，其他金融市场与证券市场一样存在最终交收的违约风险，一旦金融市场基础设施中已进入清算交收程序的财产无法交付给交易对手方，同样也会破坏正常的交收秩序，一旦这种无法交收的违约风险被放大，就会严重影响包括证券市场在内的整个金融交易的稳定性、可预期性，并最终导致无辜投资者的合法权益遭到损害。赋予金融市场基础设施清算交收机构以优先权(先取特权)，可以保障包括证券市场在内的整个金融市场的交收秩序，防范清算交收的风险和不确定性，对我国金融市场的健康发展产生积极影响。因此，对于金融市场基础设施应一视同仁地赋予其在交易过程中作为中央对手方的先取特权。由此，如前讨论，如果我们能够将《证券法》上"证券"的定义得以扩展，则《证券法》第167、168条项

---

① 参见最高人民法院、最高人民检察院、公安部、中国证券监督管理委员会《关于查询、冻结、扣划证券和证券交易结算资金有关问题的通知》(法发〔2008〕4号)。

② 参见罗培新、卢文道主编：《最新证券法解读》，北京大学出版社2006年版，第270页。

下的交易优先权规定则自然而然会涵盖到各个金融产品的交收过程，否则确需另立新法以保证各类型金融市场基础设施对各金融产品交易过程中的优先权。

三、应该通过司法实践承认商事担保规则与
民事担保规则的不同适用标准

就现有民法的立法外观而言，无论是《民法通则》还是《民法总则》在立法技术上都从未出现民商合一或者民商分立的描述，《民法通则》和《民法总则》在其行文逻辑中仅以"民事关系"作为其调整对象。①但基于特定的历史背景，民法与商法之间"一般法与特别法"的处理关系似乎已经成为一种约定俗成的惯性思维，"在民法典中，民法总则是统领整个民法典并且普遍适用于民商法各个部分的基本规则……民法总则的制定连接了民法和商法之间的关系，它将统领整个民商事立法"。②因此，无论是立法界、司法界还是法学界，现有的主流观点认为我国目前采取的依旧是"民商合一"的立法模式，在现有的立法和执法理念下，商法不能完全抛弃作为其"基准法"的民法。在此等民商合一背景下，由于现有的担保制度呈现于《物权法》和《担保法》这两部典型的民事法律中，因此，在现有的商事活动中所采用的"担保措施"的法律适用自然而然引向《物权法》和《担保法》这两部既有法律。但我们认为，商事担保与民事担保的区别正随着市场经济的发展而日益明显，且在一定程度上可以说两者的分野十分明显。这是因为现代商事担保随着交易方式的灵活性和便利交易的特点而呈现形态多元化的特征，

---

① 比如《民法通则》第1条规定，"为了保障公民、法人的合法的民事权益，正确调整民事关系，适应社会主义现代化建设事业发展的需要，根据宪法和我国实际情况，总结民事活动的实践经验，制定本法"；《民法总则》第1条开宗明义"为了保护民事主体的合法权益，调整民事关系，维护社会和经济秩序，适应中国特色社会主义发展要求，弘扬社会主义核心价值观，根据宪法，制定本法"。

② 参见王利明：《关于民法总则的几点思考》，载《法学家》2016年第5期。

对其形式要求、效力处理均有别于传统民事担保的规则，原来在民法体系下发展和演进的传统民事担保规则在现代商业社会实践中的局限性逐渐暴露出来。

1. 传统民事担保规则的局限性

传统民法上的人，呈现的是"弱而愚"、"在大企业面前是经济、社会力量弱小，仅靠个人的力量最终不能与之对抗而达到自己愿望"的人之形象。①民事交易往往是为了满足个人和家庭的基本生活需求，民事担保制度作为促进民事交易的手段，体现了对于债务人之保护的一种法律父爱主义的色彩，政府在这个领域为了公民自身的利益可以不顾其意志而限制其自由或自治，亦即国家为了保护公民免受伤害并维护其利益，通过立法而进行强制性的限制和干预。②基于"民法人"的设定和对担保制度功能的定义，传统的民事担保规则奉行严格的法定主义，以民事担保必须遵循"物权法定"原则、担保物权的对抗效力需满足公示要件、禁止流质等强制性或禁止性的规定建立旨在保护被视为具有"弱势"的担保人的法律体系。由此，民事担保规则体系从担保物权的种类内容到担保的对抗效果，乃至违约后担保物权的实现都被法律设定了必备的形成要件，且排除了当事人意思自治表达的空间。这样类型化、法定化的保护方式呈现出了民法上的"稳定性"要求，但以严格的"形式要件"所承载的法定主义却也显得僵化、保守，难以适应商事交易的变化和发展：

首先，如果严格遵循"物权法定"原则将使新出现的具有担保意图的非法定出质物因缺少法律上的承认而无法产生合法的担保效力，无法发挥相应的经济效用。比如前已论及的信托受益权、保单以及其他可以转让的财产性权利或者物。该等财产权利虽然不是现有法定的可出质的权利或者物，但是不可否认其具有担保能力，如果只是因为缺少法律的

---

① 参见 [日] 星野英一：《私法中的人——以民法财产法为中心》，王闯译，载梁慧星主编：《民商法论丛》第 8 卷，法律出版社 1997 年版，第 188 页。
② 参见孙笑侠、郭春镇：《法律父爱主义在中国的适用》，载《中国社会科学》2006年第 1 期。

明确规定或者认可就否认其作为出质物设立质权的能力，这反而不利于金融担保对于交易促成的本质需求。进一步而言，一味地采用"堵"的方式拒绝承认新的物权种类并不能在多大程度上维护《物权法》体系的稳定，反而容易陷入极端"物权法定"原则的怪圈，影响"物权法定"原则发挥真正的效用。

其次，现有担保物权的效力必须满足特定的公示要件(如公示或者登记)才能产生，这导致新型担保物权出现后，因为在短期内无法建立相应的或者没有合适的已被法律确认的公示机关而难以满足公示要件的要求，从而无法获得相应的生效或者对抗效力。法定的可出质的物或者权利因有法律规定的相应的公示要件，只要进行公示或者在相应的机关进行登记即可获得相应的法律效力，自不存在阻碍。但是新型的担保就无法避免"无法可依"的尴尬局面，其在现行法律体系下并无法律规定应该通过何种方式获得担保的法律效力，比如未被《物权法》所明示的那些金融市场基础设施在实际业务中所从事的金融交易品的"质押登记"能否获得法定的生效或者对抗的效力就存在普遍争议，其他新型的担保物权也会面临这样的困境。如果一项"担保物权"没有具备生效或者对抗的法律效力，其权利状态就会因为处于不稳定或者不公开的状态而无法有效对抗其他权利人，难以真正在金融(商事)交易中发挥原来交易主体希望其达到的担保效果。

再次，传统民事担保规则中有关"禁止流质"的规定不仅阻碍了质押物的高效流通还切断了金融交易参与主体自行约定交易风险承担的可能性。《物权法》和《担保法》均有"禁止流质"条款，即不允许债权人与债务人事先约定在债务履行期届满或者约定的实现担保物权的事由而债务人未能履行还款义务时，担保权人有权将担保物的所有权收归己有。在传统民法项下，担保人实现担保物权只能在债务人违约后通过协议、申请法院拍卖或者变卖担保物这三种方式处置担保物后，以所得价款清偿债权。这样的处置方式整体上是倾向于担保人的权利保护，要求债权人(担保权人)必须履行法定程序后行使担保权，这就决定了担保权处置过程的程序繁琐，时间漫长，是一种以"(债权人的)时间还(债务人的偿还能力)空间"的方式。这种"禁止流质"的传统是立足于债务人借贷时处于"弱势地位"的假设之上，其在小农经济年代和商品经济早期对于保护弱势的债务人或小商人正常的生产、生活而言肯定发挥着重要的作用，反映了特定历史年代的阶层需求。但是在现代金融交易中，在商人逐利性的背景下，市场参与者都是最能代表自己利益的商主体，其地位相当，不存在明显的强势和弱势之分，且债务人一方并非都是弱势者，特别是在金融交易中，商品的连续流转性和资金的持续需求性特点决定了必须及时处置担保物回笼资金，保证金融交易的可持续进行。因此，如果在金融商品交易(特别是通过金融市场基础设施中进行的金融交易)的担保中按照传统的"禁止流质"的处置规则，一方面会打破双方的利益平衡状况，另一方面会妨害商事主体自行安排交易风险的自由，损害整体金融市场的有序、安全和效率。

2. 现代商事担保的特点及要求

商法上的人是"强有力的智者"，是模仿"始终追求和打算着利润的商人"形象而创造出来的概念，是"受利益引导的""利己的、理性的、运动着的""自由而平等"的人，商人是自己利益的最佳判断者和代表者。因此，商事担保的做出可以被视为商人们之间以营利为目的提供的或为商行为提供的担保。[1]基于商人主体的特殊身份和商事行为的特质，为保障商事担保功能的最大发挥，在交易的保护中还是应该尊重商人的意思自治而排斥国家强制——即在商事担保制度上的反应是应该承认在物权法定的要求之外的契约自由主义。[2]因为从功能上看，商事交易旨在建立一种合理利用有限资源的市场运行机制和社会经济秩序，[3]其关注交易的效率和交易的动态安全，由此作为商业实践的回应，商事法律确立了以"外观主义"或"信赖原理"为核心的交易确认

---

[1]　参见周林彬、王爽：《商事担保概念初探》，载《法学》2013 年第 3 期。
[2]　曾大鹏：《商事担保立法理念的重塑》，载《法学》2013 年第 3 期。
[3]　顾功耘主编：《商法教程》，上海人民出版社、北京大学出版社 2006 年版，第 11、12 页。

制度，其内涵是提倡商人交换的自由，由商人寻求各自经济利益之间的动态平衡，法律不进行过多的交易价值评价。在此基本背景下，商事担保其实呈现出了与传统民事担保截然不同的特点：

第一，商事担保的功能更加多元化，并且需要法律或者法院承认这种商人间依靠契约所产生的新型担保的效力。由于在传统民事担保规则下，担保被视为债之效力的增强工具，其是在强调保障债权的实现基础上实现担保人与被担保人之间法律衡量的静态利益平衡；而商事担保除也需实现保障债权的功能外，其更强调用快速、有效、可预期的结果以便利商人判断风险与收益从而进行商事交易的决定，其在某种程度上除了担保人与被担保人之间的静态利益平衡外，还隐含着确保资金、担保物快速处置、快速流转、债权债务快速清结的动态利益平衡。商事担保在传统民事担保的基础之上进化，已经不仅仅是作为债务担保的手段，而是交易便利、交易可预期、交易效率的体现。

第二，商事担保追求担保物价值的充分实现，要求在最大限度内实现担保物的价值。在传统民事担保中担保的意愿是简单地为自己或者他人因个人或者家庭的消费支出所举债务提供担保，以自己之物为自己提供担保无非增加偿债的保障，而以自己之物为他人提供担保债务则多数是由于民法上的善良感情、熟人社会中的信赖关系或者对债务人的人品和信用的肯定，因此并不追求担保物价值的最大化，在进行担保时会出现担保物的价值远超过担保债权的情况。而在商事环境下，商人是自利的，没有一个商人不是出于利益的考量或者其他目的为他人或者自己提供担保的，可能是出于提高商业信誉或者获取商业交易机会，这就决定了商主体提供担保之前是必须进行理性分析和慎重考虑的，并与债务人进行不断的磋商协议，最后在综合考量的基础上决定是否提供担保，该担保合意在真正意义上体现了担保人的意志，即使是在紧迫的状态下也是如此，故极少出现被债权人利用债务人窘迫之境强迫其提供担保的状况，也极少存在担保物价值与所担保债权相差甚远的情况，一般是足额担保，甚至有时还会超额担保。

第三，商主体对于商事担保的实现效果有预期和承受能力，对商事担保确立更严格担保责任即连带担保责任或者独立责任具有合理性和正当性。一方面是因为商行为的实施者理应具备较高的经营能力，应在行为过程中承担较大的注意义务，另一方面则是因为商行为具有营利性，商法在保护营利的同时，基于公平原则，也应赋予商行为的实施主体以严格的法律义务与责任。①国内亦有学者主张在《最高人民法院关于适用〈中华人民共和国担保法〉若干问题的解释》第7、8条的基础上相应加重商事担保人于担保合同无效时的责任。②这对于贯彻商法普遍实行的加重责任和实现商法规范维护交易安全与快捷的功能来说是必要的，也未超过商主体的预期。因此为了更好地保障动态的交易安全，增强交易信心，促进交易便利，对商事担保适用更严格责任是合理正当的。

第四，商事担保追求高效益，要求承认商事规则或者商业习惯的效力。现代的商事担保不仅仅要求高效率以便适应商事交易的频繁性和实现便捷性，更关注该担保的安全性，其力图在效率性和安全性之间寻找一个平衡点，使商事担保能以较低成本实现高效率和高安全的结合。而这种追求是难以在立法上表达出来的，一方面是因为立法者不一定是商主体，即使是也未必能知道众多商事交易规则并且从这些规则中提取公因式作为法律条文指导实践，另一方面商事交易模式是多变的，有其生态模式，而法律法规一旦制定就具有滞后性，难以适应现实的需要。相比之下，商事规则或者成为共识的商事习惯是在商事交易中产生的并且有一定的认可度和操作性，能够随着商事交易的需要而变化，因此赋予或者认可这些规则的效力能够使商事担保发挥更大的效益。

3. 金融交易中新型商事担保的适用：传统民法担保规则的排除

商事交易与民事活动具有很大的差异，各自的立法理念、特点和要求均存在鲜明的区别，民事活动注重所有权的保护，强调交易的静态安

①　参见范健、王建文：《商法总论》，法律出版社 2011 年版，第 81 页。
②　参见范健：《商事担保的构成与责任特殊性探析》，载《2012 年华东政法大学"商事担保制度的确立与完善"学术研讨会论文集》，第 65 页。

全，经常以牺牲交易效率和资源合理配置为代价，而商事活动注重对交易的动态安全保护，强调交易的便捷、有效及对善意第三人的保护，因此商事规范以交易便捷安全为核心，主要以权利外观主义、商人责任加重等原则来约束当事人。商事领域注重交易的安全有序，倡导自由交易，并且作为精明自利的理性人，商人有能力权衡利弊与保护自己，因此给商人更大的自主权使其能在合法的范围内以合法的方式进行商事交易，以便更好地保护自己的利益，无疑更符合商事交易在法律保障方面的需求。商事交易发展迅速，形式各异，传统民法的担保规则已然不能适应快速发展的商业模式，但在"民商合一"立法模式下，承认民事担保与商事担保的区别，在商事担保中排除传统民事担保规则的重任应当先由司法机关在司法实践中肩负。

第一，承认商事担保与民事担保的区别。承认商事担保与民事担保的区别是在商事担保中排除传统民事担保规则的认知前提，也是金融交易适用新型商事担保规则的理念基础。承认商事担保和民事担保的区别，原则上要求在立法上区分两者的区别并针对两者的特点制定相应的规范规则加以调整，当立法未能发挥区别作用时，由司法机关在实践的案例处理中贯彻这一思路，例如采用成立金融法院、引进金融法律人才专门处理金融案件等方式提高司法机关处理金融交易中的商事担保纠纷的能力。同时在无现行法依据或者现行法规定不足的情况下，应充分尊重一般的商事规则、形成共识的商事惯例以及商事习惯等专门规范商事担保问题的效力，并形成处理商事担保案件的一般裁判思路。

第二，有条件地采用物权法定缓和说，缓和物权法定原则的僵化。我国《物权法》第5条："物权的种类和内容，由法律规定"，至此确立了物权法定原则，但是随着社会的变化和发展，物权关系的形成有不断走向解放之势，如果固守物权法定原则而不做变通，会使得许多交易必须消耗较多的社会资源，这是没有必要的。[1]故有学者主张采用物权法

---

① 参见张弛：《论物权法定与意思自治的关系》，载《经济与法》2012年第22期。

定缓和说来解决目前的情况。依我国台湾地区通说，所谓的"物权法定缓和说"是认为"只要不违反物权法定主义的立法旨趣，又有一定的公示方法进行公示，就应该承认该新生物权的效力而将其纳入现行物权体系"。①"物权法定缓和说"很好地处理了物权法定的必要性与社会生活现实性之间的关系，一方面肯定了物权法定原则存在的必要性，另一方面又以比较灵活的应变实践发展的需要，使新生物权在符合一定条件的基础上能获得物权的身份。②而在我国商事担保的语境下"物权法定缓和说"因为承认非法定出质物也能设立担保物权，或者认可类似于物权的其他权利能发挥担保物权的效用，这切合了商事担保的发展需要。但在我国的法律体系下适用承认"物权法定缓和说"存在一个基本性障碍：物权认定的法定化问题。传统民法认为物权法定原则中的"法"应仅指狭义上的法律，即能判定是否为新生物权并将其纳入现行物权体系的只能是法律，如果"物权法定缓和说"仍然立足于这个基础之上，那么其与实际意义上的物权法定原则并无区别。而为了发挥"物权法定缓和说"的真正作用，应当对此处的"法律"作广义解释，使其不限于全国人大及其常委会通过的法律，也应包括行政法规、司法解释等，从而扩大物权法定之"法"的来源。③其中，法律具有主导地位，物权的种类和主要内容由法律来规定，行政法规、司法解释只在法律的指导下补充、规范物权的内容。在这一论证方面，有学者从文义解释、体系解释、沿革解释、比较法解释等方面阐释物权法定之"法"扩张的可能性和妥当性，并主张应将判断是否为物权的重任交付给最高人民法院。④这无疑能更好地发挥司法的能动性，且能缓和物权法定原则的僵化，在很大程度上能解决新生物权因无法纳入物权体系而无法发挥物权效用的

① 参见王泽鉴：《民法物权(第 1 册)——通则所有权》，中国政法大学出版社 2001 年版，第 47 页。
② 参见魏永、王全弟：《台湾"民法"物权法定原则之修订及其借鉴意义》，载《云南大学学报法学版》2015 年第 3 期。
③ 参见申卫星：《物权法定与意思自治——解读我国〈物权法〉的两把钥匙》，载《法制与社会发展》2013 年第 5 期。
④ 参见张志坡：《物权法定缓和的可能性和便捷》，载《比较法研究》2017 年第 1 期。

困境。

第三，担保物权公示要件的放松，即要求达到公示性效果即可，不必要求具备法律授权或者只能以法定方式进行公示。单就登记和占有本身来看，登记和占有作为物权的公示方式均只是一种选择，并无完全的不可逾越的界限。如果以不动产、动产为界分选择公示方式后，法律会形成一系列的规则，最终形成一套规则体系，此时，如果考虑有体动产物权以登记方式公示问题时，就会对上述规则形成冲击。①根据传统民法上的担保物权的"公示要件"，担保物权要产生对第三人的对抗效力必须满足特定的条件(比如登记或者公示)，据此基于市场交易的需要产生的诸如保单质押、信托受益权质押等只是依据契约的约定所产生的"负担性权利"，其在传统民法规则上要产生对第三人对抗效力的担保效果需要进行公示，而由此引出金融市场基础设施中的登记能否作为法定的公示方式从而具有对抗效力。

未被法律明确授权的金融市场基础设施进行的登记是否具有公示效果？从传统民法上担保物权的"公示要件"来看，未被明确授权的金融市场基础设施所进行的登记因为缺少法律赋予的身份和权能而不符合"公示要件"的要求。但是从实际意义上来说，金融市场基础设施所进行的登记在交易者之间是具有公示性的，而且金融市场基础设施的设立初衷大多是建立全国统一的交易结算系统，因此承认其公示性是必要的，也是大势所趋。一味地强调严格法定的机构采用法定的公示才能使担保物权产生对抗效力，而无视那些虽不符合法律规定但也能发挥实际公示效果的方法并不能更好地使担保物权发挥其应有的效用。因此，我们主张应当放松对担保物权公示要件的要求，只要达到公示性效果即可，不必要求具备法律授权或者只能以法定方式进行公示。

第四，解禁流质安排。流质条款并不必然损害担保人、担保人的其他债权人以及国家的利益，也并不违背担保物权的制度本旨。相反，其

---

① 参见李莉：《论合意取得登记公示型动产担保时的登记效力》，载《华北电力大学学报》2014 年第 4 期。

在弘扬私法自治、维系相关法律制度之协调以及降低担保物权的实现成本等方面能发挥积极的作用：一方面我国实现担保物权的主要途径是协议和诉讼，诉讼最终则以拍卖、变卖、折价的方式实现担保物权。但是无论是以上的哪种方式，都存在成本高、效率低的问题。而设定流质契约能够提高交易效率，预先达成协议，一旦出现期限届至不能清偿的情况，则按事先约定直接转移所有权而无需通过一系列的繁琐程序，降低了交易成本，提高了交易效率；另一方面，如债务人及第三人因重大误解以及因受债权人的胁迫或乘人之危订立显失公平的担保合同时，我国《合同法》第54条已经规定，债务人或第三人可以依法请求人民法院或者仲裁机构予以撤销或变更，即法律已经对此类合同中不利的一方当事人的救济权利进行了规定，那么无视该法律规定的存在而另行设计救济途径实无必要。因此我国立法不应简单地禁止流质条款，而应将其置于契约自由原则之下，并通过法律行为的效力规则对其进行个别化调整。[①]退一步而言，即使民法上禁止流质尚有一定的道理，但对于商主体而言，商主体通常都是精明、利己的理性主体，足以维护自身的合法利益，其做出流质或流抵押等安排通常是为了谋取更好的利益。因此商法应当充分尊重商人的自治安排，流质则应被解禁，以推动商事担保的便捷与多元。《日本商法典》第515条与《韩国商法典》第59条均规定禁止流质条款不适用于商行为，新修订的《法国民法典》第2348条第1款、第2459条也明确承认了流质、流抵押约定的效力。[②]可见，解禁流抵押与流质已然成为一种趋势，尤其在商事活动领域，应当承认其有效性。具体而言，金融市场基础设施的快速处置效力应当得到承认，法院应当认可金融市场基础设施根据内部结算规则在发生交付不能时对质押券进行快速处置的合法性，以使支付结算业务能顺利进行。

　　在司法实践中承认商事担保规则与民事担保规则的不同适用标准是

---

① 孙鹏、王勤劳：《流质条款效力论》，载《法学》2008年第1期。
② 参见杨样：《论我国商事担保制度的困境及建构思路》，载《金陵法律评论》2015年第2期。

大势所趋，即使在民商合一的立法模式下也不得不承认商事担保与民事担保具有明显的区别。以传统的民事担保规则统领民商事担保的时代已经过去，在现代商事环境下，商事担保规则的作用和效力应当得到重视和承认，其应当脱离民事担保规则的桎梏，在司法审判中得到适用。

四、尽快赋予金融市场基础设施对金融产品质押的"登记生效"的功能

在担保登记的效力体系中，对于"登记生效"和"登记对抗"两种模式各国态度不一。纵观各国立法例，多是于此二者中择一而贯彻之。然而我国现行《物权法》却选择了让两种模式并存的方式。从比较法的角度观之，"登记生效"模式，即实质登记主义的体制是由《德国民法典》所建立，为《瑞士民法典》和现在仍在我国台湾地区生效的旧中国民法典等所采纳。[①]而登记对抗模式，即形式登记主义的体制则是《法国民法典》创立的，后为《日本民法典》等所继受。[②]不难发现，采用登记对抗主义立法体例的国家——法国、日本，在物权变动主义上均采用意思主义，即物权变动仅依当事人之意思表示即可；而采取实质主义立法体例的德国和我国台湾地区采取的是物权形式主义，瑞士则为债权形式主义，均认为物权变动需要符合一定的形式要件。

我国《物权法》的物权变动主义并非一些学者所称的单一的债权形式主义或是债权意思主义，而是处于两种以上物权变动主义同时存在的混合状态。[③]学界主流观点认为我国《物权法》规定的物权变动主义既

---

① 孙宪忠：《论不动产物权登记》，载孙宪忠：《论物权法》（修订版），法律出版社2008年版，第402—420页。

② 孙宪忠：《论不动产物权登记》，载孙宪忠：《论物权法》（修订版），法律出版社2008年版，第403页。

③ 参见李永军、肖思婷：《我国〈物权法〉登记对抗与登记生效主义并存思考》，载《部门法专论》2010年第3期。

有债权形式主义的色彩，①又有债权意思主义的倒影，②并非严格意义上的债权意思主义或者债权形式主义，而更倾向于采用两种主义本土化后并存的立法模式。就我国而言，登记对抗模式与登记生效模式的存在均有其合理之处，本质上是意思主义的物权变动主义和形式主义物权变动主义共存的体现。本节所讨论的"质押登记"所设立的"质权"，最终的目的是获得物权或者类似物权的效力，以便能对质押的权利产生"对世性"和"支配力"，因此讨论应采用何种登记效力模式也必须立足于当前的法律现状和未来的立法趋势，结合法理与该种登记适用的特殊环境特点，这样的探讨才能具有现实的参考意义。

第一，在当前的法律体系下，登记生效模式与我国"物权二分法"的逻辑起点是一致的，符合物权的法理：首先，登记生效主义对应的是债权形式主义体系，立足于形式主义的物权变动主义之上，原则意义上的债权形式主义承认物权行为的独立性，采用物权行为的有因性，其物权变动主义中的登记是作为一种物权变动的构成要件而非单纯的公示手段。③显然我国采用的是修正过的债权形式主义，即使理论上的通说认为我国存在物权行为，④但我国立法上并没有明确承认物权行为的存在，却认可物权变动的有因性，接受了登记作为物权变动构成要件的理论。其采用了物权、债权二分的逻辑，《物权法》第15条所规定的区分原则就是物权、债权的二分在立法上的体现。而登记生效主义主张物权与债权是区分的，仅依意思主义无法导致物权变动，这与我国物权二分的逻辑起点是一致的。

而登记对抗主义对应的是债权意思主义体系，立足于意思主义的物权变动主义之上。依债权意思主义，只要债权合意生效即发生标的物所

①　田士永：《〈物权法〉中物权行为理论之辨析》，载《法学》2008年第12期。
②　赵万忠：《我国物权变动主义的应然选择》，载《青海社会科学》2010年第5期。
③　参见费宏达：《中国未来民法典物权变动主义的立法选择》，载《沈阳工业大学学报》2013年第3期。
④　朱庆育：《物权行为的规范结构与我国之所有权变动》，载《法学家》2013年第6期。

有权的变动，既不需要另有物权合意，也不要求以履行交付或登记作为物权变动的构成要件，登记只是物权变动的公示方法，它只决定变动后的物权是否具有普遍的对抗力。基于这样的设定，登记对抗主义难以贯彻物权的特性和"一物一权"的法理：其一，登记对抗主义与物权的绝对权本质存在冲突，物权是绝对权、对世权，具有排他性。绝对权是可以对抗任何人的权利，然而在登记对抗主义下设定的物权却需要通过登记才能对抗某些人，显然与物权之本质不合，理论上也不当；①其二，登记对抗主义违背了"一物一权"的物权法理，在双重买卖中，登记对抗模式并不能合理地解释基于买卖合同且进行登记的后一买受人取得物权的依据，既然登记并非物权变动的构成要件，前一买卖合同的买受人已经基于买卖合同取得所有权，后一交易关系的买受人如何能基于买卖合同并且办理了登记而优先于前一买受人取得所有权？姑且不论能否对抗前一买受人，但就同一物上存在两个所有权的问题就已经造成了理论上难以化解的矛盾。②另外，引入了登记对抗模式之后还有一系列技术上的问题需要进一步解释。比如对于对抗效力的解释，对于第三人范围的解释等，而这些并非是容易解决的问题，我国这项工作显然还有待跟进。

第二，从商事交易安全上考虑，登记生效主义的安全性更高，而两者关于效率上的差异也在逐渐缩小：有观点认为在交易安全保护方面，登记对抗模式不及登记生效模式，但是在交易效率方面，登记对抗模式更胜一筹，只要交易双方达成合意即发生物权变动的效果，特别是在登记制度不完备的社会中，更有利于交易的迅捷化。该观点前半句比较客观，登记公示的价值目标在于保护交易安全。③在登记生效模式下，登记使物权的变动得以顺利完成，同时该物上的权利状态及内容得以明确

① 参见龙俊：《中国物权法上的登记对抗主义》，载《法学研究》2012年第5期。
② 参见石明：《我国〈物权法〉物权变动中登记效力主义之评析》，载《法学研究》2011年第5期。
③ 参见石明：《我国〈物权法〉物权变动中登记效力模式之评析》，载《法制与社会》2011年第5期。

化，为了达成交易愿望，交易当事人只能选择进行登记，而这样的登记是有公示性的，其能使与当事人进行交易的第三人了解该物的权利状况，以便作出是否交易以及怎么交易的商业判断，因此有利于保护第三人的交易安全，同时登记生效模式对于整个市场的稳定有序发展来说也是不可或缺的。我国采取登记对抗模式设立的担保物权都有一个共通的理由：登记不方便(登记制度不完善)。采取登记对抗模式可以大大降低交易成本。①如《物权法》第 127 条规定的土地承包经营权、第 158 条规定的地役权、第 188 条规定的特殊动产的抵押等都是基于立法当时登记制度不完善的现实状况和其他特殊情况的考虑，才采用登记对抗模式。但是在目前电子化登记盛行以及登记机构逐渐增多，全国统一登记成为新趋势的背景下，这种效率上的差距在逐渐缩小，特别是在如今各大金融机构纷纷推出业务办理电子化的潮流下，当事人可以在任何地点在指定的时间和系统内以较快的速度办理登记业务，效率上的差异几乎不能作为反对采用登记生效模式的理由。而在登记对抗模式之下，登记与否并不会影响物权变动的效力，是否登记的主动权完全在当事人手中，由于登记存在一定的成本，故不登记的情况也并不少见，这其实是不利于交易的安全与稳定的。

第三，最重要的是，登记生效主义与现行的行业实践规则更为切合：各金融市场基础设施的建立，其目标并非满足于在某一区域实现质押登记的统一，大多数是先作为一个试点探索(当然也有些金融市场基础设施一开始就是面向全国市场开展质押登记业务的)，并在不断的完善中积累经验和可推广模式，以实现面向全国统一市场开展业务的最终目的，因此，其必须要求能通过登记的途径明确该质押物的权利情况。在登记生效模式下，未登记无法设立质权，当然会促使所有想参与市场交易的行为人积极主动地办理登记业务，而在登记对抗模式下，登记只是一种对抗要件，不登记并不会影响物权的变动，是否登记只能依靠当

---

① 胡康生主编：《中华人民共和国物权法释义》，法律出版社 2007 年版，第 293、348、411 页。

事人的自觉性，更有甚者，可能会被有意之人利用此等漏洞做出危及市场安全之事。因此，无论对于金融市场基础设施自身长远发展来说，还是从整个市场的稳健有序来看，登记生效模式所具有的优势都是很明显的。至于有反对观点认为采用登记生效主义会增加交易成本这一观点，以传统的民事思维来看或许是成立的，但是将其放在现代商事交易的环境下，这种成本是其享受相应服务的合理对价，也在合理的区间内，并非是毫无意义的增加支出，因此也就不能简单地评价增加了交易成本。

因此，采取登记生效模式是比较符合金融交易的安全性要求的，同时对于金融市场基础设施来说也是实现其服务目标的最佳方式，在法律体系或者司法实践中，应该尽快确认金融市场基础设施对于在其范围内从事交易的相关金融产品权利质押登记的权力，并赋予此等登记产生担保效果的法律效力。

五、赋予金融市场基础设施标准合约中提前终止净额结算约定的法定化效力

金融交易所呈现的载体是一种标准化的合同，交易双方只负责对交易报价、数量的意思表示，这与传统的商事合同所要求的从标的、数量、价格、质量、违约责任等一系列的合意有所不同。普通的商事合同表现为双方互相作对待给付，而金融交易本身具有特殊性，履行方式和普通合同不同。金融交易的特殊性主要体现在四个方面：第一，金融交易的客体主要是虚拟资产，因此其与普通合同买卖的有形资产或者做出实际给付不同。在金融交易中，合同权利人只取得一个请求权，比如股权、认股权等；第二，金融交易的表现形式是标准化的合同。只有当合同文本标准化，才能帮助权利抛开传统合同方式项下的双方合意，而将标的进行简单的过户流通。这同样也是为了降低交易的成本，提高流通性；第三，金融交易的目的主要是为了获利、套期保值、对冲风险等金

融目的，其对交易程序的即时性、快捷性要求较高，因此需要明确交易一旦成交后对于交易结果的不可逆性和可预见性，不像普通商品交易那样可以通过双方之间诸如"所有权保留"的约定而对合同履行的结果有所限制；第四，金融交易具有未来履行的特点。履行的义务不是在合同签订之后就产生，而是在未来履行，未来履行就带来了潜在的信用风险。[1]

正是基于以下具有不同于普通交易的特征，金融交易特别是标准化合约的衍生品交易就对传统法律保护体系带来两个问题：第一，传统交易中，为保证债的履行，通常会需要债务人提供物的担保。物的担保因为价值相对恒定，具有强迫履行、增加责任财产和优先受偿的效果。但是在金融之债中，由于金融交易客体的特殊性、履行具有未来性，传统民商事交易中的担保功能被弱化，[2]透过标准化合同所呈现的金融资产的价格具有不稳定性，这导致合同价值具有不稳定性特征，对于交易相对人来说，是一直暴露在风险之中的，因此在金融交易中如何强化担保，就成为风险管理的一个重要因素；由此带来的第二个问题是，金融交易流通性强，履行时间在未来，这会使得一份金融合约可能在到期日来临之前已经几经转手，各个交易环节紧密连接，下游的及时履行便会成为上游按约履行的前提，金融市场的高度关联性，如不合理控制对手方的信用风险，便可能触发系统性风险。因为交易往往集中在几家大型公司，如果一家大型公司在一项交易上存在大规模违约的风险，而又与其他交易对手签订了一项或多项价值相反的对冲或者套期保值合同，那么一旦面临违约，他可能无法履行与其他交易对手的合约，此时各方之间的链条关系就会引发系统性风险。

由于金融市场基础设施中的交易不是仅为了某一方或某几方的交易而存在，因此为了控制因为交易对手的风险而引发的整个交易链条上的

---

[1]　季奎明：《金融衍生产品净额结算的法律规范》，载《上海金融》2012 年第 9 期。

[2]　凤建军：《金融合约安全港规则研究——另一种挤兑的反思》，《中国银行法学研究会年度论文集(2014 年)》，中国政法大学出版社 2014 年版，第 72—73 页。

交易对手方的风险，净额结算制度作为风险控制手段就被引入金融市场基础设施。所谓净额结算制度是指当金融市场基础设施的某个参与人因自身原因存在破产或者触发标准化合约所约定的"提前清算条款"的事件时，对于该参与人在金融市场基础设施所参与的所有已交易未到期(或未交收)的合约都视为提前到期，由金融市场基础设施按照"轧差"原则强制提前终止该参与人的所有未到期合约。根据提前终止净额结算机制，当衍生品交易一方出现合同约定的风险事件时，交易对方有权立即指定一个日期终止主协议项下全部未完成履行之交易(或全部受影响交易)，或全部未完成交易根据双方事先的合同约定于特定违约事件发生的当时被视为立即终止，并在终止后按合同约定方式计算每个终止交易的终止金额即盈亏头寸，然后将所有这些盈亏头寸进行总括性的抵冲或轧差，以求得一个最终的净(余)额。只有这个净(余)额，才是双方在全部交易项下应付或应收的金额，而非各个单个合同项下的各自合同金额为逐一结算的金额。因此提前终止净额结算项下的支付金额是一个单向支付而非多向支付的金额。①

　　提前终止净额结算制度看似复杂，但它在法律性质上仍属于一项合约安排，其意图在于破产事件发生之时，使得破产人的金融交易相对人或金融市场基础设施(在中央对手方体制下)豁免破产法的强制性规定，以在金融市场基础设施中提供一个额外的风险控制机制。但问题在于，虽然理论上按照合同法的原则，双方通过自愿协商在合同中约定的内容，只要不违反法律的强制性规定以及社会的公序良俗，就是合法有效理应得到法律保护与执行的，因此从合同法的角度，提前终止净额结算作为一项合同约定对于合同缔约方具有法律上的有效性与可执行性，但由于提前终止净额结算的触发事件往往是交易参与人自身陷入破产或者资不抵债的情形，诸如《破产法》等意在平等保护所有破产债权人的法律条款将适用于陷入破产境地的交易参与人，此时如果没有明确的法律

---

　　① 参见陶修明：《国际金融衍生品交易终止净额结算法律制度研究》，对外经济贸易大学 2007 年博士论文。

说明，则适用公平偿债理念的破产法作为特别法就会优先于作为适用当事人意思自治的合同法，其结果就是使得提前终止净额结算条款与破产法强制性规定产生冲突。

由于我国立法并不承认净额结算可以豁免破产法的规定，净额结算条款在交易一方陷入破产时，会因为抵触破产法的规定而被认定为无效。而金融市场交易的特点是资金数额大，价格变化快速，如果严格执行破产中止规则，由破产管理人选择性履行，将会危及金融市场的稳定性，引发系统性风险。因此，不论是从防范系统性风险还是金融交易结果的可预期而言，我们主张在以下方案下解决金融市场基础设施提前终止清算的法律效力问题：

方案一：通过修法模式直接确认金融市场基础设施提前净额结算规则的优先效力

对于美国和英国而言，其是通过修改破产法的方式确认对于金融市场基础设施"避风港"规则的。在美国，涉及金融衍生品交易在破产情形下受到特别保护的法律主要有 1990 年《美国破产法典》、《联邦存款保险法》、1991 年《联邦存款保险公司改进法》、2005 年《破产滥用防止和消费者保护法》。美国是金融交易最发达的国家，也是最早确立"避风港"制度的国家。美国的"避风港"制度首先是通过立法的方式，扩大了适用范围，具体包括从商品合约、证券合约、互换合约、净额结算协议等在内的所有金融合约，受保护的主体也一再扩张。2005 年通过的《破产改革法》新增加金融参与者和主净额结算协议参与者；而《英国破产法》规定，如果金融衍生品合约一方当事人进入破产程序，那么合约的相对方就可以根据合约中的撤销条款来终止合同。金融衍生品交易合同中的破产约定条款因为获得破产法的认可，守约方可以在违约事件发生时撤销交易达到保护金融衍生品交易的效果。

与英美通过破产法的例外条款排除适用不同，日本采取的是"专项立法"的保护路径。比如其《金融机构之间的特定金融交易终止净额结算法》是对金融衍生品交易的特别立法，该法对提前终止净额结算进行了定义，明确了该法适用的对象是主协议，规定了自动提前终止制度，界定了合格金融机构和受保护的特定金融交易。《日本破产法》第58条规定：具有交易地市价或市场行情的商品，与此类商品交易相关的契约，按照交易性质，不在特定日期或者一定时间内履行就无法达到契约目的，若履行时间在破产手续开始到来的，视为该契约已被解除。

对照前述立法模式，我国对于金融市场基础设施提前净额结算的保护也有两个路径可以选择：第一个路径是"专门立法"模式，即要么通过修订现行法律，要么全新立法以明确金融市场基础设施的特殊性。就现行法律修订而言，可以考虑将《证券法》第167条修订为"金融市场基础设施作为中央对手方提供相关证券结算服务时，应当要求结算参与人足额交付证券和资金，并提供交收担保。在交收完成之前，任何人不得违规动用用于交收的证券、资金和担保物。结算参与人或其客户进入破产程序的，仍应按照金融市场基础设施的清算交收规则继续履行已达成证券交易的交收义务，已经达成交易的证券、资金和担保物应当优先用于交收"；[①]或者尽快修改《企业破产法》，在《企业破产法》中明确赋予破产人在破产申请作出之前因在金融市场基础设施中依据特定交易规则所产生的金融交易结果应被完全遵守，直接规定金融市场基础设施依据其内部规则所做出的提前终止净额结算决定可以豁免适用破产法的情形(包括破产申请情形出现后由金融市场基础设施依据其规则或结算合约所启动的提前终止净额结算)，直接在立法上确认净额结算制度的效力。

方案二：在司法审判实践中以商业习惯作为承认金融市场基础设施提前终止净额结算的保护路径

为了解释现行金融市场基础设施"提前终止净额结算"的有效性，理论界针对《企业破产法》第31条、第34条的规定提供了两种解释路

[①] 现行《证券法》第167条规定"证券登记结算机构为证券交易提供净额结算服务时，应当要求结算参与人按照货银对付的原则，足额交付证券和资金，并提供交收担保。在交收完成之前，任何人不得动用用于交收的证券、资金和担保物。结算参与人未按时履行交收义务的，证券登记结算机构有权按照业务规则处理前款所述财产"。

径：第一，基于 ISDA"唯一协议"(主协议)作为一项合并的债权，在主协议项下的每个单独的交易不构成债法意义上的个别"债务"，因此作为一个整体合同而产生的子合同项下交易的净额结算并不是对一个未到期债务的提前清偿；第二，破产抵销是一种只能由债权人行使的单向形成权，债务人不能行使抵销权，否则即违背了不得个别清偿的原则，所以提前终止净额结算实质上是债权人行使权力，并不算是第 31 条无效处分。①但这些理论的解释也面临着民法解释学上的挑战：对于主协议项下的各项交易，由于具备合同订立的一切要素(要约、承诺、标的、价格等)，在大陆法系传统的合同法体系下，主合同只是类似于框架协议，框架协议的主要条款虽可在每项交易的具体合同中直接援引，但其作用仅是方便当事人在具体进行交易时减少谈判的成本和交易时间，框架协议不是双方当事人就每一笔具体交易所进行的合议过程，所以把主协议当成是一个未到期债务的大陆法系的逻辑并不尽如人意。

　　在此背景下，如果专项的修法无法实现，我们建议可以考虑将金融市场基础设施的提前终止净额结算视为一项金融市场的"商业惯例"，通过对商业惯例的承认与保护来确定提前终止净额清算规则的效力，则是一个可以选择的折中路径。一般认为，习惯是制定法的补充，我国制定法中也承认习惯具有填补法律漏洞、补充制定法的作用。按照实在法学派的观点，一个习惯能否成为习惯法而获得法律实效，首先必须得到某一个群体的普遍性遵守，同时该规则具有合理性，并且现行法没有对该问题作出规定，最后还需要得到国家的法律承认。比如《最高人民法院关于适用〈中华人民共和国合同法〉若干问题的解释(二)》第 7 条规定"下列情形，不违反法律、行政法规强制性规定的，人民法院可以认定为合同法所称'交易习惯'：(一)在交易行为当地或者某一领域、某一行业通常采用并为交易对方订立合同时所知道或者应当知道的做法；(二)当事人双方经常使用的习惯做法。对于交易习惯，由提出主张的一

---

① 季奎明：《金融衍生产品净额结算的法律规范》，载《上海金融》2010 年第 9 期。

方当事人承担举证责任"。因此，将提前终止清算作为一种"商事习惯"的做法可以绕开民法成文法体系的局限，通过司法裁判或者司法解释认可金融市场基础设施提前终止净额结算的普遍对世效力，有关商事习惯如何引入司法实践成为法律渊源的论述可参见本章第六部分的内容。

六、通过司法实践或司法解释尽快将商事习惯直接作为法源进行承认与保护的条件与标准

《民法总则》第 10 条规定："处理民事纠纷，应当依照法律；法律没有规定的，可以适用习惯，但是不得违背公序良俗。"可见，习惯已经成为民法的法源之一进而成为法官裁判的依据。但同样依据该条，民法上适用习惯很重要的一点在于其前提条件为"法律没有规定"，只有在没有法律规定的情形下才有可能援引习惯作为法源。由于民事法律规范经过改革开放 40 年的发展已经趋于成熟，有着较为严密和周全的框架，民事法律规范几乎涵盖了民事生活的方方面面。因此，司法实践中对于习惯的法源引用最多出现于对于某些地区性或者民族性风俗习惯的援用，仅仅是因为法律法规的不健全而引用习惯的做法并不多见。但作为商事交易的金融交易不同，特别是处于经济转型时期，商事法律跟不上商业社会发展的节奏，商业实践领先于商事法律规范的规定已经是不可否认的事实。特别是在金融实践中，业务部门首先碰到的难点就是开展的业务涉及的法律关系的调整没有法律明文的规定，因此如果继续沿用民法与商法的"一般法与特别法"的关系看待这类实践，就会在法律关系、纠纷解决路径上出现前文一直提及的商业实践与民法条文的冲突。

在法学理论界，民法学者坚持认为"在民法典中，民法总则是统领整个民法典并且普遍适用于民商法各个部分的基本规则……民法总则的

制定连接了民法和商法之间的关系，它将统领整个民商事立法"，①"民法总则应当可以统一适用于所有民商事关系，统辖商事特别法"。②因此在法律适用上，按照特别法优先于一般法的规则，应当先适用特别法，再适用民法总则。③在这样的逻辑项下，一个复杂商事纠纷的解决在法律渊源上首先需要查明是否存在针对该项纠纷的商事特别法(比如公司法、票据法)，然后确认在该项商事特别法的法律规范中是否存在可以直接适用解决该等纠纷的条款，如果没有特别的条款明确纠纷解决的路径，则需回到民法总则或民法通则项下寻找裁判的依据。而此时，如果依据《民法总则》第 10 条有关民事裁判的法律渊源规则，法院必须按照"处理民事纠纷，应当依照法律；法律没有规定的，可以适用习惯，但是不得违背公序良俗"的方式执行。也就是说，如果民法中已有明确规定的(比如"物权法定"原则)，则必须按照民法规定执行；而如果民法中也没有直接对应的规范条款的，法官也有可能引用民法总则中的"平等"(第 4 条)、"自愿"(第 5 条)、"公平"(第 6 条)、"诚信"(第 7 条)等原则进行判案。基于此等传统审判思维路径，能够敢于直接抛开成文的民法规则而以"商业习惯"作为法源路径的商事裁判在实践中并不现实，这种对于商业习惯承认的缺失又反过来影响了法律对商业实践和商业主体的行动预期：④

1. 将民法与商法限定于"一般法"与"特别法"的关系无法正确回应商业规则的诉求与本质

发源于市民社会的民法其最初是作为"市民法"而意图在于解决市民社会中对于人的权利和财产归属问题，所以民法在总体上呈现出单一的、点对点的"静态"保护的特点。由于民法所要解决的纠纷不会涉及过多的主体或者多元的法律关系，因此它的价值判断纬度比较单一，主

---

① 王利明：《关于民法总则的几点思考》，载《法学家》2016 年第 5 期。
② 刘斌：《论我国民法总则对商事规范的抽象限度——以民法总则的立法技术衡量为视角》，载《当代法学》2016 年第 3 期。
③ 徐强胜：《民商合一下民法典中商行为规则设置的比较研究》，载《法学杂志》2015 年第 6 期。
④ 参见郑彧：《民法逻辑、商法思维与法律适用》，载《法学评论》2018 年第 4 期。

要以"公平性"作为刻度标准进行"定分止争"；而在商业活动中，商业社会的活动始终呈现以"连续性交易"为特征的图谱，这种连续性交易导致了商法相对于民法而言在面对纠纷时要考虑更加多元化的主体之间的利益平衡。虽然在商事交易中也讲究对于交易主体的个体保护，但商业规则的执行需要更多地考虑整个商业主体的利益平衡，即使某一商业规则在运行的过程中其结果可能损害到个别参与主体的利益，商人们也必须遵守和执行此等商业规则所带来的商业交易的结果，也即商法需要通过保护商业规则的权威性以确保参与商事交易的主体对于商业规则运行的结果有着明确的预期。在此等意义上，"保护交易结果"原则是商法思维的首要逻辑，商事纠纷解决规则的侧重点可能并不在于是否因为对于参与主体单个个体的公平而撤销交易，而是在保护交易结果逻辑下对于利益受损的特定商事主体在"利益平衡"原则下以其他的救济途径平衡保护当事人的受损利益。①以证券交易中的所有权过户时间问题为例，证券交易的完成在实践中分为"证券交易阶段"和"证券交收阶段"两个阶段。其中"证券交易阶段"是客户在日常的交易时段通过证券交易系统可进行的交易，表面上客户买卖的成交结果在系统上可实时确认，但在实际上，基于多级结算机制②及"净额交收"的需要，客户的证券所有权在这个阶段处于"冻结状态"，真正的所有权交收是要在交易时段结束进行清算后才能完成所有权和资金的"DVP"(Delivery vs. Payment)交付。虽然名义上《证券法》第167条"证券登记结算机构为证券交易提供净额结算服务时，应当要求结算参与人按照货银对付的原则，足额交付证券和资金，并提供交收担保。在交收完成之前，任何人不得动用用于交收的证券、资金和担保物"的规定看似界定了有关证券所有权的转移时间(交收完成之时)以及交收完成之前的"担保状态"，

---

① 有关商法上的"保护交易结果"原则和"利益平衡保护"原则的适用参见郑彧：《商法思维的逻辑基础》，载《学术月刊》2016年第6期。

② 《证券登记结算管理办法》(2014)第43条"证券和资金结算实行分级结算原则。证券登记结算机构负责办理证券登记结算机构与结算参与人之间的集中清算交收；结算参与人负责办理结算参与人与客户之间的清算交收"。

但此条规定只是限定二级结算中参与一级净额结算过程的券商的交付责任，并没有明确在二级结算中客户对于券商的证券交付时间及交付的"担保状态"问题。在此背景下，如果按照民法与商法的"一般法与特别法"的解释路径，由于传统民法的所有权转移规则是"标的物的所有权自标的物交付时起转移，但法律另有规定或者当事人另有约定的除外"，①这也意味着在民法的解释方法论下，即便客户在证券交易阶段的交易已经得到确认(相当于合同已经订立)，但在证券交收完成前(相当于货物交付之前)，卖方的证券所有权并没有实际发生转移，已达成交易但尚处待交收状态下的证券仍有可能被视为是卖方的财产而被司法机关追及。②这也恰恰正是目前基层司法机关对涉案当事人所拥有的证券财产进行查封、冻结和扣划的执法基础。但问题在于，为了确保订单的可执行性，交易订单一旦被系统撮合交易成功，除了在证券交收阶段的"银货未能对屹"外，交易过程已经是不可逆。而对于已经确认交易但尚未过户的证券而言，又必须确保已经达成交易结果的证券交付的确定性，而这种确定性又不能用现有的以"交付"作为权属和风险转移的"所有权规则"进行界定和适用，传统民法的所有权变动解释规则和所有权追及规则已经明显不适应证券交易中的双方平衡保护功能，这也是目前证券登记结算机构在协助司法冻结、扣划过程中碰到的一个难点和无法明确解释的问题。③因此，以"一般法与特别法"的关系作为商事纠纷与争议的解决路径不仅不能正确解释商业安排的本质，基于民法项下的审判逻辑反而会对商业安排及其规则的合法性产生冲击，进而影响

①　《合同法》第133条。

②　由于证券交易必须确保已经成交的交易进入交收，所以证券交易中所有权转移规则也不能解释为《合同法》第134条的"所有权保留"，因为在所有权保留规则项下对于已经达成交易且拟进行付款的买方而言担保交易的效力不足。

③　在司法实践中，最高人民法院、最高人民检察院、公安部、中国证监会《关于查询、冻结、扣划证券和证券交易结算资金有关问题的通知》第5条、第6条只是规定券商"清算交收账户"内的证券、资金不得冻结、扣划；第7条是对存在"担保性质"的担保物在交收完成前不得冻结、扣划。一般而言，证券登记结算机构在司法机关要求协助冻结、扣划普通客户的证券或资金时，都不得不作变相处理即等待交收完成后以交易取收的资金或者证券作为原先协助执行标的的替代。

商事主体对于商业规则结果的明确预期。

2. 商事习惯作为司法裁判过程中直接引用的法源的条件

在商事裁判中引入商事习惯作为法律渊源在本质上是通过对商事习惯的承认和保护从而建立一种所谓的"商事习惯法"。值得注意的是，习惯与习惯法并不相同，我们在此强调可被援引为法源的应为习惯法而非习惯：第一，习惯只是一种事实，而习惯法为法律的形式，即习惯是一种不同阶级或者各种群体所普遍遵守的行动习惯或行为模式，而习惯法是尚未得到立法机关或者司法机关颁布但已经具有法律竞争力的规则、安排或行为准则；第二，习惯只为社会通行，而习惯法必须为国家所承认，这是由于习惯仅为一种事实状态，是一种事实判断，而习惯法作为一种具有约束力的法的渊源，是法律价值的判断；第三，习惯为当事人所自行援用，而习惯法必须由审判官主观适用，即作为法的渊源，若要将习惯作为法源加以约束当事人的强制力，必须经过审判官这一中介媒体进行认定，而一般习惯无需此等认定过程，可由当事人自由心证。这也就是博登海默所说的"在当事人仅仅希望按照某种习惯性安排不进行诉讼就知悉他们各自权利、法律地位和义务的情形中……没有法院权威性宣告的情形下，习惯不会产生法律的权利和义务"①的意义。为此，为使商事习惯上升为商事习惯法从而具有法的强制效力，司法审判中对商事习惯法的确认和承认还要注意对于商事习惯法客观要件和主观要件的审核：首先，在客观上，作为法源的习惯法要有习惯之存在，即多数人对同一事项，经过长时间反复而为同一行为，但这种习惯所涉及的并不是社会常规的、外在的礼仪或审美问题(比如清明的扫墓，端午节的划龙舟)，它应是重要的社会事务，是为确保令人满意的社会整体生活而必须完成或服从的工作，这种习惯是经过统治阶级的筛选和认可后可能被融合和编入法律体系中的；其次，在主观上，这种习惯法应是商人主体之间有确信服从于该习惯约束的心理状态，仅有反复

① ［美］E·博登海默：《法理学——法律哲学与法律方法》，邓正来译，中国政法大学出版社 1999 年版，第 469 页。

实施的行为而无主观上的法的确定力，只为事实上的、单纯的习惯不能约束法律关系的当事人；最后，可作为商法渊源的习惯法还有很重要的一个有效要件就是该等习惯的合理性因素，即习惯法作为商法渊源的适用必须以合理性作为其价值判断的依据。合理性乃是习惯作为法的渊源的有效要件，法院不能确定一种不合理或者荒谬的习惯影响当事人的法律权利。①在满足对于商事习惯这些主、客观要件的前提下，立法机关应当允许司法审判部门将习惯上升为习惯法以作为商事成文法可靠、有力的法源补充，在此我们将商事习惯上升为商事习惯法的特点归纳为以下几点：

第一，要有确定的商业习惯之存在。习惯是在社会上经久长行的某种规则，换言之，就是某种规则在某个区域被长时间的遵守，人们认可这种规则，并在这种规则的引领下生活。在金融交易领域，金融设施的交易规则是由金融设施制定，并公布于其官网，适用于参与交易的各方当事人，涉及交易的各个方面。这些规则在自身涉及的交易种类范围内被长时间应用，参与交易的各方认可这些交易规则并自愿进入金融设施的交易系统，在这些规则的引领和规范下完成交易，各取所需。例如，上海证券交易所的通用类交易规则《上海证券交易所交易规则》，长期适用于进入上交所系统进行交易的所有交易者。由此可以看出，各金融设施公布的交易规则符合事实习惯的定义和范围。

第二，须为参与交易的商人确信其有法之效力。之所以需要人人确认，是因为习惯具有一定的范围。通行于全国者，谓之一般习惯。通行于一地者，谓之地方习惯。②在习惯的适用范围内，才有人们的认可，人们得以根据认可的习惯行事，而对未来有合理的预测。对于金融交易而言，金融交易虽属于公民生活的一部分，但金融行业毕竟专业性较强，此时该行业交易习惯的确立就难以要求该区域内的所有公民都认

---

① 参见 [美] E·博登海默：《法理学——法律哲学与法律方法》，邓正来译，中国政法大学出版社 1999 年版，第 470 页。
② 梁慧星：《民法总论》，法律出版社 2011 年版，第 28 页。

可，而只能要求所有参与该项金融交易的人均认可此项交易习惯。在实际操作中，金融交易参与者只有在了解并同意金融设施交易规则后，才得以进入金融设施的交易系统。换言之，只要进入金融设施的交易系统进行交易活动，就等同于认可该规则的效力。所以，金融市场基础设施的规则必然符合"人人确认其有法之效力"的要件。同时，对于区域范围的大小所带来的规则习惯适用范围的大小则会影响后续法院认可级别的高低，这将在后文论述。

第三，商业习惯须属于商事法律所未规定之事项。商业习惯仅具有补充商事法律的效力，故商业习惯的成立时间，无论在法律制定之前或其后，凡与商事成文法相抵触时，均不能认为有法的效力。①那么，我们可以将金融设施的交易规则分为两类，一类是未与法律规定产生冲突的，另一类是与法律规定相冲突的。对于第一类交易规则，自然符合"法规所未规定之事项"的要件；而之所以会产生第二类交易规则，一是因为法律条文规定的不明确，二是因为立法的不完全性，即在社会的快速发展后，产生了立法所未完全规范的法律关系，这点在金融领域尤为突出。此时，虽然法律条款有相关规定，但是本书认为并不能完全适用。理由有二，一是金融交易的特殊性，二是尊重金融交易习惯的重要性。在现有法律规定不适用的情况下，亦可符合"法规所未规定之事项"的要件。

首先，金融交易的特殊性。金融交易与一般商品交易有很大不同，适用于一般商品交易的法律便很难用来调整金融交易所产生的法律关系。第一，金融交易标的的虚拟化。一般商品交易以有形物为交易标的，但随着互联网的发展，金融交易呈现电子化状态。以股票交易和T+1规则为例，股票交易并不像传统动产交易一样，存在有形物可以进行交付，交付环节的现实意义不断削弱，最后仅仅变成了交易系统当中虚拟数字的变化。此时我们是否还以交付作为电子证券的所有权转移要

---

① 王泽鉴：《民法总则》，北京大学出版社 2008 年版，第 46 页。

件，值得商榷。同时，对于股权的性质的探讨一直争论不休，由于其区别于普通动产的社员权利，而使股权在转移制度上与普通动产并不完全相同，此时依然以《物权法》第23条作为其所有权转移规则，并不恰当。第二，金融交易和一般商品交易的目的存在差异。一般商品交易以取得标的物所有权或者使用权为目的，而金融交易更多的目的是规避市场风险和投资获利。其中，最为典型的就是金融衍生品交易。市场参与者进行金融衍生品交易主要是通过与现货交易的反向操作来转移或者控制市场上的各类风险。其目的本就不在于取得标的物的所有权，而是为了规避未来的风险，因此金融衍生产品合同在履行时多采用对冲的手段将债权债务抵销，差额部分用现金结算，以此避免实际交付。[①]因此，相对于一般商品交易而言，金融衍生品交易天然地更适合净额结算制度。基于金融交易与一般商品交易在标的和目的上的差异，本书认为规制两者的制度也应是不同的，要有不同的制度设计和价值衡量而不是简单地适用已有的法律规则。

其次，从尊重金融交易习惯的角度出发，我们也不应完全适用与金融设施交易规则相冲突的法律规范。金融设施作为交易规则的制定者，身处交易的一线和监管的前沿，其制定的交易规则也往往更符合交易者的需求和习惯，也更能平衡交易效率与公平的关系。裁判者尊重金融设施所确定的金融交易习惯便是对交易者最好的保护，市场会对交易规则进行选择，不适合市场发展的规则难以被接受和运行。最典型的例子莫过于2016年1月1日起正式实施"指数熔断"机制，由于不适合中国现今的证券市场而带来了市场的剧烈动荡，2016年1月8日，上海证券交易所不得不暂停实施"指数熔断"机制，以维护市场平稳运行。所以，只有经过市场选择后适合市场发展现状的交易规则，才得以在金融设施中被长期适用。我们应尊重市场选择的结果，这才是对金融市场最好的保护。

---

① 季奎明：《金融衍生产品净额结算的法律规范》，载《上海金融》2010年第9期。

所以，当金融设施的交易规则与现有法律相冲突时，由于金融交易的特殊性与尊重金融交易习惯的重要性，我们并不能适用已有的法律规范对交易产生的关系进行调整，此时仍然符合"法规所未规定之事项"的要求。那么，无论其规则与现有法律冲突与否，都会符合此项要件，因而在实际操作中并无需对此要件进行过多考量。

第四，须不悖于公共秩序与善良风俗。由于商人的逐利本质，在自由的商事交易过程中，确实容易产生有违公序良俗的行为。但是，金融设施内适用的交易规则并非由市场参与者制定，而是由金融设施制定的。金融设施作为一个交易和登记平台，本身就会把公平的环境作为自身的价值取向之一，这样才能吸引更多的交易者。更何况，我国的各大金融设施不仅仅承担着交易或者登记结算平台的职能，同时也肩负着一定的社会和政治职能，维护交易环境的稳定也是其关键职责。所以，金融设施的交易规则往往较为公平合理。可是，如若有违反公序良俗的规则条款，裁判者依然可以否认其效力，而不作为裁判的依据之一。

七、建立涉及金融市场基础设施纠纷的专属管辖或指定管辖机制[①]

1. 涉及金融市场基础设施纠纷司法裁判的现状与特点

从实体法上看，虽然金融市场基础设施在国民经济中的地位已经如

[①] 本部分原为笔者接受上海市金融办的委托于 2017 年 10 月所完成的"构建符合上海国际金融中心需求的金融市场基础设施法律保障体系"课题之成果，课题报告基于本书前述对金融市场基础设施法律保护所存在的问题提出了设立上海金融法院进行专属管辖的建议，并分析了在上海建立专门性金融法院的可行性和合理性。2018 年 3 月 28 日，中央全面深化改革委员会第一次会议审议通过《关于设立上海金融法院的方案》，2018 年 4 月 27 日，第十三届全国人大常委会第二次会议表决通过《关于设立上海金融法院的决定》(以下简称《决定》)。依据《决定》，上海金融法院的案件管辖将主要包括：1.上海市辖区中级人民法院管辖的金融借款、票据、信用证、证券、期货、保险、融资租赁、典当、金融仲裁等一审、二审和再审金融民商事案件；2.上海市辖区中级人民法院管辖的以金融监管机关为被告的一审、二审和再审涉金融行政案件；3.上海市辖区新型、重大、疑难、复杂的一审金融民商事案件和涉金融行政案件；4.最高人民法院相关司法解释指定由上海市辖区中级人民法院管辖的以上海证券交易所、中国证券登记结算有限责任(转下页)

此重要，但由于我国并没有一部完整包含对于金融市场基础设施保护的法律或者行政法规，《证券法》虽对"证券结算机构"设有专章，但由于"证券"定义的分割使得该法项下的"证券结算机构"也仅指向中国结算，并不能涵盖本书所指向的全部金融市场基础设施。此外，即使是在现有的《证券法》项下，对于证券结算机构在结算过程中的特殊保护仍显逻辑漏洞，比如该法第 167 条为保护证券结算机构的"净额交收安排"试图做出一项基础性的制度安排，其规定"证券登记结算机构为证券交易提供净额结算服务时，应当要求结算参与人按照货银对付的原则，足额交付证券和资金，并提供交收担保。在交收完成之前，任何人不得动用用于交收的证券、资金和担保物。结算参与人未按时履行交收义务的，证券登记结算机构有权按照业务规则处理前款所述财产"。但在实践中，目前的规定并没有得到很好的理解与执行，反而出现不少司法机关对金融基础设施所"保管"备付的证券或资金的强行司法干预。原因在于：第一，依据《证券法》第 157 条，证券登记结算机构的职能包括证券交易的清算和交收，而该法第 167 条在字面上表述局限于"交收"层面，从结算规则本身而言，交收仅指清算完成的下一阶段，因此

（接上页）公司上海分公司、上海期货交易所等为被告或者第三人履行职责引发的一审民事、行政案件。2018 年 8 月 7 日，最高人民法院发布《最高人民法院关于上海金融法院案件管辖的规定》，其中第 3 条规定"以住所地在上海市的金融市场基础设施为被告或者第三人与其履行职责相关的第一审金融民商事案件和涉金融行政案件，由上海金融法院管辖"。根据最高人民法院立案庭相关负责人对此条规定的解读，《规定》明确诸如上海证券交易所、上海期货交易所、中国金融期货交易所股份有限公司等金融市场基础设施为被告或者第三人，与其履行职能相关的第一审金融民商事案件和涉金融行政案件，集中由上海金融法院管辖。至于金融市场基础设施的范围，中国人民银行曾指出，"金融市场基础设施是指参与机构(包括系统运行机构)之间，用于清算、结算或记录支付、证券、衍生品或其他金融交易的多边系统，包括重要支付系统、中央证券存管、证券结算系统、中央对手和交易数据库等五类金融公共设施"。实践中，对于被告或者第三人是否属于金融市场基础设施，应以中国人民银行等主管部门认定为准。基于司法解释制定严谨、开放、周延的考虑，《规定》没有直接列举这些金融市场基础设施的名称，比如，现在是金融市场基础设施的主体，今后出现更名、合并、退出等情形，我们就没有必要再行修改司法解释。同样，今后如出现住所地在上海市的新的主体，属于中国人民银行等主管部门认定的金融市场基础设施，则显然适用本《规定》，对此我们也没有必要再行出台新的司法解释(参见"最高法立案庭负责人就上海金融法院案件管辖司法解释答记者问"，资料来源：http://www.court.gov.cn/zixun-xiangqing-111361.html)。因此，虽然最高人民法院已经明确上海金融法院对金融市场基础设施的专属管辖，但为了完整展现课题成果，本书特保留了本部分，以供读者了解相关建议的背景和目的。

"交收完成前"的证券(即"待交收的证券")从逻辑上只能是针对"清算已经完成而未交付的证券"，不应包括"未清算完成的证券"。由此在清算完成之前已交易未交付的证券存在被司法冻结的风险(相关原因论证可参见本书第三章第二部分有关所有权变动规则的论述)。现实生活中也存在基层司法机关以"赃物"之名要求证券结算登记机构冻结、查封相关证券资产的实例；第二，虽然第167条明确"结算参与人未按时履行交收义务的，证券登记结算机构有权按照业务规则处理前款所述财产"，但在实务中往往是结算参与人的客户无法履行合约导致无法交收，由于此时待处置证券在传统民法上的物权应属于客户而非结算参与人所有，因此证券登记结算机构直接处置客户财产的行为存在"越权"嫌疑，此其一；其二，第167条虽然允许证券登记结算机构有权按照业务规则处置财产，但一来该条并没有明确规定如果出现财产处置权利冲突时(比如跟司法裁定或第三人权利的冲突)，证券登记结算机构对于标的处置权力的优先性，二来证券登记结算机构内部发布的业务规则在现有的法律效力层次框架内效力层级太低，因此在大多数情况下，基层人民法院或者人民检察院多会援引上位法而否认证券登记结算机构依据其规则行使处置权的权力(可参见本书第三章第一部分有关金融市场基础设施法律地位论述的内容)。 在实体法缺失的背景下，司法裁判部门只能根据传统的民法规定和民事法律思维对涉及金融市场基础设施交易的司法纠纷进行裁判和认定，这就在某种程度上对金融市场基础设施交易规则的效力埋下了司法隐患。

而从程序法上看，目前也没有专门涉及金融市场基础设施的专门管辖的规定，最高人民法院等相关部委虽有针对证券账户的查封、冻结、划拨及指定管辖出台相关意见，但其管辖对象非常局限，仅针对《证券法》项下作为证券登记结算机构而存在的中国结算，其他的金融市场基础设施均未被涵盖在内。

表 4-1 最高人民法院现行对于金融市场基础设施相关的司法意见

意见名称	发布时间	发布单位	所涉及的金融市场基础设施	主要内容
《最高人民法院关于冻结、划拨证券或期货交易所证券登记结算机构、证券经营或期货经纪机构清算账户资金等问题的通知》	1997 年	最高人民法院	证券或期货交易所、证券登记结算机构、证券经营或期货经纪机构	证券经营机构清算账户上的资金是投资者为进行证券交易缴存的清算备付金。当投资者为债务人时，人民法院对证券经营机构清算账户中该投资者的相应部分资金依法可以冻结、划拨。证券经营机构在证券交易所、证券登记结算机构的债券实物代保管处托管的债券，是其自营或代销的其他投资者的债券。当证券经营机构或投资者为债务人时，人民法院如需冻结、提取托管的债券，应当通过证券交易所查明该债务人托管的债券是否已作回购质押，对未作回购质押，而且确属债务人所有的托管债券可以依法冻结、提取。
《最高人民法院关于冻结、扣划证券交易结算资金有关问题的通知》	2004 年	最高人民法院	证券登记结算公司	人民法院在执行中应当正确处理清算交收程序与执行财产顺序的关系。当证券公司或者客户为被执行人时，人民法院可以冻结属于该被执行人的已完成清算交收后的证券或者资金，并以书面形式责令其在 7 日内提供可供执行的其他财产。被执行人提供了其他可供执行的财产的，人民法院应当先执行该财产；逾期不提供或者提供的财产不足清偿债务的，人民法院可以执行上述已经冻结的证券或者资金。对被执行人的证券交易成交后进入清算交收期间的证券或者资金，以及被执行人为履行清算交收义务交付给登记结算公司但尚未清算的证券或者资金，人民法院不得冻结、扣划。

（续表）

意见名称	发布时间	发布单位	所涉及的金融市场基础设施	主要内容
《最高人民法院关于中国证券登记结算有限责任公司履行职能相关的诉讼案件指定管辖问题的通知》	2007年	最高人民法院	中国证券登记结算有限责任公司	根据《民事诉讼法》第37条和《行政诉讼法》第22条的有关规定，指定中国证券登记结算有限责任公司及其分支机构所在地的中级人民法院分别管辖以中国证券登记结算有限责任公司或其分支机构为被告、第三人的下列第一审民事和行政案件。
《最高人民法院、最高人民检察院、公安部、中国证监会关于查询、冻结、扣划证券和证券交易结算资金有关问题的通知》	2008年	最高人民法院、最高人民检察院、公安部、中国证监会	证券登记结算机构(中国结算)	五、证券登记结算机构依法按照业务规则收取并存于专门清算交收账户内的下列证券，不得冻结、扣划： (一) 证券登记结算机构设立的证券集中交收账户、专用清偿账户、专用处置账户内的证券。 (二) 证券公司在证券登记结算机构开设的客户证券交收账户、自营证券交收账户和证券处置账户内的证券。 六、证券登记结算机构依法按照业务规则收取并存于专门清算交收账户内的下列资金，不得冻结、扣划： (一) 证券登记结算机构设立的资金集中交收账户、专用清偿账户内的资金； (二) 证券登记结算机构依法收取的证券结算风险基金和结算互保金； (三) 证券登记结算机构在银行开设的结算备付金专用存款账户和新股发行验资专户内的资金，以及证券登记结算机构为新股发行网下申购配售对象开立的网下申购资金账户内的资金；

(续表)

意见名称	发布时间	发布单位	所涉及的金融市场基础设施	主要内容
《最高人民法院、最高人民检察院、公安部、中国证监会关于查询、冻结、扣划证券和证券交易结算资金有关问题的通知》	2008年	最高人民法院、最高人民检察院、公安部、中国证券会	证券登记结算机构(中国结算)	(四) 证券公司在证券登记结算机构开设的客户资金交收账户内的资金； (五) 证券公司在证券登记结算机构开设的自营资金交收账户内最低限额自营结算备付金及根据成交结果确定的应付资金。 七、证券登记结算机构依法按照业务规则要求证券公司等结算参与人、投资者或者发行人提供的回购质押券、价差担保物、行权担保物、履约担保物等担保物，在交收完成之前，不得冻结、扣划。 十、证券登记结算机构受理冻结、扣划要求后，应当在受理日对应的交收日交收程序完成后根据交收结果协助冻结、扣划。
《最高人民法院执行局关于法院能否以公司证券登记结算地为财产所在地获得管辖权问题的复函》	2010年	最高人民法院	中国证券登记结算有限责任公司	证券登记结算机构是为证券交易提供集中登记、存管与结算服务的机构，但证券登记结算机构存管的仅是股权凭证，不能将股权凭证所在地视为股权所在地。由于股权与其发行公司具有密切的联系，因此，应当将股权的发行公司住所地认定为该类财产所在地。深圳市中级人民法院将证券登记结算机构所在地认定为上市公司的财产所在地予以立案执行不当。

从前述表4-1所述的最高人民法院的原有意见可见：第一，在适用对象上，只有中国结算作为证券结算机构在证券结算服务过程中的纠纷才能享有特殊的司法保护规则。比如，《最高人民法院关于冻结、划拨证券或期货交易所证券登记结算机构、证券经营或期货经纪机构清算账户资金等问题的通知》明确"为了维护证券、期货市场的正常交易秩序，现对人民法院在财产保全或执行生效法律文书过程中，冻结、划拨

证券或期货交易所、证券登记结算机构、证券经营或期货经纪机构清算账户清算资金等问题，作如下通知"；《最高人民法院、最高人民检察院、公安部、中国证监会关于查询、冻结、扣划证券和证券交易结算资金有关问题的通知》中规定"为维护正常的证券交易结算秩序，保护公民、法人和其他组织的合法权益，保障执法机关依法执行公务，根据《中华人民共和国刑事诉讼法》、《中华人民共和国民事诉讼法》、《中华人民共和国证券法》等法律以及司法解释的规定，现就人民法院、人民检察院、公安机关查询、冻结、扣划证券和证券交易结算资金的有关问题通知如下……"这些意见及通知只适用于中国结算，均未将同是金融市场基础设施的中央结算和上清所等单位包括在内；第二，原有意见及通知并不是将所有涉及中国结算的案例全部进行指定管辖，因为《最高人民法院关于中国证券登记结算有限责任公司履行职能相关的诉讼案件指定管辖问题的通知》中只是指定中国证券登记结算有限责任公司及其分支机构所在地的中级人民法院分别管辖"以中国证券登记结算有限责任公司或其分支机构为被告、第三人"的民事和行政案件，并不是所有的与证券交易清算、交收有关的纠纷都归属于指定法院进行管辖，这也即意味着如果结算参与人与非结算参与人之间就在金融市场基础设施所提供服务的交收产生纠纷，其他基层法院仍有机会因具备传统诉讼法项下的管辖权而对相关金融市场基础设施所提供服务的标的进行司法审查或者执行裁定。通过调研发现有部分基层法院或基层检察院简单依据传统民法、刑法的原理对于金融市场基础设施所提供服务的标的采取司法措施，有些甚至还影响到金融市场基础设施对于其他市场参与者的交收义务，增加了市场交易的不稳定性，由此导致金融市场基础设施内部规则的有效性无法得到充分的司法保障。

2. 金融市场基础设施纠纷实施专属管辖或指定管辖的必要性

(1) 金融市场基础设施越来越多样化、专业化的服务需要统一的、可被市场合理预期的审判机制

表 4-2 陈列了现有主要金融市场基础设施的服务范围，从中不难看

出现有金融市场基础设施所服务的对象越来越呈现多样化、专业化的趋势。在越来越多样化、复杂化的金融交易背景下，看似越来越复杂的金融交易反而需要越来越简单、透明、可预期的交收规则以确保以最低的成本、零差错率完成金融交易。所以，从金融制度实施的效率与成本角度考虑，如果能够将所有金融市场基础设施所发生的交易、交收、纠纷统一在一个集中性的法院进行管辖和审理，这就有可能最大程度上保证有关涉及金融市场基础设施的纠纷得到统一的判决，有利于市场参与者对交易结果的预期，从而保证金融市场基础设施依据其规则所提供服务的确定性、稳定性和可执行性。

表 4-2　在沪主要金融市场基础设施的服务范围

设施名称	涉　及　的　服　务
中国证券登记结算有限责任公司	(一)为上海、深圳证券交易所及全国中小企业股份转让系统公司全部上市或挂牌的证券提供登记、清算和交收服务；(二)为上海、深圳证券交易所上市的股票期权等金融衍生品提供清算、交收服务；(三)为沪港通等跨境证券交易提供登记、存管、清算、交收服务；(四)为内地发行的开放式基金产品、证券公司资产管理产品及陆港基金互认产品提供登记、清算、交收及托管服务；(五)为中国证券金融公司转融通业务提供登记结算服务；(六)为中国金融期货交易所上市国债期货提供实物交割服务；(七)为非上市公众公司提供集中登记存管服务；(八)为境外上市公司(主要在香港)非境外上市股份提供集中登记存管服务；(九)为债券在证券交易所市场与银行间市场流动提供转托管(转登记)服务。
中央国债券登记结算有限责任公司	债券发行、登记托管、交易结算、付息兑付、企业债券评估、担保品交割、债券指数、信托登记流转。
中国信托登记有限责任公司	(一)集合信托计划发行公示；(二)信托产品及其信托受益权登记，包括：预登记、初始登记、变更登记、终止登记、更正登记等；(三)信托产品发行、交易、转让、结算等服务；(四)信托受益权账户的设立和管理；(五)信托产品及其权益的估值、评价、查询、咨询等相关服务；(六)信托产品权属纠纷的查询和举证；(七)提供其他不需要办理法定权属登记的信托财产的登记服务；(八)国务院银行业监督管理机构批准的其他业务。

设施名称	涉 及 的 服 务
上海保险交易所股份有限公司	为保险、再保险、保险资产管理及相关产品的交易提供场所、设施和服务，制定并实施相关业务规则，协助委托人选择保险经纪公司、保险公司、再保险公司等保险机构及办理相关手续，代理销售保险及相关产品并代理收取费用，提供保险、再保险、保险资产管理的支付、结算，提供信息安全咨询、信息技术外包服务，提供与保险、再保险市场相关的研究咨询、教育培训及数据信息服务，开展与公司业务相关的投资，法律法规允许的其他业务。
上海票据交易所股份有限公司	票据信息登记、票据托管登记、票据质押与保证、票据清算与结算。

(2) 金融市场基础设施服务对象所呈现的专业性和创新性需要有统一的司法认知和司法保障

如前所述，金融市场基础设施的服务是伴随着金融交易产品的存在而被需求，不断创新的金融产品也使得金融市场基础设施所提供的服务呈现有别于传统交易方式与交易规则的特点。比如，金融市场基础设施为金融交易市场提供了诸如股票/债券质押回购、买断式回购(在本质上类似于不被传统民法所接受的"让与担保")、融资融券项下的"客户信用交易担保证券账户"(类似于本书第三章第三部分所述的"账户质押")、信托受益权的登记与让与、保单质押的登记(抵押财产的不确定性)等登记、托管、清算和交收服务，这些服务的内容、方式虽然是以金融市场基础设施各自发布的结算规则得以体现，但在现有"下位法需遵从上位法""合约约定不能突破法律规定"的执法理念下，对于金融市场基础设施所采取的这些规则或措施需要有正确且统一的司法认知，防止不同的司法部门对于这种形式上呈现出有别于传统民法的规则要求作出不同的判决，出现"同案不同判"的问题。

(3) 金融市场基础设施的纠纷往往存在"牵一发而动全身"的传导效应，对法官的审判能力和专业能力有着更高的要求

即便是在已经初步建立社会主义法制体系的背景下，我国经济法律建设在改革开放以来取得了巨大的发展和进步，法学教育经过近 40 年的建设也培养了大量优秀法律人才。但总体而言，基于对大陆法系民法理论和体系的熟悉和理论继承，我国大多数的法律制度在法律传承上单方面地参照并延续了大陆法系的民事法律制度，无论是立法机关还是司法审判机关的立法思路或审判思维都带有深深的民法思维的逻辑烙印。不可否认，这种民法思维的传承在我国经济体制改革过程中对于确定"人"(包括自然人和拟制的法人)的"私权保护"(无论是人身权还是财产权)具有举足轻重的作用。但在具有中国特色的社会主义市场经济建立和发展过程中，越来越多的国际商业规则和商业惯例被引入中国，这些新型的商事行为和商业活动在行为特征上越来越多地突破传统的民事规则而凸显商事(包括金融)活动特有的行为规律与行动准则。在实践中，如何解决这些商事规则和市场创新过程中所出现的纠纷则存在一种很明显的矛盾：由于目前的法官多深受传统民法理论的熏陶，其在对待商业活动纠纷中多以民法的思维和民法的基本理论来解释商业主体的商业创新活动，而不太注重保护商业活动过程中商业主体特有的制度设计和制度安排，由此造成商业实践的诉求与法律实践保障之间的沟壑。在多数的商业争议案件中，以民法思维处理案件看似符合诸如"公平"、"等价"和"有偿"的要求，但却可能在更大程度上损害了商业活动的正常流转和商事主体对交易自由设定的需要。因此基于商事法律对于商主体在从事商业活动过程中所应遵守的行为、准则、规范存在其特殊性，由此作为反映此等商事法律运用的商法思维就会呈现出有别于以产权的"静态保护"和主体地位"平等保护"为特征的民法思维，因此在对待金融市场基础设施这类纠纷时，我们就需要法官具备法律、金融的

基础知识，能够正确认识商事交易和金融交易的本质，区别金融产品与普通商品在交易规则方面的差异性，才能正确地审理涉及金融市场基础设施的纠纷案件。

3. 金融市场基础设施纠纷实现专属管辖或者指定管辖的可行性

基于前述原因，本书建议在上海国际金融中心建设的过程中，根据中央给予中国(上海)自由贸易试验区的"先行先试"政策，针对金融市场基础设施的纠纷实施专属管辖或者统一的指定管辖，在中国(上海)自由贸易试验区(以下简称上海自贸区)内设立专门的金融法院(或金融法庭)，将金融市场基础设施的纠纷纳入专门法院的管辖范围，主要理由在于：

(1) 在上海自贸区设立专门的金融法院(庭)具备需求基础

自 2009 年国务院确立建设上海国际金融中心的国家战略后，上海金融市场得到快速的发展，无论在银行、证券、信托、保险、期货等行业，上海已经聚集了全世界排名靠前的绝大多数金融机构，开始产生金融的溢出效应。

截至 2016 年年末，上海市共有中资银行法人 4 家，外资银行法人 20 家，村镇银行法人 13 家，从业人员 11.6 万人。截至 2016 年年末，上海市中外资金融机构本外币资产总额 14.4 万亿元，同比增长 11.3%；各项存、贷款余额分别为 11.1 万亿元和 6 万亿元。2016 年，全市金融机构实现净利润 1 506.2 亿元，同比增长 9.0%。上海辖区证券公司合计总资产 13 118.9 亿元、净资产 3 858.7 亿元、净资本 3 607.4 亿元。全年累计实现营业收入 717.2 亿元、净利润 301.6 亿元。从机构数量看，截至 2016 年年末，上海资本市场各类市场主体共计 2 391 家。其中，上市公司 240 家，占全国的 8%；新三板挂牌公司 890 家，占全国的 9%；证券期货法人经营机构 239 家，约占全国的 32%；证券期货各类分支机构 1 010 家。

表 4-3　2016 年上海银行类金融机构情况①

机构类别	营业网点			法人机构（个）
	机构个数（个）	从业人数（人）	资产总额（亿元）	
一、大型商业银行	1 702	48 688	50 522	1
二、国家开发银行和政策性银行	14	555	4 192	0
三、股份制商业银行	731	23 088	34 742	1
四、城市商业银行	383	13 639	20 484	1
五、小型农村金融机构	388	6 216	6 791	1
六、财务公司	20	1 410	4 126	18
七、信托公司	7	1 751	622	7
八、邮政储蓄	484	3 124	1 893	0
九、外资银行	213	12 805	13 824	20
十、新型农村机构	27	607	253	13
十一、其他	25	4 112	6 447	25
合　　计	3 994	115 995	143 896	87

表 4-4　2016 年上海证券行业基本信息汇总表②

项　　目	数　　量
总部设在辖内的证券公司数(家)	20
总部设在辖内的基金公司数(家)	44
总部设在辖内的期货公司数(家)	28
年末国内上市公司数(家)	240
当年国内股票(A 股)筹资(亿元)	861
当年发行 H 股筹资(亿元)	13
当年国内债券筹资(亿元)	1 920
其中：短期融资券筹资额(亿元)	133
中期票据筹资额(亿元)	55

---

①② 　数据来源：中国区域金融运行报告(2017)(中国人民银行发布)。

表 4-5   2016 年上海保险行业基本信息汇总表①

项 目	数 量
总部设在辖内的保险公司数(家)	55
其中：财产险经营主体(家)	19
寿险经营主体(家)	25
保险公司分支机构(家)	99
其中：财产险公司分支机构(家)	49
寿险公司分支机构(家)	48
保费收入(含中外资，单位：亿元)	1 529
其中：财产险保费收入(含中外资，单位：亿元)	371
人身险保费收入(含中外资，单位：亿元)	1 158
各类赔款给付(含中外资，单位：亿元)	529
保险密度(元／人)	6 320
保险深度(%)	6

这些数量众多的金融机构及大量金融交易的聚集迫切需要更为高效、准确的司法审判系统以对金融交易的有效性、安全性提供司法保障。

(2) 在上海自贸区设立专门的金融法院(庭)具备政策基础

在 2017 年 7 月召开的第五次全国金融工作会议中，习近平总书记已经一针见血地指出"金融是国家重要的核心竞争力，金融安全是国家安全的重要组成部分，金融制度是经济社会发展中重要的基础性制度，必须加强党对金融工作的领导，坚持稳中求进工作总基调，遵循金融发展规律，紧紧围绕服务实体经济、防控金融风险、深化金融改革三项任务，创新和完善金融调控，健全现代金融企业制度，完善金融市场体系，推进构建现代金融监管框架，加快转变金融发展方式，健全金融法治，保障国家金融安全，促进经济和金融良性循环、健康发展"；李克

---

① 数据来源：中国区域金融运行报告(2017)(中国人民银行发布)。

强总理也已经明确"金融是国之重器，是国民经济的血脉"、要"加强对金融改革发展稳定的法治、信用、人才和政治保障，创造优良的金融生态环境，以优质高效的金融服务推动经济保持中高速增长、迈向中高端水平"。因此，在上海自贸区设立专门的法院服务于金融市场基础设施符合党中央、国务院有关上海建设国际金融中心的战略定位和要求，金融法院(庭)的设立具备政策扶持的依据。

(3) 在上海自贸区设立金融法院(庭)具备改革试点的基础

现有金融市场基础设施运营过程中涉及的法律问题基本上都与现行法律制度的滞后性相关，其解决路径是等待在时机成熟时由国家层面统一进行立法，以将金融市场基础设施所涉及的市场实践与法律规定冲突的问题通过"特别法"的形式予以解决。但这个过程必须受限于全国人大法工委的"五年立法计划""立法讨论""立法审读"等立法程序的要求，无法在短期内解决本书所阐述的问题；除此以外，另一种可被接受的方案是通过特别授权的方式授予特别机构按照特别的裁判规则和特别的程序解决金融市场基础设施目前所碰到的法律问题。后者的方案有利于在短期内解决困扰我国金融市场基础设施发展过程中的法律问题，同时也给未来的规则打下基础。如果从尽快推动金融市场法制建设的完善，尽早为建立上海国际金融中心提供完善的法律保障体系这一目标出发，本书认为可以依据上海自贸区被中央授予的"先行先试"政策，在上海自贸区建立金融法院(庭)以专门集中审理包括金融市场基础设施在内的特定类型的金融交易纠纷案件，通过上海自贸区金融法院(庭)的先行先试逐步摸索适用金融市场特点和需求的审判规则和审判方式，从而实现中央对于上海自贸区"紧紧围绕面向世界、服务全国"的战略要求和上海"四个中心"建设的战略任务。

(4) 在上海自贸区设立专门的金融法院(庭)具备法理基础

改革开放以来，最高人民法院越来越重视金融审判的专业性和特殊性，不仅针对金融审判工作颁布各种类型的指导意见和指导案例，还在金融案件集中的地区设立专业的金融法庭审理金融案件，并且取得了良好的社会效应和经济效应。2017 年 8 月 4 日，最高人民法院依据第五次中央金融工作会议精神出台了《关于进一步加强金融审判工作的若干意见》(以下简称《意见》)，《意见》要求在金融审判中要遵循金融规律，依法审理金融案件；对于金融市场出现的新类型担保，《意见》明确除符合《合同法》第 52 条规定的合同无效情形外，应当依法认定新类型担保合同有效；符合物权法有关担保物权的规定的，还应当依法认定其物权效力。更为重要的是，《意见》高度重视金融对于国民经济的基础作用，在"金融是国家重要的核心竞争力，金融安全是国家安全的重要组成部分，金融制度是经济社会发展中重要的基础性制度"的高度下首次提出"根据金融案件特点，探索建立专业化的金融审判机构。根据金融机构分布和金融案件数量情况，在金融案件相对集中的地区选择部分法院设立金融审判庭，探索实行金融案件的集中管辖"。

《意见》的出台为在上海自贸区单独设立金融法院(庭)集中审理金融市场纠纷(包括金融市场基础设施纠纷)扫清了制度障碍，有关"遵循金融规律，依法审理金融案件""要依法认定新类型担保的法律效力"的指导赋予了在上海自贸区设立专门的金融法院(庭)并依据金融市场惯例审理相关纠纷的可能性。

(5) 在上海自贸区设立专门的金融法院(庭)具备先例基础

金融法院(庭)的设立虽然在全国法院组织机构体系中可能是一个全新的命题，也是一种全新的制度创新尝试。虽然此等制度创新可能面临一些质疑与挑战，但法院系统组织机构的改革却是法院系统面对社会、经济转轨所勇于担当的深化改革事项。

早在 2013 年《中共中央关于全面深化改革若干重大问题的决定》中明确要"加强知识产权运用和保护，健全技术创新激励机制，探索建立知识产权法院"后，作为深化改革的一项重要举措，第十二届全国人大常委会第十次会议表决通过了《全国人民代表大会常务委员会关于在北京、上海、广州设立知识产权法院的决定》，同意在北京、上海和广州设立专门的知识产权法院以专属管辖方式受理有关专利、植物新品种、集成电路布图设计、技术秘密等专业技术性较强的第一审知识产权民事和行政案件；最近一段时间，在中央全面深化改革领导小组通过《关于设立杭州互联网法院的方案》后，作为司法主动适应互联网发展大趋势的重大制度创新，杭州互联网法院也在 2017 年 8 月 18 日在杭州揭牌成立。

在前述重大制度创新的先例背景下，我们相信在上海自贸区设立专门的金融法院(庭)也是对接金融市场、适应金融市场发展的重要制度创新，是为实现上海国际金融中心这一国家战略目标的重要实施路径之一。

(6) 在上海自贸区设立专门的金融法院(庭)具备审判基础

自 2008 年上海浦东新区人民法院设立金融法庭以后，上海法院系统对于金融交易审判的能力得到逐步提升，2011 年已经构建起从基层人民法院到高级人民法院的三级金融审判庭体系。2016 年，上海法院系统共受理一审金融商事案件 94 496 件，同比上升 6.70%，占 2016 年上海法院受理的一审商事案件数量的 69.35%；全市法院共受理二审金融商事案件 834 件，审结二审案件 790 件，收、结案数分别上升了 4% 和 7%。2016 年，上海法院受理的一审金融商事纠纷案件的标的总金额为人民币608.86 亿元，案件标的金额占前三位的案件类型为金融借款合同纠纷353.65 亿元、银行卡纠纷 52.53 亿元、融资租赁合同纠纷 51.73 亿元。

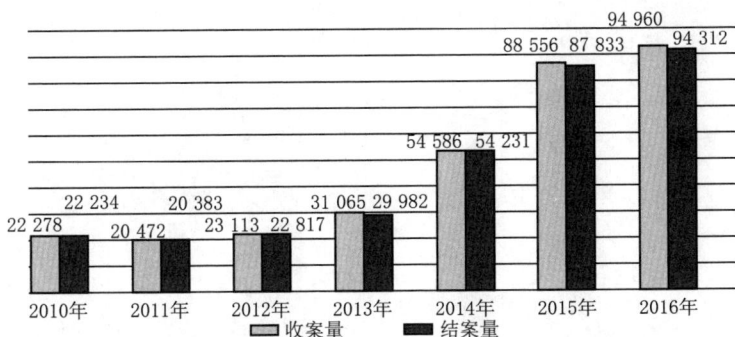

图 4-1　上海法院系统 2010—2016 年一审金融案件数量①

---

① 上海高级人民法院：《2016 年上海金融审判白皮书》。

上海法院七年来一审金融案件收案标的金额表

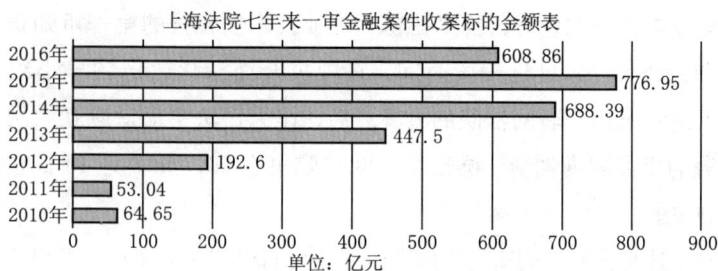

图 4-2　上海法院系统 2010—2016 年一审金融案件标的金额①

2016 年，全市金融商事纠纷案件的上诉率为 0.67%，申诉率为 0.08%，同比均有所下降，当事人的服判息诉率继续保持较高水平。

可见，无论是金融审判实践经验还是金融审判人才的储备，上海法院系统已经作好接受新的组织制度创新和审判理念创新的准备，在上海自贸区设立金融法院(庭)是水到渠成的制度安排。

①　上海高级人民法院：《2016 年上海金融审判白皮书》。

结　语

从世界现有的国际金融中心的发展历程来看，一个高效、低成本运转的金融市场必定伴随着运行可靠、规则稳定的金融市场基础设施。此等金融市场基础设施不仅仅指物理上的交易设施，更多程度上是指为这些金融交易提供及时、高效并且可被明确预期的托管、撮合、交易、过户、清算和结算的服务体系。由于这些服务涉及大规模、程序化、大金额的金融交易，因此在其演进过程中产生了有别于"一对一"的商事交易或者"一对一"的金融交易的规则体系，越来越呈现出"内部规则强制化"、"交易结果不可逆"、"交易对手优先保护"的商事外观主义理念。对于身处"判例法系"的英美国际金融中心，前述集中、统一、程序化的服务规则优先于个体交易的理念在不断演进的判例中得以加深和巩固，形成了对这些金融基础设施"功能优先"的倾斜保护，即个体交易的纠纷必须服从于为保护整个金融交易体系效率的内部规则；而对于诸如法兰克福这样身处"成文法系"的金融中心，在"民商分立"的法律体系下，金融基础设施运行过程中的金融规则作为商法项下的特殊保护规则也有别于作为民法的一般交易规则，因此诸如"外观主义""禁止反言"等商事交易原则都可适用于金融基础设施所提供的交易。

由于我国法律传统深受"民商合一"理念的影响，现有的法律体系遵循民法体系的基本逻辑，强调对个体交易的"公平保护"，强调"意思自治""等价有偿"，因此民法体系禁止双方当事人在担保过程中事先设定"债务人无法清偿债权时，担保物所有权自动归属债权人"的"流质条款"，也不承认那种以"先卖后买"的交易形式所实现的实质上的

"让与担保"。但诸如"质押券"的强行平仓、"回购交易"的准物权属性(即逆回购方以提供融资而非获得证券为目的)恰恰是金融基础设施为了提供大规模金融交易而需向市场提供的服务内容之一。在我国既无法像英美判例法系那样创立新例，也无法像德国那样在"民商分立"模式下由商法独立规范商事交易的背景下，如何在我国现有的民法、刑法法律框架下合理解决金融市场基础设施在执行金融交易、提供金融服务的过程中可能遇到的法律纠纷是本书研究的重中之重，我们由衷地希望通过对于这种司法执法与金融市场基础设施运行规则冲突的背景、根源的分析，推动相关部门在上海自贸区"先行先试"的政策背景下为金融市场基础设施的法律保护提供更为丰富、充足的"法律子弹"。

附录 1

信托登记的疑难法律问题研究

绪言　信托登记的意义及中国信托登记
有限责任公司的使命

一、信托登记对于信托法移植、信托业发展的积极影响

信托是一项移植自英美法系的财产制度。如果以英美法系的知识体系来解析，衡平法与普通法分别承认并保护受益人与受托人对于信托财产的权利——即双重所有，以此奠定信托财产"为信托目的之实现而独立"的地位；而以大陆法系的知识体系来解析，该项制度的核心表现为财产的收益权能与财产的占有、管理、处分三种权能相分离，分别由不同的法律主体所享有。这种权能的分离，日本学者有其见解。日本学者曾将信托法之于大陆法系的境况比喻为"水上浮油"，意指信托法的发展凸显了两大法系法律传统的差异。鉴于这种差异，大陆法系为达致与"双重所有"类似的效果，无法借助衡平法的保护，于是转而形成了信

托登记制度。

英美法系大多没有专门的信托登记制度，主要是因为信托发展初期还不存在现代登记制度，这迫使衡平法发展了善意购买人规则和知情规则，来解决购买信托财产的第三人与受益人之间可能产生的权益争议，而衡平法规则的成熟也降低了对于信托登记的需求度。不同的是，大陆法系引入信托时大多已经建立了比较完善的财产登记制度，但其中没有也不可能充分考虑信托登记的特殊性。[①]为确保信托财产的独立性，建立一套信托登记体系是必由的途径，这对于信托关系的稳定、财产交易的安全乃至信托行业的发展都有重大的影响。因此，无论是日本、韩国、中国台湾还是大陆地区，都十分重视信托登记。信托登记至少具有以下几方面的积极影响。

（一）确保信托财产不被信托当事人的债权人追索

信托财产独立性意为信托财产独立于委托人、受托人、受益人的固有财产，成为超脱于三方当事人的特定目的财产。设立信托后，委托人丧失该信托财产的所有权，其债权人无法主张以此财产受偿。受托人取得信托财产所有权，但不得与其自有财产混同，受托人的债权人也不得基于此财产主张受偿；受托人破产时，该信托财产不划入破产财产之列，不参与破产财产分配。而受益人在信托设立后，非经特殊事由亦不享有信托财产所有权，因此受益人的债权人也无法主张以信托财产受偿，但可主张以受益人依信托合同约定享有的信托受益权受偿。

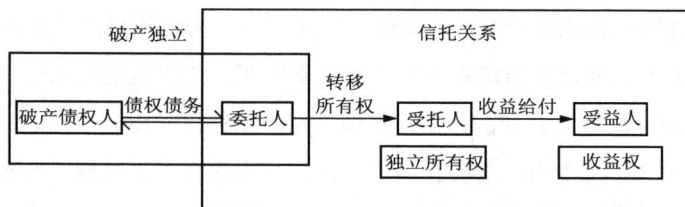

图1

---

①　何宝玉：《信托法原理研究》，中国法制出版社2015年版，第134—135页。

信托财产登记使得信托财产由委托人转移至受托人，并可与受托人的自有财产区分开来，避免因信托财产界定不清而令信托当事人之债权人要求强制执行信托财产的处境。

（二）保障第三人的交易安全

当信托设立之后，受托人取得信托财产，此时对于信托当事人以外的第三人而言，并不知晓信托法律关系的存在，也并不负有查阅信托文件的积极义务，而此时，信托财产的所有权已从委托人转移到受托人。为维护同信托财产相关交易的稳定性，最好的办法就是通过登记将信托财产之上的信托法律关系记载在登记簿上，使第三人能够高效地查阅到该财产的权利状况，并在此基础上作出判断。

信托登记具有公信力，如果第三人按照信托登记的内容与受托人进行了交易，那么这种交易便是有效的。详细来说，当信托进行了登记，但登记的内容有误或与事实不符时，第三人因信托登记的内容而与受托人从事了交易，即便受托人的处分行为事实上超越了权限，该项交易依然是有效的；反之，如果信托根本没有登记，不特定第三人不知道该财产之上的信托法律关系，并因此与受托人发生交易时，善意第三人也能够取得信托财产，而无需担心受益人行使撤销权。

（三）受益人行使撤销权的前置条件

受益人在信托法律关系中是信托利益的实质享有者，但并非信托财产的所有权人和实际占有人，无法占有和控制信托财产，因此，相对于信托财产的名义所有权人——受托人而言，受益人处于相对弱势的地位，法律对其制定了保护措施，最为重要的就是撤销权。我国《信托法》第 22 条和第 49 条规定，当受托人违反信托目的处分信托财产或者因违背管理职责、处理信托事务不当致使信托财产受到损失的，受益人有权请求人民法院撤销该处分行为，并有权要求受托人恢复信托财产的原状或者予以赔偿；该信托财产的受让人明知是违反信托目的而接受该财产的，应当予以返还或予以赔偿。但是，信托受益人撤销权的行使不应毫无限制，否则将造成交易秩序破坏，对善意第三人利益造成损害。

我国台湾地区"信托法"第 18 条第 2 款就明确了信托受益人行使撤销权的条件："对于应登记的财产而言，财产应办理信托登记。"

信托关系本身具有相对性质，仅信托的当事人知悉财产转移、处分、收益等情况，第三人无从知晓，如果信托财产未进行登记，第三人就无法通过查阅登记簿上记载的信息，无法知道该财产真实的权利负担情况，若第三人与信托当事人发生债权债务关系，善意第三人将影响信托的稳定性。受益人仅凭信托文件也无法主张信托财产的对世效力，无法要求除当事人以外的其他人维护信托的稳定性。只有在信托财产进行登记之后，第三人在交易时不去查询登记状况方能排除其善意，由受益人主张行使撤销权，使信托财产恢复到交易之前的状态。

二、我国信托登记的现实困境

我国《信托法》第 10 条规定："设立信托，对于信托财产，有关法律、行政法规规定应当办理登记手续的，应当依法办理信托登记，未依照前款规定办理信托登记的，应当补办登记，不补办的，该信托不产生效力。"据此，当信托财产属法律、行政法规规定的类型时，只有在办理信托登记手续之后，才能同时发生两方面的效力："一是设立信托的行为具有法律效力，信托财产的权利依法由委托人委托给受托人。二是依法设立的信托对第三人具有对抗力，该项法定登记具有信托公示的效力，除信托法有特别规定外，其他人不得主张对该信托财产的权利。"[1]之所以做这样的规定，是因为在缺乏衡平法传统的大陆法系国家和地区中，信托登记是保障财产独立进而维护信托目的的最有效手段。然而，现实中关于信托登记机构、信托登记方式的规范尚付之阙如，我国的信托登记面临着"有法可依、无法操作"的窘境。

---

[1] 卞耀武主编：《中华人民共和国信托法释义》，法律出版社 2002 年版，第 67 页。

（一）何物登记：登记生效之信托财产的范围

《信托法》规定，法律、行政法规要求办理登记手续的信托财产，未经登记的，信托不产生效力。但是，哪些是法律、行政法规要求办理登记手续的财产，在实践中却存有很大的困惑。以不动产登记为例，目前规定得较为明确的登记仅包括建设用地使用权、房屋所有权、不动产抵押权等少数几项，而现实生活中广泛存在的土地租赁权、地役权、承包经营权、地上权、采矿权、空间利用权等诸多不动产权利均缺乏相应的登记办法。根据《物权法》第9条，"不动产物权的设立、变更、转让和消灭，经依法登记，发生效力"，以各类不动产权利设定信托时，均应进行登记，否则难以将信托财产"委托给"受托人。对于那些缺乏登记方法的信托财产，是否就在事实上否定了其设立信托的可能，还是可以直接认为该等信托财产无需登记？必须登记的信托财产究竟范围多大，是一个困扰理论与实务界的重要问题。

（二）何种登记："信托登记"属物权登记还是独立类型

《信托法》所要求开展的"信托登记"属何性质，是物权登记中的一个新门类，还是同物权登记并行的独立的一种行政行为？根据相关法条的文义解释，似乎无法得出明确的结论。但是基于登记之客体是财产(含财产性权利)的背景，在实务界的基本认识中，很自然地将法条所谓之"信托登记"接入我国既有的财产物权登记体系中。虽然，这种物权登记较之其他财产登记已经是现阶段较为成熟、发达的机制，却仍然呈现出割裂、零散之特征，登记范围、登记机构、登记办法的规定仍然存有空白甚至冲突。更重要的是，尚无一个物权登记机构接受"信托"类属的登记，这无疑成为了信托业发展的一个掣肘。事实上，大陆法系的日本、韩国、中国台湾地区，都将信托财产的物权登记和信托登记分而置之，在登记簿上进行两项独立的登记记载，我国《信托法》所要求的"信托登记"并不理所当然地等同于物权登记体系下的信托类属。因此，如何解释"信托登记"既是一种困惑，也是一个改革的契机。

（三）如何登记：规则缺失下替代性措施的缺陷

《信托法》虽明确了信托登记的法律意义，具体规则的制定却一直止步不前。原有的财产物权登记体系没有预留信托登记的空间，使得现实中从信托登记机关到信托登记程序均全部缺失，信托当事人面临着无法依据信托合同办理信托财产登记的窘境。当事人之间经常需要再签订一份买卖合同，依据买卖合同办理信托财产的过户，或因无法办理信托财产登记而将信托文件进行公证，试图以此获得对抗效力。①但这样做的后果有以下四点，其一，普通的商业行为与信托行为发生了混同，引发了当事人之间行为性质认定的不确定，不利于法律关系的稳定；其二，对外部第三人来说，无法依据登记的内容识别信托行为，第三人的交易安全无法得到保障；其三，不能借助登记将信托与其他交易行为相区分，还会额外增加当事人的税负等交易成本；其四，在信托当事人之间、信托当事人与第三人之间发生纠纷时，诉讼成本也会相应提高，增加了法院裁判的难度。

三、中国信托登记有限责任公司的创立背景与预期职能

我国《信托法》对信托登记早有原则性规定，但信托登记规则在我国长期处于缺位状态。伴随信托业务的快速发展，信托登记无法顺利开展已经成为当下制约信托业发展的重要障碍。认识到信托登记制度对我国信托业的重要性，近些年来我国已展开一系列有关信托登记的探索。

（一）中国信托登记有限责任公司创立的背景

2006年，原中国银监会批准在上海浦东新区成立了信托登记中心——上海信托登记中心。目前可提供信托产品转让服务的平台已有多所，除上海信托登记中心外，还包括北京金融资产交易所、天津金融资

---

① 罗杨：《信托登记制度启示录：设计思路与法律建议(下)》，载《信托周刊》第11期。

产交易所、重庆金融资产交易所和深圳前海金融资产交易所等。然而，这些区域性金融交易所由于平台自身的局限性，并不能满足目前市场对信托产品的资产交易需求，远不如一个全国性的信托登记平台可使得行业整体受益。

2013 年《国务院办公厅关于加强影子银行监管有关问题的通知》(国办〔2013〕107 号)中提出了"建立完善信托产品登记信息系统，探索信托受益权流转"的目标。2014 年，为落实国务院要求，原银监会出台了《中国银监会办公厅关于信托公司风险监管的指导意见》(银监办发〔2014〕99 号)，明确指出"抓紧建立信托产品登记信息系统，制定信托产品登记管理规则，扩展信托产品登记的监管功能和市场功能，研究设立专门登记机构负责该系统的运营与管理工作"。由此，全国性的信托登记系统的建立被提上日程。2016 年年初，原银监会发布本年重点任务白皮书，文件中明确了"设立中国信托登记有限责任公司，建立信托产品统一登记制度"的工作任务。

继国务院批复同意在上海市设立中国信托登记有限责任公司(以下简称中信登)后，2016 年 9 月 20 日，原银监会正式批准筹建中信登；同年 12 月 12 日，原银监会对中信登的开业作出批复；12 月 26 日，中信登在上海正式运营，全国性的信托登记平台自始建立，也标志着我国的信托登记迈入了新的历史阶段。

(二) 中国信托登记有限责任公司的预期职能

根据原中国银监会发布、实施的《中国信托登记有限责任公司监督管理办法》第 6 条规定，对于法律未做登记要求的其他财产，信托登记公司可以提供登记服务；第 7 条规定，经国务院银行业管理机构授权或批准，信托登记公司依法履行以下职能："(一)制定信托产品登记、发行、交易及其他相关业务规则；(二)制定相关有偿服务项目和标准；(三)负责相关信托业务统计和市场运行情况报告；(四)建立并维护信托业监管信息查询系统；(五)按照监管要求，定期或不定期向国务院银行业监督管理机构报告信托登记总体情况、信托业经营情况和特定产品登记信息；(六)根据需要，对参与信托产品登记、发行、交易的信托公司和其他专业投资机构进行市场自律管理。"

根据原银监会《信托登记管理办法》第2条规定，信托登记是指中国信托登记有限责任公司对信托机构的信托产品及其受益权信息、国务院银行业监督管理机构规定的其他信息及其变动情况予以记录的行为；第5条将信托登记公司的主要职能定位于提供信托业基础服务。

综上，中信登的预期职能主要包括信托产品及其受益权的集中登记、信息披露、行业监测、辅助监管等，同时就《信托法》规定必须登记之范围以外的信托财产登记提供服务。上述职能既有利于明晰信托权利义务关系，保护第三人交易安全，也便于银监会对信托业进行实时监测，预警风险，由此保障信托业安全快速的发展。

四、推进中国信托登记有限责任公司之登记业务的重要意义

对于中信登而言，其建立本身便是我国信托登记制度前进的一大步，虽然目前该公司登记业务的法律效力仍有部分不明确之处，但可以预期，在其业务进一步发展、登记的效力得到司法承认，甚至是通过法律解释确立其信托法定登记机构的地位后，中信登的格局将发生极大的改观。同时，中信登落户上海，吸引更多的信托机构到沪上办理信托登记、开展信托产品交易，也将有利于上海集聚金融行业资源，配合国家战略，更快地创建国际金融中心。

首先，信托资产在2017年第一季度末已经逼近22万亿元大关，如此庞大的信托产品体系如何盘活？一方面，加快其流动性是业界关注的问题，此次信托登记公司的落地，对于信托产品进行多层面的信息登记，在规范的前提下加速信息披露，使其成为资产荒行情下的社会最新优质资产。另一方面，截至目前，中国信托产品登记机构共有两个，即

中央结算和上海信托登记中心。成立于 2006 年的上海信托登记中心，其功能仅仅停留在信息登记阶段，并没有产生更多的外延功能，也没有在行业中产生更大的影响力，而现有的资产交易所、资产交易平台并不能满足信托产品的资产交易需求。信托登记公司的成立无疑填补了这一空白。

其次，中信登的正式揭牌，将推动统一有效的信托市场逐步形成，市场纪律和约束将进一步强化。加上之前已经成立的履行行业自律职能的中国信托业协会，在信托公司自身不断加强风控能力的同时，支持信托业发展的"一体三翼"架构全面建成，形成了监管部门为监管主体，行业自律、市场约束、安全保障为补充的多层次、多维度的信托业风险防控体系，支持信托业转型发展。

第三，信托登记的制度构建不可能一蹴而就，在信托登记公司设立初期，发挥信托产品登记、信托披露和辅助监管的功能，在受托人转换空白期代理行使受托人职能。发展到一定阶段后，在信托产品较为丰富的时期，发挥信托受益权登记和转让的功能。在完全成熟阶段，则可以发挥信托财产登记功能，与工商部门、国土部门等财产登记机构互联互通，最终实现信托法要求的财产登记要求，从而促进行业的繁荣。

第四，信托登记的开展有利于市场急需的新型信托业务的产生、发展与成熟。就信托的发展历程而言，其实最初是脱胎于私人家事信托，用于规避法律的各种限制、克服制度灵活度不足的缺陷。从当前中国的市场需求来看，随着高净值阶层逐步形成，财富传承的要求也越来越高，家族信托成为了一项备受欢迎的业务。但是，信托财产的独立性问题在客观上制约了此项业务的大规模开展，高净值人群无法在信托登记制度不完善的背景下完全信任信托公司。随着信托登记公司的设立与信托登记制度的逐步完备，这些制约因素有望被突破，进而推动家族信托等新型信托业务的快速发展，及时回应社会的经济需求。

最后，对于上海市而言，伴随着中信登的成立，信托登记的职能进一步发挥，进行信托产品登记或者信托受益权登记的行为都将选择信托登记公司作为登记机构。除此之外，中信登还肩负信息披露、行业监测、辅助监管等职能，这些因素都将促使信托登记公司成为信托业的重要基础设施，并对信托业的整体发展产生重要影响。而作为信托登记公司注册地的上海，也能借力集聚更广泛的信托行业资源，成为信托业的中心。从这个意义上来讲，如何利用上海自贸区"先行先试"的制度创新优势，不断革新制度，协同司法保障，引领全国的信托登记工作，将是一个有待上海深入研究并大胆实践的重要课题。

第一章　解释论下信托登记的效力分析与模式探索

《信托法》生效已有 16 年，近年来司法机关、行业协会对《信托法》的实施效果进行了评估，进而提出了修改《信托法》的动议，但至今未被列入全国人大的正式修法日程。基于这样的现实背景，推进中信登的信托登记应立足于解释论，并在不违背现行法律框架的前提下创造性地制定具体规则。

一、信托登记规定的比较研究

（一）我国关于信托登记的法律规定

《信托法》第 8 条规定："设立信托，应当采取书面形式。书面形式包括信托合同、遗嘱或者法律、行政法规规定的其他书面文件等。采取信托合同形式设立信托的，信托合同签订时，信托成立。采取其他书面形式设立信托的，受托人承诺信托时，信托成立。"

《信托法》第 10 条规定："设立信托，对于信托财产，有关法律、行政法规规定应当办理登记手续的，应当依法办理信托登记。未依照前款规定办理信托登记的，应当补办登记手续；不补办的，该信托不产生效力。"

据此可以看出，我国对于信托关系的成立与生效进行了区分，对于"有关法律、行政法规规定应当办理登记手续的"信托财产，以完成登记作为信托关系的生效要件。然而，《信托法》的立法草案曾经采取的表述方式是，委托人以法律规定应登记的财产设立信托的，应当向登记机关办理信托登记；未登记的，信托不得对抗第三人。显然，是在审议的过程中，信托登记的对抗主义才变为了生效主义。而且，这种立法例与境外的主流立场是不同的。

就境外信托法立法经验来看，英美法系国家并没有严格的信托登记制度，信托公示的作用也不大。原因在于，受托人在交易时若不主动说明自己的受托人身份，就有可能以其固有财产对第三人承担无限责任。在这一点上，俄罗斯《民法典》也有类似的规定。①而在大陆法系的大部分国家和地区中，当事人无须对信托财产进行登记，信托关系就能产生法律效力，登记产生对抗第三人的效力，即信托登记对抗主义。日本、韩国、中国台湾地区针对应当进行法定登记的财产采取的都是信托登记对抗主义。

（二）我国台湾地区的相关规定

台湾地区的"信托法"第 4 条规定："以应登记或注册之财产权为信托者，非经信托登记，不得对抗第三人。以有价证券为信托者非依目的事业主管机关规定于证券上或其他表彰权利之文件上载明为信托财产，不得对抗第三人。以股票或公司债券为信托者，非经通知发行公司，不得对抗该公司。"②对于第 4 条中所称"应登记的财产权"，一般认为应包括：以登记为财产权取得、设定、变更的生效要件者，如不动产物权(台湾地区"民法"第 785 条)；以及以登记为对抗要件者，如海商法上的船舶所有权与船舶抵押权(台湾地区"海商法"第 9 条、第 34

---

①　参见何宝玉：《信托法原理研究》，中国法制出版社 2015 年版，第 133 页。
②　孟强：《信托登记制度研究》，中国人民大学出版社 2012 年版，第 94 页。

条)。①信托登记并非信托的成立或生效要件，只是用来避免善意第三人受到不测损害，以保护交易安全，未经登记的信托财产，只是不得对抗符合善意受让要件的第三人，并不影响信托的成立或生效。

我国台湾地区"民法"对不动产物权的权属登记采登记生效主义，而对信托登记采对抗主义。依台湾地区学者解释，台湾地区"信托法"规定的信托登记，是指财产权转移或注册之外专就信托事项进行的登记，是财产权变动的一般公示之外再进行的足以表明其为信托的特别公示。质言之，在制度构造上，可以说这是在一般财产权变动等公示方法以外，再予以加重其公示的表征。亦即就信托财产的移转而言，具有公示方法的两重性，只是在实际运作上，这两种公示方法在程序上应合二为一，不宜分别处理，因为这不只是实务上的便宜之计，亦是验证信托行为系由负担行为与处分行为两者结合而成的具体表现。②在此意义上的信托登记采用对抗主义，与民法的财产权属登记制度可以分开且并行不悖。③

目前，我国台湾地区的不动产信托登记均由地政机关办理。根据台湾地区"土地权利信托登记作业办法"之规定，应当登记的信托具体事项包括：(1)委托人、受托人姓名或名称、住所、权利范围、出生年月等；(2)土地及地上物标示，包括坐落位置、面积、权利价值、地上物及附属物的用途等；(3)信托具体条款，包括受益人姓名和住所、信托监察人姓名和住所、信托目的、信托期间、信托关系消灭的事由、信托财产的管理方法、信托关系结束后财产的归属以及其他约定事项等。这些内容以"公定信托契约书"的形式登记于不动产登记簿的信托专簿中。换言之，在土地信托登记中，地政机关除了在土地登记簿的所有权部记载

---

① 参见赖源河、王志诚：《现代信托法论》，中国政法大学出版社 2002 年版，第72 页。
② 参见赖源河、王志诚：《现代信托法论》，中国政法大学出版社 2002 年版，第71 页。
③ 何宝玉：《信托登记：现实困境与理想选择》，《中国资本市场法治评论》第二卷，法律出版社 2009 年版。

土地为信托财产外，还应在其后的信托专簿中对信托关系的具体事项予以登记。实行土地登记簿与信托专簿分离的目的在于揭示土地上的信托法律关系，体现信托关系作为一种复合的法律关系束的现实，其中一簿为物权，另一簿为债权契约，后簿制约着前簿，就如同委托人通过信托契约制约着受托人一般。①台湾地区"土地登记规则"第 130 条亦规定："信托登记，除应于登记簿所有权部或他项权利部登载外，并于其他登记事项栏记明信托财产、委托人姓名或名称，信托内容详信托专簿。"可见，我国台湾地区是在不动产登记簿之外另设置一个信托专簿，以供信托关系详情之登记。

有价证券，是指表彰财产权的证券，其权利的行使与移转，以持有证券为必要。例如股票、公司债券、公债、票据、载货证券、提单、仓单等，均包括在内。根据台湾地区的"法律"规定，如系以此等有价证券为对象设立信托者，除须先履行有价证券移转的手续外，尚须于证券上或其他表彰权利的文件上载明该证券为信托财产，以为公示，始能取得对抗第三人的效力。②

对于应登记或注册的财产权及有价证券以外的其他财产权为信托者，因台湾地区"信托法"并未规定其公示方法，如以此类财产权设立信托，其是否有对抗第三人的效力，尚无确切的规定。

（三）日本的相关规定

日本 2006 年新修订的《信托法》第 14 条规定："在不登记或不注册就无法以权利的得失或变更对抗第三人的财产方面，不履行信托登记或注册的，不得以该财产为信托财产对抗第三人。"③由此明确了信托财产登记的对抗效力。并且，受益人也仅对于应当进行信托登记并且已进行信托登记的财产才享有撤销权，换言之，若该类财产未进行登记，则

---

①　雷秋玉：《论台湾不动产信托公示制度》，载《云南行政学院学报》2012 年第 4 期。

②　参见赖源河、王志诚：《现代信托法论》，中国政法大学出版社 2002 年版，第 72—73 页。

③　转引自张军建：《信托法基础理论研究》，中国财政经济出版社 2009 年版，第 328 页。

受益人不享有对抗第三人的撤销权。

日本最初规定信托财产都需要进行登记，这一规定对于不动产而言没有问题，但对于证券而言，因受托人频繁进行买入和出售的交易，若都需要登记，程序非常繁琐，后来改为证券等信托财产可以不进行登记。①

日本对信托采对抗主义，与其民法对物权取得、丧失及变更采登记对抗主义是一致的。根据不动产登记法的规定，信托登记及其基本的所有权转移的登记必须用同一申请书进行申请。用信托资金(购买)取得的不动产，其所有权转移登记和信托登记原则上也必须用同一申请书进行申请；但是，土地卖出方不是信托当事人，不能按以上规定用同一申请书进行所有权转移登记和信托登记，此时先进行所有权转移登记，之后再进行信托登记是认可的。

（四）韩国的相关规定

关于应登记的财产权以及有价证券等设立信托的登记效力，韩国《信托法》第3条规定："关于应登记或注册之财产权的信托，可以其登记或注册对抗第三者。关于有价证券之信托，依内阁命令之规定，证券即表示信托财产之事实。关于股票与公司债券，可以股东名簿或公司债名簿上所记载信托财产之事实，对抗第三者。"②由此可见，韩国对于应当进行法定登记的财产也采取信托登记对抗主义。同时法条中也规定了有价证券和股票、公司债券的特殊情况：对于有价证券，证券即表示信托财产之事实，而股票和公司债券登记具有对抗效力。值得注意的是，韩国民法对物权取得、丧失及变更亦采登记对抗主义，信托财产的登记对抗主义同民法规定也是协调一致的。

（五）我国信托登记规定的不足及其发展方向

大陆法系国家普遍借助信托登记的方式来对信托财产予以公示。特别值得注意的是，在信托制度相对发达的国家或地区，信托登记与民法

---

① 参见卞纪华、张桂龙：《中华人民共和国信托法条文释义》，人民法院出版社2001年版，第24页。

② 孟强：《信托登记制度研究》，中国人民大学出版社2012年版。

上的财产权属登记是独立并行的。尽管在实际操作时可能基于同一法律文书提起，但有所不同的是，日、韩的信托登记效力沿循了物权登记对抗主义的立法例，而我国台湾地区针对不同财产的物权登记有生效与对抗两种效力之分，但就信托登记而言，其效力一概表现为登记对抗主义。

不登记不生效的影响远远强于不登记不得对抗第三人，而登记对抗主义强于不登记。对抗主义只是针对信托的外部关系而言，不否定信托的成立、生效与内部关系，生效主义则完全否定了当事人之间各种关系(包括与第三人的交易关系)的效力，不仅使得第三人缺乏稳定的预期，对受托人、受益人而言也缺乏法律保障。[①]实践中，如果委托人按照信托合同的约定将财产转移给受托人，受托人亦根据信托合同对信托财产实施了管理、处分行为，各方当事人的权利义务已履行完毕，信托目的也已实现，仅因未进行信托登记而否认信托的效力，正当性如何体现，是否有公权力过度干预之嫌?

总之，登记生效主义中公权力对市场干预过剩，而不登记则无法保障信托的稳定性。因此，无论是从法理逻辑还是从现实效果来看，我国信托登记的法律效力都以采对抗主义为宜。为了更好地与财产权属的传统登记体系相协调，反映信托法律关系的双重属性，也应对设立信托要求同时开展信托登记与财产权属登记。当然，这里涉及《信托法》的修改或者全国人大的立法解释，是未来应然的发展方向，当下信托登记制度的解释或完善仍应以现行《信托法》之规定为准。

二、现行法律框架下中国信托登记有限责任公司登记业务的范围与效力分析

在探讨我国信托登记的效力时，存在一个前提问题需要澄清：境外

---

① 参见邹颐湘：《从中日信托法立法差异的比较看我国信托法的不足》，载《江西社会科学》2003年第3期。

的信托登记主要指的是信托财产的登记，而中信登被授权开展的除了特定范围的财产登记之外，①还有信托产品登记与信托受益权登记。②后两种登记具有鲜明的本土化色彩，其效力问题是无法以比较法的角度参照的。

（一）中国信托登记有限责任公司有权开展之财产登记的范围

从原银监会的认识来看，中信登有权开展的财产登记范围限于"有关法律、行政法规规定应当办理登记手续"以外的其他财产(以下简称其他财产)。依文义解释，"有关法律、行政法规规定应当办理登记手续"的财产，经登记可能发生物权变动，也可能只构成对第三人的对抗效力，以这两大类财产设定信托时，是否都必须经由登记方能令信托生效呢？

信托财产登记的法理基础在于确立信托财产的独立性，使其超脱于委托人的其他财产与受托人的固有财产，完成信托财产登记之后，委托人即丧失对财产的各种权能，效果类比于财产所有权的转移，这与对抗登记的目的存在明显的不同。另外，产生物权变动效果的财产登记一般由不具有行政管理职能的专设机构实施，对该等财产的归属进行公示，形成绝对的公信力，如不动产登记机关的登记；而产生对抗效果的财产登记多由行使行政管理权的机关实施，登记既是社会管理的手段，同时也形成相对的公信力，如船舶抵押权的登记，信托财产的登记则基本不含有社会管理的价值。

鉴于此，根据《信托法》第10条之规定产生登记生效效果的财产类型应限定为因登记而发生物权变动效果的财产，如不动产物权、建设用地使用权等(参见表1，仅为列举)，此类财产不在原银监会授权中信登开展登记的范围之内；法律规定登记产生对抗效果的财产类型(参见

①　《中国信托登记有限责任公司监督管理办法》第6条："对于法律未做登记要求的其他财产，中国信托登记公司可以提供登记服务。"
②　《信托登记管理办法》第2条规定："本办法所称信托登记是指中国信托登记有限责任公司(简称信托登记公司)对信托机构的信托产品及其受益权信息、国务院银行业监督管理机构规定的其他信息及其变动情况予以记录的行为。"

表 2, 仅为列举), 以及法律未做登记要求的其他财产, 如货币资产、普通动产等, 中信登均可以提供登记服务。

表 1　形成物权变动效果的财产(权利)登记

财产(权利)名称	法律依据
(一) 不动产、土地类	
1. 不动产物权	《物权法》第 9 条
2. 建设用地使用权	《物权法》第 139 条、第 145 条、第 150 条
3. (1) 建筑物和其他土地附着物抵押权 (2) 建设用地使用权抵押权 (3) 以招标、拍卖、公开协商等方式取得的荒地等土地承包经营权抵押权 (4) 在建建筑物抵押权	《物权法》第 187 条、第 180 条第 1 款
4. (1) 农民集体土地所有权 (2) 农民集体土地建设用地使用权 (3) 国有土地使用权	《土地管理法》第 11 条第 1—3 款 《土地管理法实施条例》第 6 条
5. (1) 房屋所有权 (2) 国有土地使用权 (3) 房地产抵押权	《城市房地产管理法》第 36 条、第 61 条、第 62 条
(二) (准)有价证券类	
1. 缺乏权利凭证的票据、单据权利质权	《物权法》第 224 条
2. (1) 基金份额质权 (2) 股权质权	《物权法》第 226 条第 1 款
3. 应收账款质权	《物权法》第 228 条
(三) 知识产权类	
1. (1) 注册商标专用权质权 (2) 专利权质权 (3) 著作权质权	《物权法》第 227 条

财产(权利)名称	法律依据
2. (1) 专利申请权 (2) 专利权	《专利法》第 10 条第 3 款
(四) 自然资源权益类	
1. (1) 探矿权 (2) 采矿权	《矿产资源法》第 3 条第 3 款
2. (1) 国家森林、树木和林地的使用权 (2) 集体森林、林木和林地的所有权、使用权 (3) 林木所有权	《森林法实施条例》第 4 条、第 5 条
3. (1) 国有草原使用权 (2) 集体草原所有权	《草原法》第 11 条

表 2　形成对抗效果的财产(权利)登记

财产(权利)名称	法律依据
1. 特殊的动产物权	《物权法》第 24 条
2. 动产浮动抵押权	《物权法》第 189 条、第 181 条
3. (1) 船舶所有权 (2) 船舶抵押权	《海商法》第 9 条、第 13 条
4. (1) 民用航空器所有权 (2) 民用航空器抵押权 (3) 民用航空器承租人的占有权	《民用航空法》第 14 条、第 16 条、第 33 条
5. 公司的股权	《公司法》第 32 条

(二) 中国信托登记有限责任公司各类登记业务的效力

中信登是以推进信托登记、支持行业发展作为主要宗旨的金融基础设施，也是目前经国务院批准、由监管部门授权开展信托登记的唯一一家全国性机构。但是，尴尬之处恰恰在于，这最具备条件的唯一一家全国性登记机构仍无权开展《信托法》第 10 条所规定的"法定信托登记"，这意味着中信登目前所开展的登记业务在信托法上缺乏效力依据。

将登记作为生效要件或对抗要件，属于公权力对私人行为的干预，应受到严格限制，法律、行政法规方有权限对此作出规定。中信登开展的"其他财产"登记、信托产品登记、信托受益权登记显然还无法在高位阶的规范性文件中找到依据，故难以产生登记生效或登记对抗的法律效果。监管部门显然也清楚地意识到了这点，在原银监会制定的《中国信托登记有限责任公司监督管理办法》中，只是将中信登开展的各类登记定义为"信息记录"行为，不得不说是一种"谦抑"的业务定位，遵循了基本的法理与规制逻辑。

中信登的登记不能产生生效或对抗的法律效果并不意味着这样的登记没有实践意义，尤其是在我国以物权登记为代表的传统财产权登记尚不兼容信托，法定的信托登记体系也没有建立起来之前，中信登的"其他财产"登记、产品登记对于信托关系的存续、信托财产的范围、信托当事人的身份、信托目的等要素仍然具有很高的证明力，可以为司法机关所采信。而信托受益权的登记对提高该种权利的标准化、流动性也具有不可低估的价值。这些问题将在后文中专门阐述。

三、依托中国信托登记有限责任公司完善信托登记模式的探索

（一）信托登记的两种常见模式

1. 统一式信托登记

统一式信托登记，即主张建立单独统一的信托登记机构，不根据信托财产的类型不同而分别登记，有利于整个信托业的统一规范与管理。统一式信托登记可避免因各种财产权分散登记而带来的效率、成本问题，实现信托登记的集约化，克服当前我国登记分散的弊端。但此种思路受到我国登记机构设置现状的限制，对于一个开展信托财产登记的机构，何以能够超脱于既有的财产登记机构之外而独立存在，这种"分

权"式的做法存在一定的现实阻力。而且，信托财产登记与传统财产登记是存在关联的，如若新设的统一信托登记机构无法有效利用原有权属登记机构的信息，运行成本将大大增加。

2. 分散式信托登记

分散式信托登记，即按照财产权的种类由不同的权属登记机构分别开展信托登记，即权属登记机构与信托登记机构合二为一，权属登记的业务类型增加一种"信托财产"标识即可。这对信托当事人及其他交易第三人来说，不仅方便设立信托，同时方便第三人查询：受托人只需到相应的权属登记机构即可办理信托登记；同样地，交易对方仅从权属登记机构便可获知财产的信托性质，得知该财产非权属人自有财产而是管理的信托财产，从而有利于当事人对风险进行判断，提升交易的效率，保护交易的稳定。该种信托登记模式本质是在我国既有的财产权属登记模式之上，对于各登记机构追加赋予一项信托登记的职能，与当前登记体系的兼容性较强。但是，也同样无法克服登记机构分散而带来的效率、成本上的缺陷。

（二）我国信托登记模式选择的现实考量

虽然我国不动产物权已基本实现统一登记，但是在动产权利和无形财产权利领域的基本格局仍然是分散登记。基于信托登记与财产权登记在实体和程序上的密切联系，信托登记需依附于财产权登记展开，因而信托登记机构难以完全独立于财产权登记机构而存在，由财产权登记机构来负责办理部分信托登记就具有现实的必然性。这种方案最为便利，成本增加不多，能够最快地缓解信托实践对登记制度需求的"燃眉之急"，故为多数学者所认可。比较法上也有同样的做法，日本规定不动产信托和不动产权利登记均由法务局办理，韩国规定均由法院办理，我国台湾地区规定均由"地政机关"办理，虽然具体的登记机构不同，但是登记体系上均为分散登记。①

---

① 陈明灿、何彦升：《论不动产权利信托登记——以公示制度与强制执行为中心》，载《不动产开发与投资和不动产金融——2005年海峡两岸土地学术研讨会论文集》。

然而，分散登记的弊端也是突出的。信托财产——尤其是民事信托和管理信托中的信托财产——往往涵盖多种类型的财产，这意味着信托登记需到多个登记机构办理，这大大增加了信托运行的成本和难度。即便所有登记都已完成，各个部门之间的信息共享以及信托登记信息的查询亦十分困难。此外，如果一个信托涵盖多种应当登记的类型的财产，当事人只完成了其中部分种类财产的信托登记时，分散登记会给信托效力的判定带来困难。

中国式的信托登记不宜简单地作为财产权属登记的"增量"业务，采取"补丁"式的分散登记，有几点现实问题需要充分考虑：第一，"信托登记"并不等同于信托财产登记，我国监管部门力推的登记类型还包括产品登记与受益权登记，既有的财产登记机构无法实现此类职能。第二，即便将"信托登记"限定于财产登记的语境，随着信托财产类型的不断多样化，必然会有越来越多的财产无法在当前的体系中完成登记，那么这些财产还能否设立信托了？第三，我国《信托法》规定特定范围的信托财产经登记令信托生效，其余的信托财产无需登记，但后者在实践中依然存在被有效识别的需求，这种诉求因财产登记的义务豁免而难以满足。第四，财产登记的效力有些表现为权利生效，有些表现为权利对抗，而财产登记机构的审查也相应分为实质审查与形式审查，如果将信托财产的登记纳入财产权属的传统登记体系，应采何种审查标准模糊不清。

（三）依托中国信托登记有限责任公司建立新的信托登记模式

以往在解释《信托法》第10条的登记规则时，受到法条中"有关法律、行政法规规定应当办理登记手续"等表述的影响，很多人直接将信托登记与以物权登记为代表的财产权属登记关联甚至等同了起来。现实中形成一种误区：因为财产权属登记规则不支持信托，甚至是现有登记机构的不作为，导致了信托登记无法实施，制约了信托业的发展。从法律解释来说，将"信托登记"直接归入财产登记不尽准确。从效果论，依仗分散的财产登记机构来做信托业财产登记的"增量"，短时间内确实是较难协调的，无法回应信托业快速发展的登记需求。

重新审视《信托法》第 10 条之规定："设立信托，对于信托财产，有关法律、行政法规规定应当办理登记手续的，应当依法办理信托登记。未依照前款规定办理信托登记的，应当补办登记手续；不补办的，该信托不产生效力。"法条使用之术语为"信托登记"，要求实施财产的"信托登记"，而非信托的"财产登记"。无论《信托法》第 10 条中"信托登记"的规定是无心插柳还是有意为之，都不啻为我国信托登记模式的合理选择指明了方向：信托财产登记应当与物权登记分离。不仅大陆法系的国家或地区普遍采纳这样的做法，中国信登的成立更是为我国开展独立的信托登记提供了现成的权威平台。

具体而言，可以遵循以下的路径构建中国式的信托登记：

第一，将《信托法》第 10 条所要求的"信托登记"解释为独立的登记类型，与财产登记分离。为确保解释的权威性，可以提请全国人大常委会做立法解释。在此基础上，作为行业监管部门的银保监会正式授权中国信登，成为信托登记的法定机构，比之当下大大扩充了中信登的登记职能。

第二，先信托登记，后财产登记。"有关法律、行政法规规定应当办理登记手续的"财产，先凭信托合同、遗嘱或其他书面法律文件以及证明信托财产归属于委托人的文书向中信登申请信托登记，信托登记完成后由中信登将登记信息推送给相关财产的权属登记机构，当事人持信托登记证书可以直接将信托财产变更登记至受托人名下，并标注"信托"字样。先信托登记、再财产登记的模式至少可以实现三项功能：首先，解决了仅凭信托合同无法完成财产登记的问题；其次，在不抵触现有财产登记体系的前提下，将信托登记与财产登记联动，虽然尚无法实现"两种登记、一次申请"的理想集约效果，但也不致引发申请人过高的程序成本；再者，引导当事人查询中信登的集中信息，提高查询和监管的效率，促进交易安全。当然，从长远来看，《信托法》第 10 条的"生效主义"应当废止，"有关法律、行政法规规定应当办理登记手续的"财产均应进行信托登记，但只能构成信托对抗效力，同时完成的财产权属登记则可以根据相关法律构成财产权利的生效或对抗效果。

第三，促进形成信托登记的行业习惯，充分发挥信托登记的公示效力。有关法律、行政法规未规定必须办理登记手续的财产，基于当事人的自愿，依然可以至中信登办理信托登记，倡导逐步形成设立信托即办理信托登记的行业惯例，但这些财产无需(可能也无法)进行权属变更的财产登记。此时的信托登记虽不具备法定的效力，却依然可以作为重要的公共信息，在纠纷形成时产生更高的证明力。信托产品、信托受益权的登记亦是如此。

第二章　信托登记公司之财产登记的疑难问题

《信托登记管理办法》第3条对"强制集中登记"作出了规定："信托机构开展信托业务，应当办理信托登记，但法律、行政法规或国务院银行业监督管理机构另有规定的除外。"《中国信托登记有限责任公司监督管理办法》第6条规定，中信登可以为"其他不需要办理法定权属登记的信托财产"提供登记服务。可见，对于信托公司等开展信托业务的机构，《信托登记管理办法》实际上规定了强制登记的义务，包括中信登被授权开展的"其他财产"登记。同时，《信托登记管理办法》第2条规定，"本办法所称信托登记是指中国信托登记有限责任公司对信托机构的信托产品及其受益权信息、国务院银行业监督管理机构规定的其他信息及其变动情况予以记录的行为"，将中信登开展的上述登记定义为一种"信息记录"行为，显然是为了区分法律规定的生效或对抗效力，但该等登记仍然在司法实践中具有重要的意义。

一、(其他)财产登记对信托当事人的意义

信托财产登记，有利于明确信托当事人之间的权利义务，有其证明信托财产独立性作用以及证据价值。首先，是其证明信托财产独立性作用。信托财产的独立性原则要求其与委托人的自有财产和受托人的自有财产相分离，①办理信托财产登记有利于明确划分其与委托人、受托人自有财产之间的界限。其次，是其证据价值。在没有"其他财产"登记的情况下，当第三人请求执行信托财产时，为证明信托财产的存在，委托人或受托人往往需要运用多个相互印证的证据，如独立的银行账户信息或资金划拨路径证明，再辅之以信托合同，方有可能被法院采信。如果信托财产不是货币资产而是一般动产，举证将更为困难。倘若信托当事人在中信登开展了财产登记，在不存在反证的情况下，法院理应采信登记的内容，使该笔财产免受委托人或受托人之债权人的追索。

这种"信息记录"可以帮助信托当事人证明自己已尽信托法上的义务，在诉讼中降低当事人举证的压力，也给法院提供了有力的判断。比如委托人，如无反证，可以通过举证登记证明自己已履行转移信托财产的义务；受托人借助信托财产在设立、变更时的登记也可以证明自己尽到了分别、妥善管理信托财产的责任。

二、(其他)财产登记对第三人的意义

(一) 信托(其他)财产登记对第三人构成法律意义的前提

信托登记保护交易安全，同时成为证明第三人"善意"之充分非必

---

① [日]能见善久：《现代信托法》，赵廉慧译，中国法制出版社 2010 年版，第 36 页、第 47 页。

要条件之一。中信登的信托登记的公示力要求对现有查询权利人的条件进行一定的放宽。目前，有权查询中信登信托登记的主体均要求与相关信托有直接利害关系。而对于信托当事人以外的不特定第三人而言，因其在交易前信托并不具有直接利害关系，根本无从知晓是否存在信托法律关系，也不清楚信托财产的范围。在此情形下，交易安全无法得到保护，信托登记的公示作用沦为一纸空文。因此，只有将查询信托登记的主体限制予以适当放松，赋予可能与信托财产发生利害关系的交易第三人查阅信托登记情况的权利，信托登记的公示价值才能得以发挥，第三人才有可能在司法认定中通过举证查询登记以证明自己的"善意"，从而体现信托登记对第三人的意义。

在进行交易过程中，信托财产登记对第三人取得基于信托财产的所有权或担保权的影响，主要表现在第三人"善意"的司法认定之上，即第三人在受让财产或取得财产担保权时是否负有查询登记的义务。由于目前我国并未曾有法律法规明确赋予第三人查询信托登记的义务，故而可以从司法角度探寻将信托登记对第三人的意义最大化的路径。

（二）"天津模式"适用于信托财产登记的条件

天津市在融资租赁财产的识别问题上试行了一个司法指导意见：在各金融监管部门要求融资租赁物的权属强制公示、受让或接受担保的金融机构强制查询(参见附文一)的前提下，法院将未尽查询义务的第三人排除在"善意"之外，进而否定其相应权利的取得(参见附文二)。

附文一 关于做好融资租赁登记和查询工作的通知

各银行、金融资产管理公司、信托公司、财务公司、汽车金融公司、消费金融公司、金融租赁公司、外商投资融资租赁公司、内资融资租赁试点企业、典当行、小额贷款公司、融资性担保公司：

为进一步促进我市融资租赁业持续快速健康发展，维护融资租赁交易安全，有效防范金融业务风险，根据《国家发展改革委员会关于天津滨海新区综合配套改革试验金融创新专项方案的复函》(发改经体〔2009〕2680号)和市政府《关于促进我市租赁业发展的意见》(津政发〔2010〕39号),现就做好融资租赁登记和查询工作通知如下,请认真贯彻执行。

一、各金融租赁公司、外商投资融资租赁公司、内资融资租赁试点企业(以下简称各融资租赁公司)在办理融资租赁业务时,应在中国人民银行征信中心(以下简称征信中心)的融资租赁登记公示系统办理融资租赁权属状况登记,并按照《中国人民银行征信中心融资租赁登记规则》(以下简称《融资租赁登记规则》)的规定,如实填写登记事项,公示融资租赁合同中载明的融资租赁物权属状况。融资租赁公司应对登记内容的真实性、完整性和合法性负责。

二、各融资租赁公司在办理融资租赁登记和查询业务时,应按照《融资租赁登记规则》的规定,通过征信中心互联网填写机构注册信息,再到征信中心天津分中心进行用户身份资料的现场审核后,即可登录融资租赁登记公示系统进行登记操作。

三、各银行、金融资产管理公司、信托公司、财务公司、汽车金融公司、消费金融公司、金融租赁公司、外商投资融资租赁公司、内资融资租赁试点企业、典当行、小额贷款公司、融资性担保公司(以下简称各机构)在办理资产抵押、质押、受让等业务时,应登录征信中心的融资租赁登记公示系统,查询相关标的物的权属状况。该查询是办理资产抵押、质押、受让业务的必要程序。对已在征信中心融资租赁登记公示系统办理登记公示的租赁物,未经出租人同意,不得办理抵押、质押业务,不得接受其作为受让物。

四、在办理融资租赁登记、查询时,各机构应根据自身情况申请取得融资租赁登记公示系统的常用户或普通用户。注册取得常用户资格的机构可以在融资租赁登记公示系统办理登记,也可以进行查询;注册取得普通用户资格的机构可以登录融资租赁登记公示系统查询融资租赁登记信息。各机构根据业务申请人的法定注册名称、身份证件号码或标的物唯一标识码进行查询。

五、各机构应高度重视融资租赁登记和查询工作,及时将本通知转发至各级分支机构,并制定完善业务审批流程和风险控制制度措施,做好人员培训工作,确保相关人员熟练掌握融资租赁登记和查询业务。

市金融办人民银行天津分行市商务委天津银监局

二〇一一年十一月二日

附文二　天津市高级人民法院办公室关于审理融资租赁物权属争议案件的指导意见(试行)的通知

为了维护融资租赁交易安全,平等保护当事人的合法权益,推进我市金融信用体系建设,在审理融资租赁物权属争议案件中,统一法律适用原则,正确处理案件。根据《中华人民共和国合同法》《中华人民共和国物权法》和《中华人民共和国商业银行法》,结合天津市人民政府金融服务办公室,中国人民银行天津分行,天津市商务委员会,中国银行业监督管理委员会天津监管局联合下发的津金融办〔2011〕87号《关于做好融资租赁登记和查询工作的通知》(以下简称《通知》)并审判实际,制定本指导意见。

第一条　从事融资租赁交易的出租人,应当依照《通知》的规定,在"中国人民银行征信中心融资租赁登记公示系统"将融资租赁合同中载明的融资租赁物权属状况,予以登记公示。

未依照前款规定办理登记公示的,出租人对租赁物的所有权不得对抗《通知》中所列机构范围内的善意第三人。

第二条　《通知》中所列各机构在办理动产抵押、质押、受让等业务时应当依照《通知》中所规定的必要程序,登录"中国人民银行征信中心融资租赁登记公示系统"对所涉标的物的权属状况进行查询。

未依照前款规定查询的,在该标的物的出租人主张权利时,《通知》中所列各机构作为第三人以未查询、不知标的物为租赁物为由抗辩,应当推定该第三人在受让该租赁物或以该租赁物设定抵押权、质权等权利时,未尽到审慎注意义务,因而不构成善意。

第三条 本意见在天津市辖区范围内试行。

本意见施行前已经审理终结的案件不得依据本意见提起再审。

本意见施行后,出现新的法律、行政法规和司法解释与本意见不一致时,按照法律、行政法规和司法解释执行。

本意见自下发之日起施行。

天津市高级人民法院办公室

二〇一一年十一月十一日

天津市的经验有可资借鉴之处，综合其精神，但与中信登的信托财产登记的结合需要注意以下的几个问题。

1. 通过监管部门设定第三人查询登记的义务

这里不仅要求登记是强制性的，第三人查询登记也必须是强制性的，如果第三人不负查询义务，当然无法否定其"善意"。融资租赁作为天津市金融领域的龙头发展项目，各界对其重视度都很高。《关于做好融资租赁登记和查询工作的通知》联合了天津市金融办、人民银行天津分行、天津市商务委、银监会天津分局四个职能监管部门，几乎全面覆盖了同融资租赁财产相关的所有市场主体的监管单位。通过联合发文，确立了机构第三人查询财产登记的义务。而对于自然人而言，因不属监管对象，这种查询义务欠缺合法的确立途径。

在信托关系中，信托财产由受托人占有，而我国当前的受托人均为信托机构，①从信托机构取得财产所有权或担保权的第三人，较之从融资租赁承租人(无类似信托机构的专业身份)处取得相应权利的第三人，

---

① 《信托法》第4条：受托人采取信托机构形式从事信托活动。《信托公司管理办法》第7条："设立信托公司，应当经中国银行业监督管理委员会批准，并领取金融许可证。未经中国银行业监督管理委员会批准，任何单位和个人不得经营信托业务，任何经营单位不得在其名称中使用'信托公司'字样。法律法规另有规定的除外。"

更易查知财产权属上的风险。此时，由监管部门强制要求同信托机构进行交易的金融机构主动查询信托财产登记，比融资租赁的场合更具合理性。

2. 寻求金融监管系统的支持，先行先试

融资租赁是天津市的支柱性金融行业，当地的金融监管部门联合发布规范性文件，高级人民法院颁行审判指导意见，在行政区划内统一了各级法院对于"善意"判定的意见，但跨越行政区域的机构第三人仍无查询义务，不宜将这类第三人的"善意"与财产查询关联起来。

中信登面向的是全国信托机构，涉及各地的财产受让人或担保权人，从长远来看，要赋予他们查询财产的义务，应在全国的金融监管系统内寻求广泛的支持，且保持各地司法裁判立场的一致，甚至集中至上海进行管辖。目前，在上海市政府的大力支持与银保监会的通力协作下，可以由中信登的监管部门——中国银保监会先行要求商业银行、金融资产管理公司、信托公司、财务公司、金融租赁公司等由其监管的金融机构在受让或取得担保权的过程中必须查询信托财产登记，上海法院根据该项查询义务的履行来判定"善意"，以作为全国的"先行先试"。

3. 第三人在查询财产登记的同时应查询产品登记中的信托目的、权限限制

融资租赁关系中，租赁物的占有和实际所有权人分离，承租人以租赁物设定担保向银行贷款甚至出让时，相对人很难从财产外观中判断承租人为无权处分。要求查询财产登记的目的是令相对人可以便捷地查知财产的权属状态，杜绝无权处分的出现，充分保护出租人，进而促进融资租赁业的健康发展。

信托关系与融资租赁不同，受托人对信托财产的处分，只要符合信托目的，都是有权处分。受益人和委托人只有在受托人违反信托合同约定之信托目的的情况下才能行使撤销权。①一般情况下，如果信托财产

---

① 《信托法》第 22 条：受托人违反信托目的处分信托财产或者因违背职责、处理信托事务不当导致信托财产受到损失的，委托人有权申请人民法院撤销该处分行为。

的转让、设定担保能从第三人处取得对价，就发生了信托财产的代位，不致损害信托当事人的利益，因而第三人是否查询信托财产的登记并无实质影响。至于未支付对价而取得信托财产者，则本身不符合善意取得之构成要件。查询信托财产登记的意义在于提示第三人可能出现的风险，但这种风险一般不在于受托人财产处分权的缺失，需要考量的重点是财产处分是否违反信托之目的。如果信托合同对受托人之管理处分权有所限制，还需要考察受托人是否越权。这些因素均体现在中信登开展的另一项业务——信托产品登记之中。因此，第三人的"善意"不仅体现在对信托财产的查询，还要辅之对信托产品登记中信托目的、受托权限的查询，两者结合方能认定。

三、新型财产权利能否登记成为信托财产

近年来随着金融创新的深化，许多非典型财产权利如一些资产的收益权被作为信托财产，创设出新型的金融产品。围绕此类财产是否适格，始终有不同的观点，例如股东身份形成的财产收益权能否设立信托，就存在激烈的争论。当事人申请将此类财产(权利)登记为信托财产，并纳入产品登记的相关记载时，中信登是否应当接受并配合办理登记，登记后将形成何种法律效果或登记责任呢?

(一) 非典型的权利类型是否属于适格的信托财产

目前，学界对此问题存在争议。"否定说"的学者认为，例如资产收益权这样的新型权利不满足作为信托财产所应该具备的确定性和可转让性。①资产收益权是将来债权，是一项不确定的财产权利，其最终能否产生收益存在着一定的或然性，并不能达到信托财产确定性的标准。鉴于我国信用制度不健全，不确定性也导致其进行流通和转让存在极大

---

① 高凌云：《收益权信托之合法性分析——兼析我国首例信托诉讼判决之得失》，载《法学》2015 年第 7 期。

困难，不利于维护市场交易安全。"肯定说"的学者认为资产收益权可以成为适格信托财产的理由在于：当资产收益权这种"将来债权"转化为"现实债权"时，其可以依据金钱计算确定价值并实现债权转让从而满足确定性和可转让性。[①]在信托合同签订之时，债权尚未产生，因此不会发生任何转让效果，委托人在继续管控基础资产的前提下，通过与第三人签署合同方式产生现实债权(包括未到期债权)，该债权才即刻发生债权转让的法律效果，且效力回溯至信托合同签订之时。也就是说，将来债权的转移与信托合同的签订是分离的。虽然，各国对"将来债权"能否作为信托财产还存在一定的争议，但是肯定说正逐步占据上风。

(二) 区分看待登记的开展与登记内容的合法性

中信登的登记业务具有多方面的重要功能，除了为市场提供信息公示的服务之外，还为监管明确了对象，为司法提供了具有较高公信力的证据。在开展登记业务的过程中，中信登的登记标准限于形式审查，即对申请人提供材料的真实性、全面性、完整性进行审查，就材料所证明之标的、权属的合法性，登记公司不宜也无权作出判定。

中信登在开展信托登记的业务时，如若只接受特定财产类型的信托登记，就存在需要制定"可被登记为信托财产"的标准问题。然而，关于信托财产的范围，信托法没有明确规定，也并不局限于物权法意义上的"财产"。非典型的权利类型是否符合确定性要求、是否能作为适格的信托财产，理论界和实务界莫衷一是，法律也未曾明文禁止。中信登作为一个基础设施平台，并没有义务来制定一个具体标准用以区分"可被登记"的财产类型和"不可登记"的财产类型。如果形成了这样一个标准，反而容易产生误解：中信登接受信托登记的财产即为适格的信托财产。如此一来，一方面可能会引导信托公司有倾向性地开发特定信托产品，由此造成一些可行的创新被埋没；另一方面也可能会给司法实践带来一定的困扰，比如法院在认定信托财产是否适格时可否参照登记公

---

① 董庶：《试论信托财产的确定》，载《法官说法》2014年第4期。

司制定的标准。

因此，中信登作为提供基础信息服务的平台，对申请登记的财产类型应一概接受，并给予登记，但登记完成与否同信托财产是否符合法律之要求是两个不同的问题，不可混为一谈。

（三）接受争议对象的登记有利于行政监管与市场公示

拒绝争议对象的登记，也不利于行政监管和市场公示功能的发挥，应鼓励中信登接受所有符合登记之形式要件的登记申请。当事人诉请法院确认涉及争议内容的信托登记无效的，法院不应支持。

有学者指出，将这类非典型的权利类型设立信托是一种担保贷款的同质安排，如安信信托诉昆山纯高案中存在的"阴阳合同"现象，就是为了绕过银监会的监管达到发放贷款的目的。[①]如果根据原银监会的《信托登记管理办法》第3条，"信托机构开展信托业务，应当办理信托登记"，中信登接受此类信托财产的登记就能将信托机构开展的与"担保贷款"具有同质化嫌疑的业务一并纳入银监会监管的体系中来，对该类信托是否属于担保贷款进行事前、事中的监管，以避免信托机构借信托之名实施监管套利。

收益权这类非典型财产权利的信托登记同时也有助于风险防控。在收益权信托中，由于委托人能处分基础资产，这类信托的受托人往往面临基础资产不受自己控制带来的风险。目前实务中常见的风险规避方式是在基础资产上再设置抵押或质押措施，以控制委托人对基础资产的转移行为，这需要耗费较高的交易成本。如将争议对象的登记纳入信托财产登记体系中，将更有利于中信登发挥市场公示功能。当然，这里也需要中信登将可查询信托登记的主体范围放宽至所有与信托财产及其基础资产有利害关系的当事人。

（四）中信登承担责任的限度

虽然，信托财产登记(包括后文所要论述的产品登记、受益权登记)

---

① 高凌云：《收益权信托之合法性分析——兼析我国首例信托诉讼判决之得失》，载《法学》2015年第7期。

对司法裁判形成重要的影响，但这种影响主要表现为"信息记录"意义上的证明力，在没有相反的证据使法院可以直接认定信托的重要事实，或者由法院结合其他证据综合采信登记所记载的内容。中信登的法律地位属金融基础设施，业务流程中承担的是形式审查责任，即对登记申请人的身份信息以及申请登记的相关信息的真实性、全面性、完整性做形式上的审查。故而，除非存在登记内容与申请文件不符等登记错误，或者登记审查程序有瑕疵，中信登不对因信托登记信息而引起的法律后果负责，当事人请求中信登承担相应法律责任的，法院不应支持。

中信登的责任限定是基于其法律地位而形成的，即便未对当事人作出及时的免责提示，亦无需因此担责。当事人因中信登未对相关风险及其自身的免责事项进行提示，请求中信登承担未尽职之法律责任的，法院不应予以支持。

第三章　信托登记公司之产品登记的疑难问题

信托产品登记指的是记录产品成立时的初始登记、存续管理期间的变更登记及信托产品到期时的注销登记等，涵盖项目成立到清算的全过程。登记的要素包括产品登记信息、产品发行信息、产品管理信息和产品托管信息等。《信托登记管理办法》第9条明确，信托登记信息包括信托产品名称、类别、目的、期限、当事人、财产、利益分配等信托产品及其受益权信息和变动情况。

一、产品登记的实践价值

境外的信托登记以财产登记作为核心，产品登记并不是普遍的做法。由于我国的信托财产登记存在缺陷，实践中通过产品登记间接实现部分财产登记的功能不失为一条"曲线救国"之路。

（一）通过产品登记确认信托财产范围

目前我国信托财产登记面临"有法可依，无处操作"的困境，各法定登记机关均无"信托"的财产登记类别，致使信托财产的识别发生困难，并妨碍了信托财产独立性的实现。通过建立全国统一的信托登记机构，开展"全流程"产品登记，包括对信托财产的每次变化情况、资金信托的开立账户情况、信托目的、处分权限等信息进行统一登记。通过信托产品登记机构与相关财产的法定登记机构实行信息共享，令利益相关人或执行机关在进行查询时都可获知该项财产的信托属性，从而间接缓和强效力的信托财产登记无法实施带来的实践困境，实现信托财产的风险隔离。

（二）通过产品登记确认责任范围

信托产品在我国法律上并无主体资格，有权属登记的信托财产只能登记于信托公司名下，货币财产只能存入信托公司账户。例如，股权被信托给信托公司，登记于其名下，但股权尚未完全出资到位，进而致使公司债权人无法受偿，债权人请求作为登记股东的信托公司承担连带责任，信托公司可以产品登记中的当事人信息证明自己的受托人身份，主张不以固有财产承担信托责任。再如，信托公司的债权人申请执行信托公司账户内的资金，即便信托产品的资金账户是独立的，但从外观上看仍属信托公司之财产，信托公司可以产品登记中的账户信息来证明此笔款项的信托财产属性，非该项信托财产债权人无权追索。

（三）通过产品登记公示受托权限

如前所述，鉴于受托人享有信托财产的处分权，主动查询了信托财产登记的第三人尚不能直接构成"善意"，还应结合产品登记中记载的信托目的、处分权限，审查受托人是否有违信托目的、超越权限。在此基础上，第三人对登记事项有了充分的了解，其已经能充分判断交易行为的风险程度，从而作出决策。因此，通过产品登记公示受托权限，可以有效隔离第三人的交易风险。

(四) 产品登记与财产登记的联动

根据原银监会的要求，信托财产形式每次发生变化的情况都需要纳入产品登记。特别需要注意的是，进行动态登记的不限于中信登有权开展初始财产登记的"其他财产"，也包括"法定登记"的财产类型。这些财产在当前的登记体系下可能无法开展初始登记，但却被信托机构登记于产品信息中。在取得信托业广泛支持的情况下，中信登应建议银保监会推进产品登记信息与相关财产的法定登记机构实现信息共享，法定登记机构在信托产品所涉财产的记载内容后进行"信托"标注，令利益相关人或执行机关在进行查询时都能获知该项财产的信托属性。

二、产品登记在实践中的创造性运用

(一) 集合资金信托计划存在的现实问题

根据《信托公司集合资金信托计划管理办法》第一章第2条规定，集合资金信托计划，是指由信托公司担任受托人，按照委托人的意愿，为受益人的利益，将两个以上(含两个)委托人交付的资金进行集中管理、运用或处分的资金信托业务活动。这是一种典型的商事信托，与美国的"business trust"功能类似。在美国，business trust 含义非常有限，仅仅指的是利用信托形式，代表投资人经营事业，投资人成为信托的受益人，投资人的受益权通常可以转让，投资人也有权利选举受托人。在美国，business trust 以商业团体的形式来运作，将信托原理运用于一种美国式的特殊企业形态，并以此从事信托投资业务。

在我国，集合资金信托计划按照信托原理运作，并不具有主体资格，为实现集合资金信托设立的财产管理、收益的功能，法律设计一系列的制度要求，但在实践中仍然存在许多不便，使得受益人的权益受到不安全因素的威胁。

1. 信托财产在外观上归属信托公司，信托财产的独立性不完整

委托人将投资的资金交给受托人，由受托人进行信托财产的管理、运用，这部分资金应该独立于受托公司的自有资金，并独立于其他信托计划的资金。为确保信托财产形式上的独立性，《信托公司集合资金信托计划管理办法》规定"信托计划成立后，信托公司应当将信托计划存入信托财产专户"，并且"信托计划存续期间，信托公司应当选择经营稳健的商业银行担任保管人，信托财产的保管账户和信托财产专户应为同一账户"。这种"信托财产专户+保管银行"的规定看似将信托计划的资金与信托公司的自有资金以及其他计划的资金区分开来，但是，却因为在实践中该信托专户的开户人实为"信托公司"，导致在权利外观上该账户和信托公司的自有资金账户根本无法区分。一旦信托公司破产或被债权人申请强制执行，登记于信托公司名下的信托财产很难一时被区分出来，一旦被执行，将会给信托公司带来很大不便，受益人的权益也时刻处于不安全因素的包围之中。

2. 管理信托财产的有权主体为信托公司，信托计划管理人的权能受限

《信托公司集合资金信托计划管理办法》规定"信托公司管理信托计划，应设立为信托计划服务的信托资金运用、信息处理等部门，并指定信托经理及其相关的工作人员"并且"每个信托计划至少配备一名信托经理。担任信托经理的人员，应当符合中国银行业监督管理委员会规定的条件"。

由于信托公司设立的信托计划数量众多，信托公司作为受托人无法做到对每个信托计划都"亲力亲为"，所以实践中每个信托计划的实际管理人为信托经理及其相关的工作人员。信托公司是以经营信托为业的法人，通过与委托人签订信托投资合同等一系列法律行为，作为信托关系一方当事人而存在；而信托计划管理人是信托公司的职员，从事信托计划的实际管理处分行为，是信托计划的实际运作人。这是作为受托人的信托公司以法人主体经营信托营业两个方面，外部为与委托人(受益

人)之间的信托合同关系，内部为与职员的雇佣关系。

而信托计划实践中，信托计划管理人是否具有管理、处分信托财产的权能呢? 信托计划管理人以信托公司名义管理、处分信托财产，又会造成哪些代理成本? 实际上，因为信托公司是信托计划的受托人，因此信托财产全部登记于信托公司名下，当信托计划管理人管理处分信托财产时，是基于受托人的授权，以信托公司的名义处分信托财产。但是因为实际中信托法律关系与相关行政管理关系衔接存在不畅，会发生很多不必要的代理成本。比如，信托公司运用资金进行股权投资，在工商部门登记，股东登记为信托公司。当信托计划管理人欲转让该股权时，根据工商部门的要求，必须持有信托公司股东会同意对这部分股权进行转让的股东会决议。这是极其不合理的，首先，处分该项股权的决议并不是由信托公司的股东会作出的，对该信托财产享有处分权在信托法律关系来看是信托公司，在信托公司自身来看，管理、处分信托财产是信托公司的主营业务，作为信托公司的雇员的信托计划管理人，是该项处分决定的实际作出者。其次，如果每次股权变更，信托公司都要召开股东会作出决议，殊不论这种要求会给股东造成多大的时间成本浪费，更会丧失信托公司作为专业财产管理机构的效率性、有效性。

3. 信托计划缺乏主体地位，财产风险自担难有说服力

《信托公司集合资金信托计划管理办法》规定了信托公司管理处分信托财产形成风险时的责任承担规则:"信托公司根据信托合同约定管理信托财产所产生的风险，由信托财产承担。信托公司因违背本信托合同、处理信托事务不当而造成信托财产损失的，由信托公司以固有财产赔偿;不足赔偿时，由投资者自担。"由此确定信托公司处分信托财产对财产造成减损的，只要不是信托公司违背信托目的为之，风险责任全部由"信托财产自担"，只有在信托公司违背信托合同、处理信托事务不当造成信托财产损失的时候，赔偿责任才会归责于信托公司。这种风险承担方式实质将这一部分信托财产为特定目的独立出来，区分于任何一个法律主体，而以自身具有的财产价值享有权利能力。这种不依附于

任何一个法律主体承担责任的方式实际上超越了财产权或归属于自然人或归属于法人的方式，而与财团法人的本质相近。

赋予以集合资金信托计划为代表的信托产品一定的主体地位，包括但不限于独立作出投资行为的决策能力与交易能力、充当诉讼当事人的程序主体地位等，不仅是一种理论需求，更是一种急迫的实践需求。藉由信托产品登记，信托计划有可能被界定为《民法总则》中允许设立的"其他组织"，进而获得相应的主体地位。

（二）通过产品登记确立信托计划作为"其他组织"的主体地位

1. "其他组织"的概念

《民法总则》将非法人组织定义为不具有法人资格，但是能够依法以自己的名义从事民事活动的组织，包括个人独资企业、合伙企业、不具有法人资格的专业服务机构等。①除了在设立时有登记要求外，几乎再无相关定义的描述。除了《民法总则》，我国《民事诉讼法》则将其他组织作为与自然人、法人并列的民事主体赋予其民事诉讼当事人的资格，且由主要负责人进行诉讼。②《民法总则》中的"非法人组织"与《民事诉讼法》中的"其他组织"，均未对此概念作说明，目前为止，其他组织(或称非法人组织)的定义依旧模糊。

《最高人民法院关于适用〈中华人民共和国民事诉讼法〉若干问题的意见》(以下简称民诉意见)中明确了其他组织的范围，包括：(1)依法登记领取营业执照的私营独资企业、合伙组织；(2)依法登记领取营业执照的合伙型联营企业；(3)依法登记领取我国营业执照的中外合作经营企业、外资企业；(4)经民政部门核准登记领取社会团体登记证的社会团体；(5)法人依法设立并领取营业执照的分支机构；(6)中国人民银行、各专业银行设在各地的分支机构；(7)中国人民保险公司设在各地的分支机

---

① 根据《民法总则》第 102 条非法人组织是不具有法人资格，但是能够依法以自己的名义从事民事活动的组织。非法人组织包括个人独资企业、合伙企业、不具有法人资格的专业服务机构等。

② 《民事诉讼法》第 48 条：公民、法人和其他组织可以作为民事诉讼的当事人。法人由其法定代表人进行诉讼。其他组织由其主要负责人进行诉讼。

构；(8)经核准登记领取营业执照的乡镇、街道、村办企业；(9)符合本条规定条件的其他组织。

据此，其他组织普遍具有如下特征：其一，合法成立。"其他组织"必须是根据法律规定的程序和条件成立，法律予以认可的组织。其二，具有一定的组织机构，即有能够保证该组织正常活动的机构设置，比如，有自己的名称、经营场所，有自己的负责人、职能部门、工作人员等。其三，有一定的财产。"其他组织"必须具有能够单独支配，与其经营规模和业务活动的内容、范围相适应的财产。其四，不具有法人资格，在法律上没有取得人格地位。"其他组织"不具有法人资格的一个重要原因是不能以自己的财产独立承担责任。不能独立承担民事责任，是指"其他组织"承担的民事责任并不以其所有的财产为限；当其财产不能承担责任时，应由对其负责的公民或法人来承担。

2. 通过产品登记将集合信托计划界定为"其他组织"

据此，其他主体必须符合下列要件才有被界定为法律范围内的"其他组织"的可能性：其一，有设立的目的。营利性或非营利性的目的都可以。其二，有自己的名称。非法人组织应当有自己的名称并且以组织的名义对外进行民事活动。其三，须有自己能支配的财产或经费。这是组织发展的物质基础。其四，有代表人或是管理人。代表人或是管理人对外代表非法人组织进行民事行为。

集合资金信托计划因为特定的目的而设，由受托人为了受益人的利益而管理信托财产，委托人委托给受托人的财产都由信托计划管理人管理和处分。每家信托公司在发行信托产品时都需要在中信登预登记，并取得唯一产品编码。信托计划管理人实际管理过程中，亦是以信托计划名义。可以说，信托计划符合非法人组织的四项组成要件，完全可以作为民诉意见中的兜底条款所囊括的符合规定的其他组织。

信托计划满足成为其他组织的各项实质条件，又通过信托产品登记实现主体信息对外公示要求。信托计划被归类为"其他组织"后，可减少信托计划实际运作中不必要的成本。如股权信托中，信托计划持股变更可免除信托公司股东会决议的成本，而由信托计划自身作为受托股权的所有权人，将股权登记在信托计划名下，免除信托公司的不必要的决议成本。

第四章　信托登记公司之受益权登记的疑难问题

一、受益权的性质及登记效力

（一）信托受益权的性质

信托受益权是指信托受益人以持有的信托文件为基础，享有请求受托人支付信托利益的权利。其内涵有狭义与广义两种，狭义的信托受益权仅指请求受托人支付信托利益的财产性权利，而财产性权利正是信托受益权的核心权利；广义的信托受益权除了财产性权利外，还包括一系列辅助财产性权利得以实现的非财产性权利，如知情权、调整信托财产管理方法权、信托财产的追及权利、受托人的解任权、撤销权。正因为受益权的涵义有狭义、广义之分，所以学界对于受益权的性质也有争议。一种观点主张信托受益权为"债权"，认为受益权就是受益人依信托合同享有的对受托人的信托利益请求权(即财产性权利)；而主张信托受益权为"物权"的学说试图将受益人的全部权益囊括在一个权利范围内，所以，这个权利既包括对作为债权性质的信托利益请求权，又包括对信托财产的追及权等权利，不是一般的债权所能概括的。虽然受益权性质的争议另有"复合型权利""新型权利"等综合性观点，但无非是将"债权"与"物权"二者的特征做了整合总结，在此不做赘述。

在 2014 年上海市浦东新区人民政府、中国(上海)自由贸易试验区管理委员会颁布实施的《信托登记试行办法》中定义的信托受益权是

"信托受益人根据相关法律法规和信托文件规定获取信托利益的权利"。可见在信托受益权登记的实践过程中，倾向于将受益权限定为财产性的权利，故本文在讨论信托受益权登记问题时仅围绕财产性权利展开。

（二）信托受益权登记的效力

1. 受益权登记的应然效力

受益权登记的效力能否从公示力上升到公信力，也就是交易相对人能否依据中信登的登记情况而产生信赖利益？对于我国而言，信托受益权登记制度的效力采登记对抗主义是实现迅捷交易，激活信托受益权交易市场的最佳选择。这也是目前两大法系对于信托受益权救济的主流观点。其实在追求迅捷与便利的同时，只要保证第三人的合法权益，就可以大大减少对于登记对抗效力的反对与质疑。在受益权登记过程中，可能会受到影响的就是受托人。对于受托人而言，其义务限于依照中信登的受益人信息向其支付信托利益。即便登记的受益人与真实权利人不一致，真实权利人也只需依据合同文件向其交易相对人请求信托利益即可，因为受益权只在原受益人与新受益人之间达成了变更，未经登记的受益权人无法对抗按要求履行义务的受托人。这也督促了受益权交易的双方及时办理受益权变更登记。

此外，根据原银监会颁行的《信托登记管理办法》中的规定，信托登记公司仅作形式审查，不做实质判断。在形式审查的模式下，也不宜苛求信托受益权登记采生效主义，这会带来大量虚假登记，极大损害交易安全。

2. 受益权登记的实然效力

对受益权性质究竟是"债权"还是"物权"的认定，会影响到权属登记的效力是对抗还是生效，但其前提是该种登记是法律规定必须进行的，非法定登记无法赋予这样的效果。就目前的法律规定来说，并没有明确受益权登记的法定性，所以在法律缺失的现实情况下也无法确定其法定效力。

中信登对受益权进行登记这一行为本身具有公示力，虽然目前这一公示力实际上只有一个简单的确权功能：向社会宣示目前信托受益权的归属状态。确权功能也是产品登记所希望达到的功能之一。建立全国统一的信托受益权登记平台，基于登记平台的公示力，受益权权属状态能得以完整清晰地呈现，交易相对人得依此种信息与受益权人展开交易。所以总的来说，受益权登记主要起的还是一个发挥公示力，信息披露的作用。

受益权登记对委托人、受益权人、受托人和交易相对人四方都有重要的意义。作为投资人的委托人，受益权登记的信息披露功能有利于维护他的知情权，在信托公司履行了告知义务的情况下，投资者需要买者自负，这有利于解决刚性兑付的问题。而相反，如果信托公司没有尽责，那么受益权登记就有利于投资者维权举证，维护自己的利益；对受益权人而言，这可以作为权属证明之一获得信托利益或是展开交易；对于受托人而言，可以依据登记的公示力获知信托受益权的权属状态，并以此状态获得信赖保护。无论登记信息正确还是错误，作为受托人只要基于信托登记内容确定受益人从而向其交付信托利益，履行自己的义务即可；而从交易相对人的角度，受益权登记的公示力使得受益权权属状态得以完整清晰地呈现，交易相对人得依此信息与受益人进行交易。信托公司作为全国统一的登记平台，赋予了交易相对人一定的信赖利益保护，免除交易人的后顾之忧。

可见，信托受益权登记的价值在于确认信托受益人的权利，同时可促进信托受益权的流动性安排。长期以来，信托资产由于流动性差，资金不能及时变现，对于投资者的吸引力不够，通过全国性统一信托登记公司的受益权登记推动实现信托资产受益权转让，增加了信托资产的流动性，有助于盘活信托资产存量，为信托转让提供途径，也是打破信托刚性兑付的途径。此外，对于市场而言，依据信托受益权的登记信息，可以降低信托受益权流转的信息沟通成本。

二、受益权转让的登记

（一）信托受益权流转现状

中国信托业协会数据显示，截至 2017 年第一季度末，中国信托资产规模已经接近 22 万亿元，从规模上稳居第二大金融子行业的地位。与其他金融领域产品相比，信托产品的流动性较差，成为制约其发展的桎梏。股票、债券、封闭式基金可以在上海和深圳证券交易所挂牌交易、开放式基金可以通过银行、券商的网点办理购买和赎回，银行的理财产品一般周期较短，也拥有较好的流动性。与其他金融产品相比，信托产品缺乏统一的二级市场。

为满足受益权流转的需要，现实中有金融交易所充当信息中介，转让方与受让方通过面谈，并到信托公司完成受益权变更登记来完成转让。或信托公司开展业务创新，采取"买入返售"模式，即受益人将受益权质押给信托公司进行融资，到期后偿还融资本金利益并"回购"部分信托受益权。如华宝信托 2014 年流通宝累计完成的信托受益权转让融通业务量累计超过 1 亿元。

而由于信托受益权自身性质不明、受益权登记法规阙如、受益权质押法定性未知，信托受益权流转效力多有纠纷。

（二）关于受益权转让效力的争议

目前，受益权转让多有纠纷的关键问题在于对受益权性质存在争议，与此同时，《信托法》对受益权转让效力也未有规定。受益权的性质，既有请求受托人为或不为特定行为的债权性质，也有类似物权的优先效力、追及效力以及对第三人的返还请求权、赔偿请求权等物权性质。债权转让中采取的是通知制度，不通知对债务人不生效，而物权的转让则以交付或登记为公示手段。对信托受益权性质的认定影响了信托受益权的转让程序的适用。

我国《信托法》规定信托设立采登记生效模式之后，对信托设立登记的机构、具体方式一直没有具体规定，相应地，信托受益权的登记一直处于空白状态。所以，关于受益权性质学说的争议与法律的模糊导致我国关于信托受益权转让的效力一直存在争议。如中融信托诉易融公司信托受益权转让纠纷一案，①签订《信托转让协议》的受让人起诉至法院请求确认该协议的效力并已取得信托受益权。

（三）受益权转让的"债权"模式及其登记

1.《信托法》受益权转让条款旨在突出受益权的债权属性

《信托法》第47、48条中关于信托受益权转让的规定为"受益人不能清偿到期债务的，其信托受益权可以用于清偿债务，但法律、行政法规以及信托文件有限制性规定的除外"，"受益人的信托受益权可以依法转让和继承，但信托文件有限制性规定的除外"。从法律条文的目的解释出发，规定信托受益权可以依当事人意思自由转让，看重的是信托受益权中包含的获取财产性利益的请求权，可以满足债权清偿的需要。债权人受让受益权的目的并不是希望以此获取受益权中对受托人的监督权和对信托财产的追及权，而是希望可以按照信托文件的规定获得稳定的收益。而对信托受益权的该项期待正是切合信托受益权的债权属性。

2. 大陆法系国家和地区受益权转让效力模式皆采"债权"模式

日本信托法规定，若信托受益权转让时没有通知债务人或征得其同意，则受让人不得向受托人主张权利。受托人在未获得通知或者同意之前，让与人可以发生的事由对抗受让人。并在2006年新修订的《日本信托法》第2条第7款规定确定了信托受益权的定义：信托受益权是指在受托人对受益人承担债务之情况下，由受益人享有的关于信托财产的转移以及与信托财产相关的利益分配的债权，以及为确保这一债权而要求受托人及其他人为或不为一定行为之权利。

---

① 中融信托诉易融公司信托受益权转让纠纷案，中融信托与般诺公司向上海市第一中级人民法院起诉请求确认《信托受益权转让协议》有效，确认般诺公司自受托人确认该转让协议次日起取得信托受益权。

我国台湾地区信托法实践在涉及受益权转让时，无需受托人同意，只需受益人通知受托人，不通知受托人不生效力。受托人错交信托利益同样可主张交付完成，免除交付错误责任。同时，台湾地区"信托业法"第 20 条规定，"民法第 229 条之规定，于受益权之让与，准用之"。而台湾地区"民法典"第 229 条是规范债权让与的法律规则。

大陆法系国家和地区多采取信托受益权转让的"通知"制度，采受益权的债权属性，适用债权让与的规则。

3. 受益权转让统一登记，增强外部交易信息的公示力

若采取信托受益权的债权属性，那么受益权转让即以通知受托人时生效。对保护受托人信赖利益的法律效果而言，登记制度与通知制度实际上具有一致的法律效果。但是，在实践中，如果信托受益权人违背之前所做的转让协议，将信托受益权多次转让，即信托受益权人在与受让人完成交易资金划转，并按照信托文件规定在受托人处办理受益权转让备案之后，由于该受托人处的备案信息并不具有公示效力，并且，并不是每个交易的受让人都有查询受托人备案的义务。如果此时，原受益权人又以之前的投资人名册、与受托人之间的信托合同为依据，再次将受益权转让至第二人，因为债权的平等性并不对之前的交易关系予以保护。受托人处的转让备案信息并不具有优先于投资人名册或投资合同的效力。由此，进行信托受益权的统一登记，并由具有信托业中立机构的第三方进行受益权转让的统一登记，可在一定程度上化解此种纠纷。

信托公司对受益权转让负有在中信登变更登记的法定义务，由此信托受益权登记可在受益权设立、变更信息范围方面实现全覆盖，为受益权受让人提供了信息查询的平台。在完成受益权交易之前，受益权的意向受让人根据中信登公布的受益权登记信息，可以确定该受益权是否实质归属。对外部交易第三人来说，作为履行信托登记职能的第三方中介机构，其信息准确性、完整性、公示性应在效力上强于信托受益人持有的信托合同，可在信托交易中平衡受让人的信息不对称地位。

三、受益权质押的登记

（一）对信托受益权质押合法性的质疑

1. 物权法定传统下，未有法律明确规定受益权可出质

信托受益权是否属于可质押的权利，《物权法》和《担保法》在所列举的权利类型中都未包含信托受益权，但均设置了一条兜底性条款，即《物权法》第 223 条第 7 款"法律、行政法规规定可以出质的其他财产权利"和《担保法》第 75 条第 4 款"依法可以质押的其他权利"。而作为规定信托受益权最主要的《信托法》却未对受益权是否可质押作出规定。虽有第 48 条规定信托受益权可依法转让，但转让与质押并不属同一概念。关于信托受益权是否可以出质，未有一部法律予以明示。

2. 信托受益权质押的生效存在不确定性

根据《物权法》规定，权利质权的设立模式分为两种，即交付生效模式和登记生效模式。对于有权利凭证的财产性权利，采用订立书面质押合同和交付权利凭证的方式；对于没有权利凭证的财产性权利，采取订立书面质押合同和出质登记的方式。而信托文件能否被视为权利凭证无从得知，信托公司对信托受益权质押登记是否具有公示的法律效力也存在争议，从这个角度来讲，信托受益权质押似乎既无法交付凭证也找不到进行质押登记的有关部门，所以，从质权设立上来看，信托受益权质押的生效仍然存在很大的不确定性。

3. 司法裁判中认定标准不一，裁判依据不足

基于上述原因，由于目前相关担保及信托法律、法规缺少关于信托受益权质押的实体性和程序性规定，没有法定的办理质押登记的机构，无法交付权利凭证，也无法定账簿可以记载出质情况，信托受益权难以对外有效公示，质押合同难以生效并对抗第三人。即便受益人将信托受益权凭证交付给质权人，人民法院仍有可能基于物权法定原则，以法无

表 3　权利质权设立方式

法律条文	权利名称	质权设立方式	质权设立模式
《物权法》第 224 条	汇票、支票、本票、债券、存款单、仓单、提单	权利凭证交付质权人，没有权利凭证的，质权自有关部门办理出质登记时设立	交付生效/登记生效
《物权法》第 226 条	基金份额、股权(已在证券登记结算机构登记)	自证券登记结算机构办理出质登记时设立	登记生效
	其他股权(未在证券登记结算机构登记)	自工商行政管理部门办理出质登记时设立	登记生效
《物权法》第 228 条	应收账款	自信贷征信机构办理出质登记时设立	登记生效

明文规定为由，对信托受益权质押的效力作出否定性评价。在信托公司为信托受益权办理了质押登记的情况下，同样存在人民法院基于相同理由，将信托受益权的质押认定为不生效乃至无效的可能性。

(二) 信托受益权质押的可行性分析

1. 信托受益权具有可质押性

之所以认为信托受益权具有可质押性，一是该权利为私法上的财产权，我国《信托法》第 2 条规定信托设立的目的须为受益人的目的或者特定目的，受益权是具有财产性的权利毋庸置疑；二是该权利为可让与的财产权。我国《信托法》第 46、47、48 条明确规定了信托受益权可以放弃、偿还债务并可以依法转让或继承。信托受益权具有可转让性；三是该权利为有权利凭证或特定机构管理的财产权。

目前，信托受益权没有权利凭证或登记制度的规定。但实务中，出于对信托产品管理之需要，信托产品均包含相应信托文件，如信托合同、集合资金信托计划说明书等，均有关于信托受益权转让、继承、赠与等的登记管理条款，而信托文件是委托人、受托人的真实意思表示，并均需按照法律法规规定在银保监会进行统一备案，合法有效。虽然信托受益权质押在信托公司进行备案登记无法作为法定公示之机构，质押的法定公示力尚存疑问。但若增加法定的登记机构取代作为受托人的信托公司对其进行登记肯定使受益权质押更具合法性。

2. 同为信托架构之证券投资基金份额为法定可质押权利

证券投资基金是《物权法》相比《担保法》新增的可质押的法定权利类型。我国《证券投资基金法》第 2 条规定"在中华人民共和国境内，通过公开发售基金份额募集证券投资基金(以下简称基金)，由基金管理人管理，基金托管人托管，为基金份额持有人的利益，以资产组合方式进行证券投资活动，适用本法；本法未规定的，适用《中华人民共和国信托法》、《中华人民共和国证券法》和其他有关法律、行政法规的规定"。

可见，《证券投资基金法》架构在《信托法》之上，基金的法律关系本质上为信托，投资基金份额本质上是一种信托受益权，是一类信托的标准化产品。《物权法》将之纳入可法定质押的权利类型，也可辅助证明信托受益权的可质押性。

3. 司法裁判有认定受益权质押有效性之倾向

信托受益权质押是出于现实中信托受益人对信托受益权流转之需要，如前所述，我国信托受益权流转并没有统一的二级市场，信托受益权质押可以提高产品流动性，从已经开展的质押实务角度分析，为信托受益人、商业银行、信托公司等主体增加了新的融资途径和业务类型，有助于盘活融存量。

而且，在现实司法裁判中，信托受益权质押的效力也成为法院裁判的焦点，各地法院都有认定受益权质押生效的倾向，虽然在裁判依据上往往有不足以令人信服之处，但也是出于考量现实交易的实质公平性而作出的无奈之举。

表 4　信托受益权质押相关案例

案　号	审理法院	有关信托受益权质押争议	法院裁判理由
(2015) 浙杭商终字第 845 号	杭州市中级人民法院	王某拖欠何某借款未还，双方签订《欠款偿还协议》，第三人陆某在未告知其妻吴某意见的情况下，将其与吴某共同财产购买的某集合资金信托计划的信托份额提供质押担保，签订《信托权质押协议》，吴某得知后，向法院起诉，要求确认该《信托权质押协议》无效，理由为《物权法》第 223 条未规定信托权可以出质。	1.《物权法》第 223 条第 7 项规定法律、行政法规规定可以出质的其他财产权可以出质。而《信托法》第 47 条、第 48 条规定受益人不能清偿到期债务的，其信托受益权可以用于清偿债务，信托受益权可以依法转让和继承。 2. 且"物权行为与债权行为应予以区分，合同的效力与合同设定的质押是否有效、能否履行并非同一概念"。因此认定《信托权质押协议》是有效的。
(2015) 浙温商终字第 803 号	温州市中级人民法院	某公司向华夏银行温州分行申请贷款，并以持有的信托计划项下的信托受益权提供质押担保，将信托受益权凭证原件提交给华夏银行温州分行，但未办理质押登记，借款到期后未能还款，华夏银行温州分行起诉并主张对信托受益权享有优先受偿权。	根据《物权法》、《担保法》规定，对于信托受益权并不要求办理登记手续，故该受益权质押自交付相关凭证时生效。

（三）信托受益权质押登记规则的完善

1. 确立中信登为受益权质押的登记机构

信托受益权质押登记是设立在信托受益权上的权利负担，信托受益权既然有了统一的登记平台，那么信托受益权质押也仅需在此基础上建立即可，这样既减少了资源的浪费，避免重复登记、登记不一致带来的问题，又使得整个信托登记机构作为一个有机整体更规范、更全面地运行。

应收账款作为法定的可出质的权利，最关键的保障是构建了统一的登记制度，使得应收账款质押拥有法定的登记平台，可以为利害关系人提供标的应收账款的信息查询，从一定程度上完成质权设立的公示。

2015 年公布的《信托公司条例》(征求意见稿)中允许信托公司办理信托受益权质押登记，而 2017 年公布的《信托登记管理办法》指定中国信托登记有限责任公司作为办理信托登记的职权机构。

虽然这两部规范性文件在效力层级上无法解决严格的物权方原则给信托受益权质押法律实务造成的困扰，但是建立全国统一的信托登记制度可以在很大程度上解决信托受益权质押的问题，包括质权设立时的公示、质权实现时的转让等，同时可以保护善意第三人的合法权益，确保交易安全。

2. 信托受益权质押应采登记生效主义

在我国，权利质押的生效要件分为两种：一种是权利凭证交付，另一种是质权登记。信托受益权既然属于权利的一种，无外乎也采用这两种质押的生效方式。以下分别来分析对于信托受益权质押登记的两种生效要件的可行性。

若信托受益权质押登记采取权利凭证交付为其生效要件，那么就不得不追问信托受益权是否存在权利凭证？权利凭证为何？我国《信托法》规定信托设立应采取书面形式，当事人之间会签订信托文件。信托文件可以作为信托受益人持有信托受益权的证明。但权利凭证是指以标准化或法定的方式，完整、明确和简洁地记载权利义务人、客体、期限等内容的独立契约，我国物权法明确规定的权利凭证有：汇票、支票、本票、债券、存款单、仓单、提单。信托文件既不在此列，同时又不符合权利凭证所要求高度的标准化与简洁化，故而并不适合作为权利凭证。此外，即便信托具备了权利凭证，但是根据《信托法》第 53 条及第 46 条规定，信托会因为许多理由而终止，质押权人仅凭一份质押凭证也无法知晓信托受益权的真实状态，在对真实信息不明朗的情况下即便交付了权利凭证也无法保障质押的安全。由此得出结论，第一种生效方式不适用于信托受益权质押。

那么信托受益权质押以质权登记为生效要件的可行性又如何？再细致一点探究，应采取登记生效主义还是登记对抗主义呢？根据《物权法》第224条至第228条，可见我国法律中对于权利质权的生效除了具备权利凭证的权利以交付为生效要件外，第223条中所列的其他所有权利出质均按照在登记机构登记时质押生效，可见对于法定的权利只有权利凭证交付与登记生效两种生效方式。对只能被囊括在兜底条款其他权利中的信托受益权的登记，也应该是采用登记生效这种质押生效方式了。至于信托受益权质押是否可采登记对抗主义？笔者认为不可。质权最重要的特征便是占有，既然无法通过交付来达到实际占有，那么至少要通过另一种方式表现出质权人对质押物的占有，目前便只有登记这种方法。通过在权威机关的质押登记，一方面可以保障质权人的合法占有状态，在债务人无法清偿债务时用登记的信托受益权进行清偿，同时也保障了善意第三人的查询途径，有利于提升其对信息的真实状况的掌握，避免纠纷的产生。因此，信托受益权登记应采取登记生效主义。

3. 现有法律环境下对中信登受益权质押登记的司法认可

《信托登记管理办法》第2条将中国信托登记有限责任公司的登记涵盖为"对信托机构的信托产品及其受益权的信息、国务院银行业监督管理机构规定的其他信息及其变动情况予以记录"。并在第3条规定"信托机构开展信托业务，应当办理信托登记"。从而规定了信托机构开展信托业务的强制登记的义务。信托受益权的信息及其变动情况属于信托登记机构的登记范围，但是信托受益人将受益权进行质押是否有义务进行登记却没有相关规定。信托受益权的质押登记效力并无法律规定的登记生效或登记对抗效力，但中国信托登记有限责任公司的登记信息公示效果仍应在司法裁判中发挥重要作用。

中信登对信托受益权的质押登记应作为受益权质押的一种信息公示手段，在发生受益权质押效力确认纠纷情形时，法院结合受益权质押合同等相关证据认定受益权质押的有效性具备正当性。以受益权在中信登进行质押登记已作相应的信息公示推定受益权质押已得到相关利益方许可，是一种基于信息充分了解前提下做出的自愿行为。司法裁判应该保障质押权人的合法的权利占有状态，保护质押权人基于信托受益权的优先受偿权。

结论　保障中国式信托登记的可行方向

自从《信托法》实施以来，信托登记始终是理论与实务界共同关注的一个重要问题，但彼时所谓之"信托登记"，主要是指信托财产的登记。随着《信托登记管理办法》的实施，中国式的信托登记实际上已经构成了一种信托财产、信托产品、信托受益权三者交织的模式，这种世界首创的体例会在实践中形成什么样的效果尚有待检验。但是，在全面研究各种登记问题之后，前瞻性地探讨保障中国式信托登记的可行方向，依然是十分必要的。

一、借助法律解释力图解决的问题

（一）准确理解信托财产登记的范围与效力

《信托法》第10条规定，对于法律、行政法规要求办理登记手续的信托财产，应当按照法律规定进行信托登记，之后信托方可成立。这种立法例与境外信托财产登记"对抗主义"的立场显然存在较大的差异。但是通过适当的解释，《信托法》第10条对信托业实践也不至形成很大的负面影响。

通过前文的论证，对该条规范至少应当得出如下三点解释：其一，采取信托财产登记"生效主义"的应属例外，对于绝大多数信托而言，财产登记并非强制要求；其二，"法律、行政法规要求办理登记手续"的财产，应限缩解释为因登记而发生物权变动效果的财产，登记形成其他效果的财产不在此列；其三，登记"生效主义"的信托财产需要完成的是区别于物权登记的信托登记，属于一种独立的登记类型。这样，可以在很大程度上消解强效力的登记"生效主义"对信托业发展的制约。

(二) 构建"先信托登记、后财产登记"联动登记模式

为了解决仅凭信托合同无法完成信托财产登记的问题，在不抵触现有财产登记体系的前提下，应当采取"先信托登记、后财产登记"的联动模式。虽然，中信登在当前并未被赋予开展"登记生效"的信托财产登记的权限，但在法理上并不存在障碍，有权机关如能将中信登解释为开展信托财产登记的职能机构，便可以设计如下的登记流程：信托当事人先凭信托合同、遗嘱或其他书面法律文件以及证明信托财产归属于委托人的文书，向中信登申请信托财产登记，信托财产登记完成后由中信登将登记信息推送给相关的物权登记机构，当事人持信托登记证书可以直接将信托财产变更登记至受托人名下，并标注"信托"字样(所有权变动下的附注，而非新的权属登记项目)。如此，可以降低信托财产完成物权变动的阻力，又在同一信托具有多种信托财产时，将所有信息集中至中信登，便利了交易相对人的查阅，不失为一种较为理想的联动模式。

(三) 将登记的信托产品界定为具有主体资格的"其他组织"

《民法总则》将非法人组织定义为不具有法人资格，但是能够依法以自己的名义从事民事活动的组织。《民事诉讼法》则将其他组织作为与自然人、法人并列的主体，赋予其民事诉讼当事人的资格。就特征而言，以集合资金信托计划为代表的信托产品有明确的营利性目的，有自己可以区分的名称，有能独立支配的财产，也有代表人或管理人，满足了成为"其他组织"的各项实质条件。而且，信托产品登记又进一步实现了信息对外公示的需求，经登记的信托产品理应被认定为"其他组织"，获得一定的主体资格，以减少信托产品实际运作中不必要的成本。

二、司法"先行先试"的依据与构想

从应然角度说，信托登记的核心内容依旧是信托财产，境外的法律实践与信托自身的法律结构关系都印证了这点。要实现信托财产登记的预设功能，法律解释的作用终究有限，《信托法》的修改也尚未列入立法规划，司法"先行先试"便成为一条可能的路径。

（一）"先行先试"对上海聚拢行业资源的重大意义及可行性

长期以来，信托财产的独立性缺乏一个有效的保障路径，信托受益权的流通性差，这些因素都制约了我国信托业健康、快速的发展。为应对这种困境，上海信托登记中心在 2014 年便对信托产品的登记及其标准化作出了有益的探索，积累了相当的经验。中国信登在 2016 年的成立更是对既有实践的肯定、普及与完善。虽然《信托法》对信托登记相关规定的缺漏在一定程度上限制了中信登应有的作为，但如果能够在司法实践尤其是上海自贸区的司法实践中，对中信登开展的业务活动给予最大程度的认可，无疑将鼓励各地的信托公司主动在中国信托登记有限责任公司开展各种登记，不仅提高了登记的权威性，更加深了信托行业对上海金融基础设施的依赖程度，对巩固、提升上海国际金融中心的地位具有难以估量的积极意义。

中国信托登记有限责任公司设立在上海自贸区，具有特殊的意义。最高人民法院曾于 2016 年 12 月颁布《关于为自由贸易试验区建设提供司法保障的意见》，明确提出要"依法保障自贸试验区建设的制度创新"，鼓励自贸区企业"探索新的经营模式"，要求"加强涉自贸试验区的民事审判工作，依法保护当事人的民事权益"，敦促法院"探索审判程序的改革与创新"。在不违背基本法律与重要法理的前提下，上海法院具有政策上的先发优势，理应积极确认信托公司的登记业务所产生的法律效果，在实践中逐步创造明确的裁判规则，推动行业惯例的形成，摸索高效的审判模式，优化金融纠纷的解决机制。

(二) 三类登记协同,促成登记目标

从某种程度上说,是由于中信登当前对信托财产登记权限的不完整,才使得我国出现了信托产品登记、信托受益权登记这样的境外不曾实践过的登记类型。后两者在公法意义上固然具有一定的监管与监测意义,也能够促进信托产品的标准化流通,但在私法意义上的主要作用依然是部分替代信托财产登记的功能。因此,司法裁判应当有意识地从信托产品登记、受益权登记的信息中获取同信托财产及信托当事人身份有关的证据,并赋予优先的效力,尽可能在实质上确认信托登记的"对抗效力",令中信登的业务能产生真正的正向市场影响。法院的这种支持可以率先形成金融机构对信托登记的重视与运用,逐步营造一般自然人对信托登记的信赖,最大化地实现信托登记的市场化功能。

(三) 争取集中管辖,创新审判模式

信托机构遍布全国,相关争议案件的管辖权并不统一,法院对中信登登记内容的采信程度也各不相同,传统的管辖权规则可能会造成同案不同判的结果,令监管部门借助登记来推动信托业发展的意愿难以实现。鉴于上海地区自身在金融审判领域所积累的经验,以及金融审判队伍专业化程度的日趋提高,上海的法院已初步具备了集中管辖信托登记相关案件的能力。也只有实现集中管辖,才更有利于合理、统一的裁判规则的快速形成,对信托业发展产生预期的积极影响。

根据金融审判队伍的实际情况,建议在中信登派设一个信托法庭,逐渐实现真正的专业化审判。在当前一轮的司法改革中,杭州的互联网法庭、北京的基金法庭都在不断专业化的尝试,自贸区更有基础和能力去试点全新的"派驻+集中"审判模式。在创新的模式之下,以保障信托财产独立、推动信托受益权流通为价值导向,制定地方的审判指导性意见、示范性判例,以司法的路径支持上海集聚金融业资源、创建国际金融中心。

附录 2

中国人民银行办公厅关于实施
《金融市场基础设施原则》有关事项的通知

(银办发〔2013〕187号)

中国人民银行上海总部,各分行、营业管理部,各省会(首府)城市中心支行,各副省级城市中心支行;国家开发银行、各政策性银行、国有商业银行、股份制商业银行,中国邮政储蓄银行;中国外汇交易中心、中国人民银行清算总中心,中央国债登记结算有限公司、中国银联股份有限公司、银行间市场清算所股份有限公司、城市商业银行资金清算中心、农信银资金清算中心:

金融市场基础设施是经济金融运行的基础。安全、高效的金融市场基础设施对于畅通货币政策传导机制、加速社会资金周转、优化社会资源配置、维护金融稳定并促进经济增长具有重要意义。2008年金融危机爆发后,国际社会对构建高效、透明、规范、完整的金融市场基础设施十分重视并达成广泛共识。2012年,在汲取金融危机的教训,吸收现有重要支付系统、证券结算系统和中央对手等国际标准执行经验的基础上,支付结算体系委员会(CPSS)和国际证监会组织(IOSCO)技术委员会联合发表了《金融市场基础设施原则》(以下简称《原则》),全面加强对金融市场基础设施的管理,并要求其成员尽快将《原则》落实到位。我国是这两个组织的正式成员。为促进我国金融市场基础设施安全、高效、稳定运行,现就实施《原则》有关事宜通知如下:

一、《原则》的主要内容

《原则》识别和消除了原有国际标准之间的差异,强调全面加强风险管理要求,提高了各类金融市场基础设施安全高效运行的最低标准,是对金融市场基础设施风险管理经验的全面总结,适用其成员认定的各类金融市场基础设施。

(一)《原则》将各类金融市场基础设施纳入整体考虑,全面加强风险管理要求。根据《原则》的定义,金融市场基础设施是指参与机构(包括系统运行机构)之间,用于清算、结算或记录支付、证券、衍生品或其他金融交易的多边系统,包含重要支付系统、中央证券存管、证券结算系统、中央对手和交易数据库等五类金融公共设施。《原则》从总体架构、信用风险和流动性风险管理、结算、中央证券存管和价值交换结算系统、违约风险管理、一般业务风险和运行风险管理、准入、效率和透明度等9个方面详细规定了各类金融市场基础设施安全、高效运行应遵守的24条原则,还指出了金融监管部门应遵守的5项职责(见附件)。此外,《原则》强调金融市场基础设施之间的相互依赖性,要求金融监管部门关注系统间的相互影响,实施全面的风险管理措施,从而更有效地保障金融体系的安全性和稳定性。

(二)《原则》提高了金融市场基础设施风险管理的最低要求。与以往的国际标准相比,《原则》要求特定种类的金融市场基础设施维持较高水平的金融资源以应对信用风险、流动性风险和一般业务风险;指出了金融市场基础设施抵御信用风险、流动性风险等主要风险因素的量化要求和管理手段;对金融市场基础设施的运行管理和分级参与机制提出了更详细的指导意见。此外,《原则》还突出强调了要增强透明度。

(三)《原则》加强了实施要求。与以往的国际标准不同,支付结算体系委员会和国际证监会组织此次加强了国际标准的实施要求，采取了对达标的金融市场基础设施参与机构给予净资本要求优惠等手段强化其市场约束力，同时明确了监管部门的实施责任。支付结算体系委员会和国际证监会组织将定期监测和评估各成员实施《原则》的情况。

二、充分认识实施《原则》的重要性

构建安全、高效的金融市场基础设施是一项艰巨、复杂、富有挑战性的系统性工程。我国金融市场正处于开放型、国际化的发展过程中。经济社会持续快速发展，金融改革深入推进，支付、证券和衍生品的交易活动日益频繁，金融市场的广度和深度不断拓展，国内外支付系统、证券结算系统、中央对手等各金融市场基础设施之间的相互依赖程度不断加深。在新形势下落实《原则》，推动我国金融市场基础设施的建设，建立更加完善的支付、清算、结算法规制度，协调发展的支付系统、证券结算系统和中央对手等金融市场基础设施，以及协同一致的监督管理政策，是保持经济平稳运行和科学发展的内在要求。

目前，我国已经承诺在管辖范围内最大限度地采纳这些金融市场基础设施原则。世界银行、国际货币基金组织和金融稳定理事会也将在接下来开展的金融部门评估规划(FSAP)和同行评估项目中逐步采用新的标准。

三、积极稳妥实施《原则》

现阶段运行重要支付系统、中央证券存管、证券结算系统，以及承担中央对手和交易数据库职责的机构属于金融市场基础设施运行单位，需要遵守《原则》，并采取适当的行动将《原则》落实到位。作为上述金融市场基础设施的参与者，各金融机构也应符合《原则》相应的要求。作为监管部门，中国人民银行将依据《中华人民共和国中国人民银行法》等法律制度，尽快将《原则》与自身职责相整合。

(一) 开展学习和培训。各单位应高度重视实施《原则》的重要意义，深入学习，认真领会，确保实施工作的顺利进行。《原则》已经在国内公开出版，中国人民银行分支机构应组织辖内相关业务人员开展系统性学习，全面掌握其主要内容，提高从业人员的业务水平和专业素养；要理论联系实际，结合辖内工作实际，明确其在辖区内适用的范围。

(二) 开展自评估和评估。各金融市场基础设施运行单位应对照《原则》尽快开展自评估活动，比较、总结自身发展与《原则》要求的差异，制定落实《原则》的具体方案。此外，中国人民银行还将组织开展评估活动，确保自评估工作的一致性，明确金融市场基础设施运行单位符合 24 项原则需要改进的内容，以及中国人民银行自身符合监管金融市场基础设施的 5 项职责要求及需要加强和改进的工作。有关单位可采取适当方式披露自评估结果。

(三) 全面落实《原则》。根据评估结果，各单位应就《原则》的相关要求，采取适当的改进措施。中国人民银行将制定实施《原则》的总体方案，推动完善金融市场基础设施相关法律法规，提出我国金融市场基础设施发展的指导意见和监督管理金融市场基础设施的相关政策。现阶段运行重要支付系统、中央证券存管、证券结算系统，以及承担中央对手和交易数据库职责的机构，应在评估基础上将 24 条原则纳入其制度办法中。各相关金融机构应配合中国人民银行和各金融市场基础设施运行单位做好《原则》的落实工作。

附件：金融市场基础设施原则和职责

附件　金融市场基础设施原则和职责

原则 1：法律基础

在所有相关司法管辖内，就其活动的每个实质方面而言，金融市场基础设施应该具有稳健的、清晰的、透明的并且可执行的法律基础。

原则 2：治理

金融市场基础设施应具备清晰、透明的治理安排，促进金融市场基础设施的安全、高效，支持更大范围内金融体系的稳定、其他相关公共利益以及相关利害人的目标。

原则 3：全面风险管理框架

金融市场基础设施应该具备稳健的风险管理框架，全面管理法律风险、信用风险、流动性风险、运行风险和其他风险。

原则 4：信用风险

金融市场基础设施应该有效地度量、监测和管理其对参与者的信用暴露以及在支付、清算和结算过程中产生的信用暴露。金融市场基础设施应以高置信度持有充足的金融资源完全覆盖其对每个参与者的信用暴露。此外，涉及更为复杂的风险状况或在多个司法管辖内具有系统重要性的中央对手，应该持有额外的、充足的金融资源来应对各种可能的压力情景，此类情景包括但不限于在极端但可能的市场条件下，两个参与者及其附属机构违约对中央对手产生的最大信用暴露。所有其他中央对手应该持有额外的、充足的金融资源来应对各种可能的压力情景，此类情景包括但不限于在极端但可能的市场条件下，单个参与者及其附属机构违约对中央对手产生的最大信用暴露。

原则 5：抵押品

通过抵押品来管理自身或参与者信用暴露的金融市场基础设施，应该接受低信用风险、低流动性风险和低市场风险的抵押品。金融市场基础设施还应该设定并实施适当保守的垫头和集中度限制。

原则 6：保证金

中央对手应该具备有效的、基于风险并定期接受评审的保证金制度，覆盖其在所有产品中对参与者的信用暴露。

原则 7：流动性风险

金融市场基础设施应该有效度量、监测和管理其流动性风险。金融市场基础设施应该持有足够的所有相关币种的流动性资源，在各种可能的压力情景下，以高置信度实现当日、日间(适当时)、多日支付债务的结算。这些压力情景应该包括但不限于：在极端但可能的市场环境下，参与者及其附属机构违约给金融市场基础设施带来的最大流动性债务总额。

原则 8:结算最终性

金融市场基础设施应该至迟于生效日日终提供清晰和确定的最终结算。如果有必要或更好,金融市场基础设施应该在日间或实时提供最终结算。

原则 9:货币结算

金融市场基础设施应该在切实可行的情况下使用中央银行货币进行货币结算。如果不使用中央银行货币,金融市场基础设施应最小化并严格控制因使用商业银行货币所产生的信用风险和流动性风险。

原则 10:实物交割

金融市场基础设施应明确规定其有关实物形式的工具或商品的交割义务,并应识别、监测和管理与这些实物交割相关的风险。

原则 11:中央证券存管

中央证券存管应该具有适当的规则和程序,以帮助确保证券发行的完整性,最小化并管理与证券保管、转让相关的风险。中央证券存管应该以固定化或无纸化形式维护证券,并采用簿记方式转账。

原则 12:价值交换结算系统

如果金融市场基础设施结算的交易涉及两项相互关联的债务(如证券交易或外汇交易)结算,应该通过将一项债务的最终结算作为另一项债务最终结算的条件来消除本金风险。

原则 13:参与者违约规则与程序

金融市场基础设施应具有有效的、定义清晰的规则和程序管理参与者违约。设计的这些规则和程序应该确保金融市场基础设施能够采取及时的措施控制损失和流动性压力并继续履行义务。

原则 14:分离与转移

中央对手应具有规则和程序,确保参与者客户的头寸和与之相关的、提供给中央对手的抵押品可分离和转移。

原则 15:一般业务风险

金融市场基础设施应识别、监测和管理一般业务风险,持有充足的权益性质的流动性净资产覆盖潜在的一般业务损失，从而在这些损失发生时其能持续运营和提供服务。此外，流动性净资产应始终充足，以确保金融市场基础设施的关键运行和服务得以恢复或有序停止。

原则 16：托管风险与投资风险

金融市场基础设施应保护自有资产和参与者资产的安全，并将这些资产的损失风险和延迟获取风险降至最低。金融市场基础设施的投资应限于信用风险、市场风险和流动性风险最低的工具。

原则 17：运行风险

金融市场基础设施应识别运行风险的内部和外部源头，并通过使用适当的系统、制度、程序和控制措施来减轻它们的影响。设计的系统应当具有高度的安全性和运行可靠性，并具有充足的可扩展能力。业务连续性管理应旨在及时恢复运行和履行金融市场基础设施的义务，包括在出现大范围或重大中断事故时。

原则 18：准入与参与要求

金融市场基础设施应该具有客观的、基于风险的、公开披露的参与标准，支持公平和公开的准入。

原则 19：分级参与安排

金融市场基础设施应识别、监测和管理由分级参与安排产生的实质性风险。

原则 20：金融市场基础设施的连接

与一个或多个金融市场基础设施建立连接的金融市场基础设施应识别、监测和管理与连接相关的风险。

原则 21：效率和效力

在满足参与者及所服务市场的要求方面，金融市场基础设施应有效率和效力。

原则 22：通信程序与标准

金融市场基础设施应使用或至少兼容国际通行的相关通信程序和标准，以进行高效的支付、清算、结算和记录。

原则 23：规则、关键程序和市场数据的披露

金融市场基础设施应该具有清晰、全面的规则和程序，提供充分的信息，使参与者能够准确了解参与金融市场基础设施承担的风险、费用和其他实质性成本。所有相关的规则和关键程序应公开披露。

原则 24：交易数据库市场数据的披露

交易数据库应该根据有关管理部门和公众各自的需求对其提供及时、准确的数据。

职责 A：金融市场基础设施的管理、监管和监督

金融市场基础设施应接受中央银行、市场监管者或其他有关管理部门适当、有效的管理、监管和监督。

职责 B：管理、监管和监督的权力和资源

中央银行、市场监管者及其他有关管理部门应当具有权力和资源来有效履行管理、监管和监督金融市场基础设施的职责。

职责 C：金融市场基础设施相关政策的披露

中央银行、市场监管者及其他有关管理部门应明确规定和披露其管理、监管和监督金融市场基础设施的政策。

职责 D：金融市场基础设施原则的应用

中央银行、市场监管者和其他有关管理部门应采纳 CPSS-IOSCO 的《金融市场基础设施原则》，并一致地应用这些原则。

职责 E：与其他管理部门合作

中央银行、市场监管者以及其他有关管理部门应在国内层面和国际层面(适当时)相互合作，促进金融市场基础设施的安全和效率。

附录 3

中国证券监督管理委员会办公厅关于实施《金融市场基础设施原则》有关事项的通知

证监办发〔2013〕42 号

中国证监会各派出机构，各交易所，各下属单位，各协会，会内各部门：

为落实 G20(20 国集团)首脑会议关于金融危机后各国要加强国际合作、增强支付结算体系等系统重要性金融市场基础设施抗风险能力的要求，国际支付结算体系委员会(CPSS)和国际证监会组织(IOSCO)组织全球主要国家和地区的央行和证券监管部门专家对其发布的国际支付结算体系标准进行重新评估和修订，以反映金融危机中凸显的新情况和新问题，全面提升支付结算系统的风险管理能力。2012 年，CPSS 和 IOSCO 正式发布《金融市场基础设施原则》(以下简称 FMI 原则)及其配套文件《信息披露框架》和《评估方法》，要求各成员国(地区)金融监管部门将 FMI 原则纳入监管框架，并指导本辖区金融市场基础设施尽快将 FMI 原则付诸实施。为完善我国证券期货市场交易结算体系，有效防范系统性风险，保障资本市场稳定健康发展，现就落实 FMI 原则相关事宜通知如下：

一、充分认识落实 FMI 原则的重要意义

FMI 原则是对国际支付结算体系运行和风险管理实践经验的全面总结，将取代原有国际支付结算体系标准。成为未来国际货币基金组织和世界银行对一国支付结算体系开展金融部门评估项目(FSAP)的新依据。与原有标准相比，FMI 原则在政策目标、基本原则等方面是一致的，但在具体内容和要求上都有了进一步改进和提升。

一是 FMI 原则更加注重系统性和全面风险管理。一方面，该原则涵盖范围广，囊括了所有以完成金融系统支付结算为目的的金融机构，包括证券交收系统(SSS)、中央存管机构(CSD)、中央对手方(CCP)、系统重要性支付系统(SIPS)，以及交易信息集中报告机构(Trade Repositories, TR)，并统称为"金融市场基础设施(FMI)"。另一方面，该原则强调将提供结算服务的机构和参与支付结算活动、使用结算服务的各类参与机构作为一个系统予以整体考虑，并要求监管部门和结算机构关注系统间的相互影响，实施全面的风险管理措施，从而更有效地保障金融体系的安全性与稳定性。

二是 FMI 原则更加注重支付结算机构对金融稳定的作用。FMI 原则强化了对支付结算机构抵御信用风险、流动性风险等主要风险因素的量化要求和管理手段，增加了关于场外衍生品市场 CCP 和 TR 的指引，详细规定了证券期货及衍生品市场支付结算业务运行及参与机构安全有效运营应遵守的 24 条原则，包括组织基础、信用风险和流动性风险管理、结算、中央证券存管机构和价值交换结算系统、违约风险管理、一般业务风险和运作风险管理、准入、效率和透明度等 9 个方面。有关国际组织希望将 FMI 原则作为各成员国(地区)金融监管部门普遍遵守的新标准，确保在各金融市场基础设施之间建立共同的风险管理基准，以增强支付结算系统抗风险能力，用市场本身的力量将风险控制和化解在支付结算体系之内，从而提升金融体系的稳定性。

三是 FMI 原则更加注重原则落地实施的硬约束。原有标准只是依

据最佳市场实践给出的"建议"，而 FMI 原则从原来的"建议"上升为"原则"，采取了对达标的结算体系参与机构给予净资本要求优惠等手段强化其市场约束力，同时明确了监管部门的实施责任。CPSS 和 IOSCO 将组织各成员国(地区)金融监管部门填写 FMI 原则在本辖区实施情况的问卷，并采取专家书面方式及国别现场抽查方式进行复核。

金融市场基础设施是保障资本市场稳定健康发展的基石。FMI 原则对于完善我国证券期货结算体系，防范系统性风险具有较强的指导意义。随着我国多层次资本市场建设的推进，市场产品和交易方式的创新发展，资本市场跨市场、跨产品、跨机构风险传递逐渐成为防范系统性风险的重要内容，实施 FMI 原则有利于建立完善我国资本市场系统性风险的综合防控机制，通过结合我国市场实际，采取更多的市场化和科学化的风险管理手段，实现金融市场基础设施安全高效运营。同时，建设符合国际行业规范的资本市场基础设施将大大增强我国资本市场吸引力，使我国证券期货结算机构和证券期货经营机构在参与国际合作与竞争中处于有利地位。

二、积极稳妥实施 FMI 原则工作

根据 FMI 原则的要求，我国证券结算系统、商品和金融期货交易所等担负登记结算、证券存管、交易信息集中报告职能的机构都属于 FMI 原则适用范围，证券公司和托管银行作为证券结算参与人、期货公司作为期货结算参与人也应符合原则要求。对于证券期货结算机构而言，遵守 FMI 原则就是要按 FMI 原则本身和配套的《信息披露框架》和《评估方法》进行"两个评估、一个披露和逐条落实"，即要进行自我评估、接受国际组织外部评估及披露评估结果，并在评估基础上将其 24 条原则纳入规则体系中。对证券公司、期货公司和托管银行而言，FMI 原则要求其遵守结算机构的以风险为基础、差异化的结算参与人管理体系。

作为监管部门，我会将认可采纳并积极稳妥贯彻实施 FMI 原则，公开披露相关监管目标和政策，并在国内和国际范围内开展合作。我会将组织证券期货结算机构及其参与机构深入学习 FMI 原则并按照要求认真开展自我评估，比较总结我国证券期货结算体系与 FMI 原则的差异，制定实施 FMI 原则的具体方案，提出符合我国证券期货结算体系未来发展需要的指导性意见。在此基础上，我会将组织修改完善证券期货结算的相关法律法规和业务规则，并落实到证券期货结算业务当中。

FMI 原则及其配套文件将在会内网站"IOSCO 专题"栏目内发布。各单位、各部门要高度重视实施 FMI 原则的重要意义，深入学习，认真领会，积极配合，确保 FMI 原则评估和落实工作的顺利进行。

特此通知。

中国证券监督管理委员会办公厅

2013 年 5 月 8 日

附录 4

香港证券及期货事务监察委员会关于支付及交收系统委员会与国际证监会组织的金融市场基建的原则适用范围的指引

1. 引　　言

1.1　於 2013 年 3 月 28 日，證券及期貨事務監察委員會（"證監會"）及香港金融管理局（"金管局"）聯合宣布①，將會致力採納由國際結算銀行轄下的支付及交收系統委員會與國際證券事務監察委員會組織（"國際證監會組織"）於 2012 年 4 月發出的《金融市場基建的原則》（"《基建原則》"）②。《基建原則》是爲金融市場基建③（包括中央交易對手結算所以及結算所）而制訂的最新國際監管標準。《基建原則》包括

---

① 　http://www.sfc.hk/edistributionWeb/gateway/TC/news-and-announcements/news/doc?refNo=13PR28.

② 　http://www.iosco.org/library/pubdocs/pdf/IOSCOPD377.pdf.

③ 　金融市場基建指爲支付、證券、衍生工具或其他金融交易進行結算、交收或記錄的系統。金融市場基建有五大類別：支付系統、中央證券託管機構、證券交收系統、中央交易對手結算所，以及交易資料儲存庫。

24 項供金融市場基建遵守的原則，以及中央銀行、市場監管機構及其他
有關當局就監管金融市場基建的五項責任。

1.2　本指引由證監會根據《證券及期貨條例》（"該條例"）第 399(1)
條發表，旨在説明證監會對於認可結算所實施《基建原則》以履行其根
據該條例下的責任時所抱期望。

1.3　除非另有指明或文意另有所指，否則本指引所載的詞彙及片
語均須參照該條例對該等詞彙或片語的定義加以詮釋。

1.4　本指引將於 2013 年 8 月 9 日生效。

2. 金融市場基建的國際準則

2.1　有關金融市場基建的 24 項原則，爲具系統重要性的金融市場
基建的監管、管治及風險管理設定了最新的國際標准。該 24 項有關金
融市場基建的原則的概要載於附件，而各項原則的主要考慮因素及隨附
註釋亦可於《基建原則》報告①内參閲。

2.2　該等原則取代、理順及按適當情況加強了三套有關金融市場
基建的舊有標準②，目的是要確保支持全球金融市場的基建更趨穩健，
從而具備更佳條件抵禦金融衝擊。所有被視作具系統重要性的金融市場
基建均應遵守這些原則。

2.3　支付及交收系統委員會和國際證監會組織制訂該等有關金融
市場基建的原則的主要政策目標，是要加強金融市場基建的安全和效
率，從廣義而言，降低系統性風險以及提高透明度和金融穩定③。在這

---

①　http://www.iosco.org/library/pubdocs/pdf/IOSCOPD377.pdf.

②　有關金融市場基建的舊有標準包括：支付及交收系統委員會於 2001 年發出的
《具有系統重要性支付系統的主要原則》，以及支付及交收系統委員會與國際證監會組織
分別於 2001 年及 2004 年聯合發出的《對證券交收系統的建議》及《適用於中央結算對手
結算所的建議準則》。這些標準並未涵蓋交易資料儲存庫。

③　正如《基建原則》報告所述，這些目標與支付及交收系統委員會和國際證監會組
織以往制訂的標準和建議的公衆政策目標一致。

方面，《基建原則》就識別、監察及管理金融市場基建本身或透過與其他金融市場基建或市場參與者互相倚賴而可能產生的各種不同風險，以及經由金融市場基建傳播的風險，向金融市場基建提供指引。該等風險包括法律、信貸、流動資金、一般業務、保管、投資及運作風險。

2.4 《基建原則》亦就金融市場基建的效率方面作出了處理。正如支付及交收系統委員會和國際證監會組織於《基建原則》報告內指出，缺乏效率的金融市場基建或會令金融活動及市場架構被扭曲，繼而影響市場參與者及其客戶，並最終可能導致整體金融系統內的風險增加。

2.5 作爲國際證監會組織的成員，證監會全力支持《基建原則》。在《基建原則》發表之前，證監會已於 2001 年就規管及監督香港的證券交收系統採用支付及交收系統委員會及國際證監會組織制訂的《對證券交收系統的建議》(Recommendations for Securities Settlement Systems)。

3. 《基建原則》對認可結算所的適用範圍

3.1 證監會根據《證券及期貨條例》下的規管目標[1]包括：

● 維持和促進證券期貨業的公平性、效率、競爭力、透明度及秩序；及

● 減低在證券期貨業內的系統風險。

3.2 爲貫徹該等監管目標，證監會的其中一項職能[2]爲監管、監察和規管認可結算所進行的活動。該條例[3]亦訂明了認可結算所[4]的特定責任，包括確保有秩序、公平和快捷的結算及交收安排，以及審慎管理與其業務及營運有關聯的風險的責任。認可結算所在履行其責任時，須

---

① 第 4(a)及(e)條。
② 第 5(1)(b)(i)條。
③ 第 38 條。
④ 該條例附表 1 第 1 部第 1 條所界定的"結算所"一詞包括證券交收系統及中央交易對手結算所在內。

(a)以維護公衆利益爲原則而行事，尤其須顧及投資大衆的利益；及(b)確
保一旦公衆利益與其本身利益有衝突時，優先照顧公衆利益。

3.3　雖然該條例沒有詳細訂明認可結算所的監管規定，證監會在
履行其關於認可結算所的職能方面一向會參考國際最佳常規和標準。證
監會亦注意到《基建原則》背後的主要政策目標與證監會根據該條例下
的規管目標一致。此外，該條例所訂明認可交易所的特定責任亦與《基
建原則》相符。證監會認爲所有認可結算所均爲香港具有系統重要性的
金融市場基建。因此，證監會已採納《基建原則》，作爲於履行其監
管、監察和規管認可結算所的職能過程中對其加以評估的基準。

3.4　大部分《基建原則》適用於所有類型的金融市場基建，但其中
數項原則只適用於指定類型的金融市場基建[①]。《基建原則》報告已就
各項《基建原則》對不同類型金融市場基建的適用範圍提供具體指
引[②]。然而，爲顧及到金融市場基建的組織、職能及業務模式有別，而
營運金融市場基建的法律、市場及規管環境亦各有不同，故此該報告並
沒有訂明實施《基建原則》的方式。

3.5　證監會期望認可結算所在適用情況下持續遵守《基建原則》
(包括任何由支付及交收系統委員會與國際證監會組織所發表有關遵守
《基建原則》的相關補充指引)。在評估認可結算所是否已履行其根據
該條例下的責任時，證監會將會考慮認可結算所有否遵守《基建原
則》。就此方面，證監會理解到認可結算所實施《基建原則》的方式或
會因應其營運、職能、活動及所提供服務的性質而有所不同。

3.6　證監會將會監察認可結算所，以確保其遵守《基建原則》。證
監會期望申請成爲認可結算所的人士，必須顯示其具備遵守《基建原
則》的能力，而就此方面，申請人將須根據由支付及交收系統委員會與
國際證券事務監察委員會組織於 2012 年 12 月發表的《披露架構與評估

---

①　例如，《基建原則》內與披露市場數據有關的原則 24 僅適用於交易資料儲存庫。
②　請參閱《基建原則》報告第 1.21 及 1.22 段。

方法》(Disclosure framework and Assessment Methodology)[①]提交一份關於遵守《基建原則》的自我評估報告，以支持其有關申請。

附件　《金融市場基建的原則》概要

組織概要

原則 1：法律依據

金融市場基建就其在所有相關地區的活動的每個重大環節均應具有充分、清晰、具透明度及可落實執行的法律依據。

原則 2：管治

金融市場基建應設立清晰及具透明度的管治安排，以促進金融市場基建的安全及效率，並且有助維持整體金融體系的穩定，以及符合其他相關的公眾利益考慮及相關持份者的目標。

原則 3：全面的風險管理架構

金融市場基建應制定穩健的風險管理架構，以全面地管理法律、信貸、流動資金、運作及其他風險。

信貸及流動資金風險管理

原則 4：信貸風險

金融市場基建應有效地計算、監察及管理對參與者的風險承擔以及其支付、結算與交收程序引起的風險承擔。金融市場基建應備有足夠的財政資源，以能有充分信心可以全面涵蓋對每個參與者的風險承擔。此

---

① 　http://www.iosco.org/library/pubdocs/pdf/IOSCOPD396.pdf.

外，涉及風險狀況較複雜的活動或對多個地區均具系統重要性的中央交
易對手結算所，應具備足夠的額外財務資源，以涵蓋廣泛系列的潛在壓
力情景，包括但不限於兩個參與者及其聯繫機構違責，而在極端但可能
的市況下這項違責可能構成對該中央交易對手結算所最大額的總計信貸
風險承擔。所有其他中央交易對手結算所應具備足夠額外財務資源，以
涵蓋各種不同廣泛系列的潛在壓力情景，包括但不限於有關參與者及其
聯繫機構違責，而在極端但可能的情況下這項違責可能構成對該中央交
易對手結算所最大額的總計信貸風險承擔。

原則5：抵押品

須以抵押品來管理本身或參與者的信貸風險承擔的金融市場基建，
應接受信貸、流動資金及市場風險較低的抵押品。金融市場基建亦應制
定及實施適度保守的扣減及風險集中限額。

原則6：保證金

中央交易對手結算所應透過有效的保證金制度，涵蓋就所有產品對
參與者的信貸風險承擔。該制度應以風險爲本及定期檢討。

原則7：流動資金風險

金融市場基建應有效地計算、監察及管理流動資金風險。金融市場
基建應具備所有相關貨幣計算的足夠流動資源，以能有充分信心可以在
廣泛系列的潛在壓力情景下完成同日及(按適用情況)即日與多日支付責
任交收，包括但不限於有關參與者及其聯繫機構違責，而在極端但可能
的市況下這項違責會構成該金融市場基建最大額的總計流動資金責任。

交　　收

原則8：交收終局性

金融市場基建應至少在交收日結束前提供清晰明確的最終交收。如
有需要或屬較理想，金融市場基建應提供即日或即時最終交收。

原則 9：資金交收

在實際可行情況下，金融市場基建應以央行資金進行資金交收。若不使用央行資金，金融市場基建應盡量減低及嚴格監控使用商業銀行資金引起的信貸及流動資金風險。

原則 10：實物交收

金融市場基建應清楚訂明交收實物工具或商品的責任，並應識別、監察及管理這些實物交收涉及的風險。

中央證券託管機構及價值交換交收系統

原則 11：中央證券託管機構

中央證券託管機構應制定適當規則及程序，有助確保證券的穩妥完整，並盡量減少及管理保管與轉撥證券的風險。中央證券託管機構應以固定或非實物方式保存證券，以供進行記帳式轉撥。

原則 12：價值交換交收系統

金融市場基建交收的交易若涉及交收兩項相連的責任(如證券或外匯交易)，應規定在最終交收一方的責任時才會最終交收另一方的責任，同步交收以消除主體風險。

違 責 管 理

原則 13：參與者違責規則及程序

金融市場基建應制定有效及清楚界定的規則及程序，以處理參與者違責。這些規則及程序的設計，應確保金融市場基建可及時採取行動以遏止虧損及流動資金壓力，並繼續履行責任。

原則 14：分隔及調動

中央交易對手結算所應制定規則及程序，以能分隔及調動參與者客户的持倉以及就這些持倉向中央交易對手結算所提供的抵押品。

一般業務及運作風險管理

原則 15：一般業務風險

金融市場基建應識別、監察及管理一般業務風險，並持有以股本融資的足够流動淨資産，以彌補潛在的一般業務虧損，使其即使出現這些實際虧損時，仍能以繼續經營的方式維持運作及服務。此外，流動淨資産在任何時候均應足够，以確保恢復或有秩序地關閉關鍵運作及服務。

原則 16：保管及投資風險

金融市場基建應保障本身及參與者的資産，並盡量減低這些資産出現虧損及延遲獲得或使用這些資産的風險。金融市場基建應以涉及最低信貸、市場及流動資金風險的産品作爲投資工具。

原則 17：運作風險

金融市場基建應識別來自內部及外部的潛在運作風險來源，並透過使用適當制度、政策、程序及管控措施來減低其衝擊。有關制度的設計應確保有高度保安及運作可靠性，并應有足够及可擴展規模的能力。業務持續運作管理應確保及時恢復運作及履行金融市場基建的責任，包括在出現廣泛或嚴重中斷時達到這個目標。

使　　用

原則 18：使用及加入規定

金融市場基建訂立有關參與的準則，應是客觀、以風險爲本及公開，使基建能公平及開放使用。

原則 19：分級參與安排

金融市場基建應識別、監察及管理分級參與安排對其引起的重大風險。

原則 20：金融市場基建聯網

金融市場基建應識別、監察及管理與一個或多個金融市場基建聯網涉及的風險。

效　　率

原則 21：效率及成效

金融市場基建應具效率及成效，以符合參與者及其所服務的市場的要求。

原則 22：通訊程序及標準

金融市場基建應採用或至少配合國際認可的相關通訊程序及標準，以促進有效率的支付、結算、交收及記錄。

透　明　度

原則 23：披露規則、主要程序及市場數據

金融市場基建應制定清晰全面的規則及程序，並應提供足夠資料，讓參與者準確了解參與該項基建涉及的風險、費用及其他主要支出。所有相關規則及程序均應公開披露。

原則 24：交易資料儲存庫披露市場數據

交易資料儲存庫應向有關當局及公衆提供及時準確的數據，以配合其各自的需要。

香港證券及期貨事務監察委員會

2013 年 8 月

附录 5

金融市场基础设施法律保护的国际经验

一、业务规则有效性

(1) 美国

《1934 年证券交易法》(Securities Exchange Act of 1934)。该法与证券登记结算相关的内容集中在第 17 条及第 19 条，关于结算机构规则的效力，主要由第 17 条(b)(3)(G)条明确规定，结算机构的规则规定，(在遵守证券交易委员会依据本法第 17 条(d)条或第 19 条(g)(2)条制定的规则或发出的命令的前提下)其参与者若违反结算机构的任何规定，应给予适当的纪律处分，包括开除机构会员资格、暂停资格、限制活动、职能和经营、罚款、申诉或其他任何恰当的制裁。该条(b)(4)(B)条规定，对于达不到结算机构规则规定的财务责任、经营能力、经验、能力等标准的任何人，注册结算机构可拒绝其参与或对其参与作出限制。注册结算机构可按照结算机构规则确定的程序来检查和核实申请参与者的资格。

《统一商法典》第八章(U.C.C.-ARTICLE 8 INVESTMENT SECURITIES, REVISED 1994)第 8-111 条规定：清算公司采用的调整清算公司和它的参

与人之间的权利义务的规则是有效的，即使该规则与本法相冲突并且影响了未同意该规则的其他人。

(2) 欧盟

《关于支付和证券交收系统的交收终局性的指令》(DIRECTIVE 98/26/EC OF THE EUROPEAN PARLIAMENT AND OF THE COUNCIL of 19 May 1998 on settlement finality in payment and securities settlement systems)。该指令中与业务相关的内容有：第一，该指令的宗旨之一就是确保转账命令在系统规则定义的时刻后不能被撤销。第二，对于系统规则，该指令仅仅概括性地提出了充分性的要求，具体的判断则交由所适用法律的成员国国内法进行。第三，关于系统规则的效力，该指令明确了以下几方面内容：

①系统规则可以决定参与方承担的角色(如作为共同对手方、交收代理人、清算所，或者开展部分或全部此类业务)；②系统规则定义支付义务的承担或履行；③系统规则定义转账命令进入系统的时刻，同时从系统规则定义的时刻开始，转账命令不得被该系统的参与方或第三方撤销(转账命令和净额应具有法律上的可执行性，并且在对参与方提起破产程序的情况下，甚至对第三方具有约束力，只要转账命令是在本指令第 6(1)条定义的破产程序启动时刻之前被输入该系统。

(3) 英国

《无纸化法证券规则》(The Uncertificated Securities Regulations 2001, Statutory Instrument 2001 No.3755)包括五大部分，共有 52 条，旨在保障簿记化情形下的证券财产权益及交易安全。与业务规则相关的内容有：①业务规则是以"运营者的指引或制度(惯例)"等概念表述的。②在附录中明确规定运营者的制度或惯例应当符合的条件和效力。③该法令在附录中明确规定运营者的制度或惯例必须经过财政部的审核，同时这也构成合格运营者的审批的必备条件之一。④运营者的制度或惯例一旦经过批准，即适用于系统成员、系统参与者或其他系统用户并具有约束力。任何人违反相关制度，将会被法院判令阻止或禁令禁止。

(4) 芬兰

《簿记系统法》(Act on the Book-Entry System 17.5.1991/826)。该法在第 15 条明确规定了业务规则的有关内容，如业务规则的效力，规定账户经营者及其代理人应承诺遵守《中央证券存管公司规则》。记账式证券发行人应承诺在记账式证券纳入簿记系统之前遵守《中央证券存管公司规则》。而就业务规则执行力的保障，规定中央证券存管公司应采取充分可靠的监督措施确保中央证券存管公司内部对中央证券存管公司的规则、条例和指令的遵守。此外，中央证券存管公司还应采取充分可靠的监督措施确保账户管理机构及其账户管理人遵守关于中央证券存管公司的经营的规定以及根据这些规定制定的规则、条例和指令。如果账户管理机构或者其账户管理人的任何程序有可能违反了上述规定、规则或条例，中央证券存管公司应通知金融监管局，除非该程序立即得到纠正或者通过其他方法得到补救。但在任何情况下，中央证券存管公司都应将任何严重或反复违反上述规定、规则或条例的程序通知金融监管局。使用中央证券存管公司提供的服务的账户管理机构及其账户管理人以及其他各方应经要求按照本条规定向中央证券存管公司提供其履行监督职责所必需的详细资料。

(5) 澳大利亚

《公司法》(CORPORATIONS ACT 2001)。澳大利亚公司法对业务规则(operating rules)有详细明确的规定。该法所指的业务规则范围包括了清算交收机构制定用以处理清算交收机构以及与清算交收机构相关的主体的行为和活动的规则。而就清算交收机构的业务规则以及程序，该法通过 5 个条款专门加以规定(分别是业务规则的内容、法律效力、执行力、变更和变更请求的驳回)。其中第 822B 条指出，业务规则的效力是通过清算交收机构与相关主体签订协议的协议约束力来表现的，第822C 条指出，遇有相关方违反业务规则确定的义务时，清算交收机构可以向法院提出申请。法院经过听证后，将签发要求相关主体履行业务规则确定的义务或业务规则强制执行的命令。

(6) 香港

《证券及期货条例》(香港法例第 571 章)。香港《证券及期货条例》共 409 条，其中第 38 条到第 55 条集中规定结算所相关内容，主要包括：①结算所的指定；②结算所相关的法律责任豁免；③结算所规则和结算记录的法律效力；④结算系统规则和违约处理安排效力高于破产法的规定；⑤结算所对担保品运用的优先性；⑥结算所对担保品的请求权豁免等。根据《证券及期货条例》第 40 和第 41 条的规定，认可结算所可为该结算所运作的结算或交收设施的妥善规管和有效率的运作而订立规章。认可结算所的规章或对该等规章的修订须获证监会书面批准，否则不具效力。在被接纳使用中央结算系统前，结算参与者必须签署《参与者协议》，当中包括同意遵守《中央结算系统一般规则》和《中央结算系统运作程序规则》的条款。第 45 条规定认可结算所的处事程序凌驾破产清盘法。

《结算及交收系统条例》(2004 年第 20 号条例)。《结算及交收系统条例》专章规定了交易及处事程序的终局性。其中，明确规定各系统的处事程序凌驾破产清盘法。

(7) 日本

《关于股票等的保管及过户的法律》 [(昭和五十九年(1984 年)五月十五日法律第三十号)最终修正年月日：平成十九年(2007 年)六月一日法律第七十四号]。该法律中与业务规则相关的内容有：①"业务规程必须符合法令"是监管机构审批保管过户业经营者的必备条件之一(第 3 条第 1 款(5)：确认与公司章程及保管过户业之实施有关的规程是符合法令的，且基于本法的规定，其足以确保让保管过户业能够得以正确切实的实施)。②业务规程的内容应当包括的法定事项(第 5 条)。③业务规程的生效要件。[第 7 条之三(公司章程或业务规程之变更)在对保管过户机关的公司章程或业务规程作出变更时，必须获得主管大臣的认可，否则将不予生效。]

(8)《中介化证券实体法公约》

对于结算系统的尊重与保护是公约一以贯之的原则，其中最重要的表现就是公约对于"统一规则"的认可和赋权。

公约明确规定统一规则是指与证券结算系统或清算系统相关的、为参与人或某一类参与人所共知且可公开获得的该系统规则(包括由非公约法构成的系统规则)。根据公约的规定,统一规则在关于账户持有人的权利、账户持有人有权向中介人下达指令,以证券账户持有之外的其他方式持有证券、中介持有证券之上的担保权益及其他受限权益的设定条件、方式及该等权益对抗第三人的有效性、关于证券账户借记或指定簿记的无效性的决定、借记、贷记或指定簿记的有效性及被撤销后的法律后果、善意取得、向中介人下达的指令、中介人破产时的损失分担、中介人责任义务等方面的规定都应得到直接和优先的适用。

二、破产法相关(零点)规则适用的原则

(1) 香港《证券及期货条例》

第 571 章、第 45 条"认可结算所的处事程序凌驾破产清盘法"规定:

① 以下各项不得由于与分发无偿债能力、破产或清盘的人的资产有关的法律有抵触,或与在任何人的资产的接管人获委任后分发该等资产有关的法律有抵触,而在任何程度上视为在法律上无效:

(a) 市场合约;

(b) 关于市场合约交收的认可结算所规章;

(c) 根据关于市场合约交收的认可结算所规章而采取的程序或其他行动;

(d) 市场押记;

(e) 认可结算所的违责处理规则;或

(f) 违责处理程序。

② 有关人员或根据破产清盘法行事的法庭不得行使其权力以阻止或干预:

(a) 按照认可结算所的规章作出的市场合约交收；或

(b) 任何违责处理程序。

③ 第②款并不阻止有关人员在该款(a)或(b)段提述的事宜完结后，根据第 51 条追讨任何款额。

(2) 欧盟《支付与证券结算系统交收最终性指令》

针对破产程序，目标在于将涉及结算系统参与人的破产程序对结算系统造成不利影响降低到最低程度，也希望各成员国出台的法律能够实现上述目标。指令不仅涵盖各成员国国内的支付与证券结算系统，也涵盖了涉及成员国之间的跨境支付与证券结算系统。指令最注重三个方面的问题，一是交收最终性；二是担保证券的有效性和可执行性；三是破产程序不具有可追溯性。其中的重要条款包括：

一是划转指令和净额交收具有法律可执行性。如果划转指令进入结算系统的时间早于破产程序生效时间，划转指令和净额交收具有法律可执行性，即使在参与人破产的情况下，对于第三方仍具有约束力。

此外，对于划转指令进入结算系统的时间晚于破产程序生效时间且该指令在破产程序生效当日被执行，如果结算系统能够证明其并不知晓破产程序开始生效，则划转指令仍具有法律可执行力，对于第三方仍具有约束力。

二是生效当日的破产程序不得妨碍交收。在破产程序生效当日，破产程序不得妨碍参与人交收账户(Settlement Account)内的资金和证券用于履行参与人在当天对于结算系统的相关义务。

三是划转指令不可逆转。在结算系统规则规定的某个时刻之后，系统参与人或任何第三方都不能逆转已完成的划转指令。

四是破产程序不具有可追溯性。对于参与人在破产程序生效前，其参与结算系统所产生的债权债务关系，破产程序对其不具有追溯效力。

(3) 新加坡《支付与结算系统法》(Payment And Settlement Systems Act)

第 231 章第 8 部分"指定系统的处理程序优先于破产法"规定，划转指令、依据划转指令进行的任何财产转让、指定系统的违约处置安排、指定系统在违约处置安排下关于未交收的划转指令的规则等不应视为无效，即便其与破产者资产处置相关的法律发生冲突。

(4)《中介化证券的实体法公约》

第4章第27条规定，在规范相关系统的法律许可的范围内，即使开始了系统运营者或系统参与人的破产程序，并且即使依破产程序适用的规则产生无效、撤销的情形，以下规定仍有效：

(a) 证券结算系统或证券清算系统的统一规则的规定：当系统参与人处分证券的指令或为取得及处分证券进行资金交付的指令已经不可撤销地进入系统且已被处理，禁止撤销该指令。

(b) 证券结算系统规定：当构成系统组成部分的证券账户的借记、贷记、指定簿记或指定簿记的撤回，根据系统规则已经被处理时，禁止撤销对于证券账户的借记、贷记、指定簿记或指定簿记的撤回，或使其无效。

(5) 国际证券交易所联合会(FIBV)清算交收国际经验总结(1996)

该项经验总结的一个关键问题是净额的法律基础。如果参与人破产，重要的是确保净额交收的相关转账结果不被剔除。

(6) 对证券结算系统的建议(CPSS/IOSCO, 2001年11月)

中央对手方（CCP）应有健全、透明的法律依据，通过约务更替或其他形式，支持CCP的净额机制安排。例如，在参与人破产的情况下，净额结算必须在法律上可执行。没有法律支持，净额结算中的义务将在司法或行政的破产执行中受到挑战。

(7) 美国《破产法典》

第362条规定，自愿或强制破产申请一经提出，债权人所有的债权收取行为应当停止。自动冻结制度在所有的破产案件中"对所有的主体都有约束力"；冻结制度的生效和适用无须借助专门的冻结请求或命令，破产申请本身就可以自动产生冻结效力，其效力的产生无需依赖任何其他条件。

第 362-b 条规定了某些的特定行为属于冻结的例外，其中，第 362-b-6 条排除了不受破产法自动冻结制度的情况作了规定，亦即：本条(a)款下，商品经纪人、期货合同商、股票经纪人、金融机构或有价证券交换代理人对于某些合同(包括本法第 761 条(4)规定的商品合同，本法第 741 条(7)所规定的期货合同或有价证券合同)项下或与这些合同有关的相互债权债务的抵消；上述抵消构成针对债务人权利(即本法第 101 条(34)、第 741 条(5)或第 761 条(15)规定的保证金求偿权或第 101 条(35)或第 741 条(8)规定的结算金求偿权)的抵消，上述债务人权利产生于商品合同、期货合同或有价证券合同，这些合同主要针对现金、保证金或其他财产，其中其他财产包括由那些商品经纪人、期货合同商、股票经纪人、金融机构或证券相关代理人由于提供保证金、担保、保证或处理商品合同、期货合同或证券合同而持有或收取的财产。

在特别案件中，第 362 条涵盖的行为不需要法院免于冻结的命令就可自动排除自动冻结制度的适用。

自动冻结将随着某些特定事件的发生而自动结束，其中，最显著的是案件结束或撤销，或是给予债务人破产免责。

(8) 美国《统一商法典》

第 8-111 条清算公司规则。清算公司采用的调整清算公司和它的参与人之间的权利义务的规则是有效的，即使该规则与本法相冲突并且影响了未同意该规则的其他人。

(9) 英国《公司法》(1989)

英国《公司法》专门设置了一章说明对抗破产法的内容，即第七章"金融市场与破产程序"。该章从 154 条到第 181 条，对三个方面的内容作出了规定：第一，市场参与人破产、清算和违约的特殊规则(第 155 条至第 172 条)；第二，确保市场交易的特定担保的效力和执行(第 173 条至第 176 条)；第三，关于提供用于抵偿交收净额的特定财产的权利和救济的规定(第 177 条至第 181 条)。

其中，第 159 条规定证券登记结算机构在破产程序中的优先权利。

该条规定市场合同、证券交易结算机构的风险防范规则以及证券登记结算机构根据其业务规则所作出的处理措施在破产程序中仍然被认为有效。第 164 条规定，一般破产程序中的合同撤销权不适用于金融市场合同或者证券登记结算机构根据其业务规则作出的处理。第 177 条规定，证券登记结算机构对于用于抵偿交收净额的财产的权利不受该财产上其他利益的影响，只要根据业务规则是必要的，尽管在该财产上存在其他的优先利益或权利或者因违反信托业务而产生的救济权，证券登记结算机构仍可对该保证金行使权利。

三、结算的终局性

(1) 《关于中介化证券的实体法公约》

第 27 条规定："当系统参与人处分证券的指令或为取得及处分证券进行资金交付的指令已经不可撤销地进入系统且已被处理，禁止撤销该指令。"

(2) 欧盟《证券交收最终性指令》(1998)

第二部分第 5 条规定："从系统规则定义的时刻开始，转账命令不得被该系统的参与方或第三方撤销。"

(3) 香港《结算及交收系统条例》(2004)

第三部分第 19 条规定："(1)本条适用于符合以下描述的任何透过指定系统达成的转拨、转让或交收，而该系统的运作规则规定上述的转拨、转让或交收属终局的及不可撤销的：(a)将资金转拨入参与者的账户或从参与者的账户转拨出来；(b)就付款义务而进行的交收；或(c)就转让记账证券的义务而进行的交收，或该等证券的转让。(2)尽管任何成文法律或法律规则有任何相反规定，本条适用的转拨、转让或交收：(a)不得予以逆转、退款或推翻；或(b)不受法院为更正或搁置该转拨、转让或交收而作出的命令所规限。"

(4)《金融市场基础设施原则》(2012)

原则八：FMI 应当提供清晰和确定的最终交收，至少应当在交收日日终实现最终交收。在必要或可行时，FMI 应当提供日间或实时的最终交收。

FMI 的规则与程序应当提供清晰和确定的最终交收时间点。同时，FMI 应清晰地定义不允许参与人撤销未结清的支付、过户指令或其他债务的时间点。

附录 6

最高人民法院关于上海金融法院案件管辖的规定

法释〔2018〕14 号

(2018 年 7 月 31 日最高人民法院审判委员会
第 1746 次会议通过,自 2018 年 8 月 10 日起施行)

为服务和保障上海国际金融中心建设,进一步明确上海金融法院案件管辖的具体范围,根据《中华人民共和国民事诉讼法》《中华人民共和国行政诉讼法》《全国人民代表大会常务委员会关于设立上海金融法院的决定》等规定,制定本规定。

第一条 上海金融法院管辖上海市辖区内应由中级人民法院受理的下列第一审金融民商事案件:

(一) 证券、期货交易、信托、保险、票据、信用证、金融借款合同、银行卡、融资租赁合同、委托理财合同、典当等纠纷;

(二) 独立保函、保理、私募基金、非银行支付机构网络支付、网络借贷、互联网股权众筹等新型金融民商事纠纷;

(三) 以金融机构为债务人的破产纠纷;

(四) 金融民商事纠纷的仲裁司法审查案件;

(五) 申请承认和执行外国法院金融民商事纠纷的判决、裁定案件。

第二条　上海金融法院管辖上海市辖区内应由中级人民法院受理的以金融监管机构为被告的第一审涉金融行政案件。

第三条　以住所地在上海市的金融市场基础设施为被告或者第三人与其履行职责相关的第一审金融民商事案件和涉金融行政案件，由上海金融法院管辖。

第四条　当事人对上海市基层人民法院作出的第一审金融民商事案件和涉金融行政案件判决、裁定提起的上诉案件，由上海金融法院审理。

第五条　当事人对上海金融法院作出的第一审判决、裁定提起的上诉案件，由上海市高级人民法院审理。

第六条　上海市各中级人民法院在上海金融法院成立前已经受理但尚未审结的金融民商事案件和涉金融行政案件，由该中级人民法院继续审理。

第七条　本规定自 2018 年 8 月 10 日起施行。

明确案件管辖范围　服务保障上海国际金融中心建设
——最高人民法院立案庭负责人就上海金融法院案件
管辖司法解释答记者问

中国法院网讯(孙航)　为服务和保障上海国际金融中心建设，进一步明确上海金融法院的案件管辖，根据《中华人民共和国民事诉讼法》《中华人民共和国行政诉讼法》《全国人民代表大会常务委员会关于设立上海金融法院的决定》等规定，2018年7月31日，最高人民法院审判委员会第1746次会议，审议通过了《最高人民法院关于上海金融法院案件管辖的规定》(以下简称《规定》)，决定自2018年8月10日施行。最高人民法院立案庭负责人就《规定》涉及的主要问题，回答了记者的提问。

问：请介绍一下《规定》的出台背景和起草过程?

答：习近平总书记指出，"金融安全是国家安全的重要组成部分，是经济平稳健康发展的重要基础"。2017年，《中共中央、国务院关于服务实体经济防控金融风险深化金融改革的若干意见》(中发〔2017〕23号)明确提出，"根据需要设立金融公诉和审判机构，健全涉众型金融纠纷案件诉讼机制，完善行政和解调解、仲裁等多元化纠纷解决机制"。2018年3月28日，中央全面深化改革委员会第一次会议审议通过了《关于设立上海金融法院的方案》(以下简称《方案》)，明确上海金融法院专门管辖上海市应由中级人民法院管辖的金融商事案件和涉金融行政案件。2018年4月27日，第十三届全国人大常委会第二次会议作出《关于设立上海金融法院的决定》(以下简称《决定》)，明确上海金融法院专门管辖上海金融法院设立之前由上海市的中级人民法院管辖的金融民商事案件和涉金融行政案件，管辖案件的具体范围由最高人民法院确定。

制定上海金融法院案件管辖的司法解释是落实《方案》和《决定》的重要举措。近年来，上海法院已初步建立起比较完善的金融审判体系和审判工作机制，积累了丰富的金融审判实践经验，建立了一支较强的金融审判队伍。在《决定》作出后，按照周强院长关于设立上海金融法院"有利于增强中国金融司法的国际影响力、有利于国家金融战略的深入实施、有利于上海国际金融中心的发展建设"的指示要求，我们立即开展起草工作，充分调研了上海金融审判实际，全面听取了上海市高级人民法院关于《规定》稿的意见建议。2018 年 5 月，专门在上海高院召开座谈会，与中国人民银行上海分行、上海市金融服务办公室以及上海黄金交易所、中国金融期货交易所等在沪金融监管机构和单位进行了交流沟通。在此基础上，我们完成了司法解释的起草工作，征求了全国人大常委会法工委及相关部门意见。可以说，《规定》的起草，坚持宪法和法律规定基本框架，紧扣服务保障上海国际金融中心建设主题，立足充分发挥上海金融法院专门审判职能，积极回应当前金融审判案件管辖实践，凝聚形成多方共识，为即将挂牌的上海金融法院准确适用法律提供了制度保障。

问：请介绍一下《规定》的亮点？

答：《规定》共七个条款，其中，最大的亮点，是第一条明确了金融民商事案件范围，分为五项表述，分别是：(一)证券、期货交易、信托、保险、票据、信用证、金融借款合同、银行卡、融资租赁合同、委托理财合同、典当等纠纷；(二)独立保函、保理、私募基金、非银行支付机构网络支付、网络借贷、互联网股权众筹等新型金融民商事纠纷；(三)以金融机构为债务人的破产纠纷；(四)金融民商事纠纷的仲裁司法审查案件；(五)申请承认和执行外国法院金融民商事纠纷的判决、裁定案件。在这一条的起草过程中，我们主要采用的是"案由为主、主体为辅"方式。

第一项规定的 11 类纠纷，在 2011 年 4 月 1 日起施行的《民事案件案由规定》(法〔2011〕41 号)里均有规定，其中，证券、期货交易、信托、保险、票据、信用证纠纷属于二级案由。实践中，上述11类纠纷，争议一方的主体一般都是金融机构，故属于金融民商事案件并无争议。这里讲的金融机构，是指经国家金融监管机构批准设立的从事金融相关交易的机构，主要包括：银行、证券交易所、期货交易所、黄金交易所、证券登记结算公司、证券公司、期货公司、信托公司、保险公司、基金公司、金融资产管理公司、融资租赁公司、汽车金融公司、财务公司(有金融许可证)、担保公司、典当行、小额贷款公司、保理公司、经中国证券投资基金业协会登记备案的私募投资基金等。这些机构，往往持有特定金融牌照，需要经过专门的审批或者备案登记，以便于确认。而像普通的民间借贷案件，则不纳入上海金融法院的管辖范围。

第二项属于《民事案件案由规定》没有予以规定的纠纷，但是，相关司法解释已经予以明确，或者急需司法解释予以确定。其中，《最高人民法院关于审理独立保函纠纷案件若干问题的规定》(法释〔2016〕24号)明确规定了独立保函纠纷，保理纠纷的相关司法解释正在制定过程中。私募基金纠纷，包括私募股权、私募证券基金，涵盖了私募基金内外部纠纷。非银行支付机构网络支付纠纷，俗称"第三方支付"纠纷。网络借贷纠纷，俗称"P2P"纠纷，当事人双方中一方是网络借贷平台的，属于金融民商事案件；如当事人双方都是公民的，目前我们考虑不列入金融民商事案件范围，属于普通民事案件。互联网股权众筹纠纷，是指投资者通过互联网渠道出资获取融资公司一定比例股份引发的纠纷。实践中，互联网众筹还涉及到慈善捐款、买卖产品等类型，因此类众筹不涉及到投资营利这一金融属性，不属于金融民商事案件。区别于第一项的纠纷类型，我们使用了新型金融民商事纠纷的表述。同时，我们也注意到上述第一、第二项规定的纠纷，可能不能完全涵盖上海金融审判实际，故采用了"等"的表述。《规定》施行后，上海高院可以从实际出发，在《规定》的框架内出台具体的实施细则。

第三项规定了以金融机构为债务人的破产纠纷，主要考虑是以金融机构为债务人的破产纠纷，涉及特殊的程序设计与法律安排，与普通商事主体的破产程序有较大的不同，而且涉及的利益主体众多，稍有不慎可能引发更大的风险。上海金融法院对此类案件进行专门管辖，可以统一裁判标准，防范金融风险。

第四项、第五项属于《民事案件案由规定》提及的程序性案件。其中，第五项突出强调申请承认和执行外国法院金融民商事纠纷的判决、裁定，既体现了上海金融法院的开放性、合作性，也符合金融审判实际。当然，涉及到申请认可和执行香港特别行政区、澳门特别行政区及台湾地区法院金融民商事纠纷的判决，也应参照《规定》执行。

需要强调的是，上海金融法院是上海市的专门法院，审级上对应的是中级法院，管辖上述五项案件的前提是应当由上海市辖区中级人民法院管辖的第一审案件，不能跨上海市行政辖区管辖金融民商事案件。当然，为充分发挥上海金融法院专业审判职能，服务保障金融创新需要，对于实践中出现的上海市辖区外确实存在着适用法律、认定事实重大争议情形的案件，根据诉讼法的相关规定，最高人民法院可以另行指定上海金融法院进行管辖，但《规定》不涉及这方面的内容。

问：刚才您提到了一审金融民商事案件的范围，请问上海金融法院管辖的涉金融一审行政案件范围怎么理解？

答：《方案》明确规定上海金融法院专门管辖上海市辖区中级人民法院受理的以金融监管机构为被告的一审、二审和再审申请涉金融行政案件。该规定将"以金融监管机构"为被告来定义"涉金融行政案件"，较为清晰明确。目前，上海地区的金融监管机构主要分为两类：一是中国人民银行上海分行、中国银监会上海监管局、中国证监会上海监管局、中国保监会上海监管局(目前，根据中央机构改革要求，原银监会、保监会已经合并成为银保监会，但是在上海的银监局、保监局尚未合并)，二是上海市金融服务办公室。

除上海市金融服务办公室在上海市黄浦区外，上述其他金融监管机构均位于上海市浦东新区。《中华人民共和国行政诉讼法》第十四条规定，"基层人民法院管辖第一审行政案件"。《中华人民共和国行政诉讼法》第十五条规定，"中级人民法院管辖下列第一审行政案件：(一)对国务院部门或者县级以上地方人民政府所作的行政行为提起诉讼的案件；(二)海关处理的案件；(三)本辖区内重大、复杂的案件；(四)其他法律规定由中级人民法院管辖的案件"。《中华人民共和国行政诉讼法》第十八条第一款规定，"行政案件由最初作出行政行为的行政机关所在地人民法院管辖。经复议的案件，也可以由复议机关所在地人民法院管辖"。因此，以这些金融监管机构为被告提起的一审行政诉讼案件，管辖法院一般是上海市黄浦区人民法院和浦东新区人民法院。

上海金融法院成立前，当事人不服上海市黄浦区、浦东新区人民法院涉金融一审行政案件判决、裁定提起的上诉，由上海市第三中级人民法院审理。上海金融法院成立后，上海市第三中级人民法院不再审理涉金融二审行政案件，此类二审案件均由上海金融法院审理。

但是，对于上海市辖区内出现的新型、疑难、复杂的涉金融行政案件，以及法律及司法解释规定的特定情形的案件，上海金融法院作为审级上的中级法院，可以对应由基层人民法院受理的涉金融行政案件进行管辖，故《规定》也进行了明确。

问：金融市场基础设施在上海国际金融中心建设过程中发挥着重要的作用，请问《规定》对涉金融市场基础设施案件的管辖是怎么考虑的？

答：金融市场基础设施是经济金融运行的基础。安全、高效的金融市场基础设施对于畅通货币政策传导机制、加速社会资金周转、优化社会资源配置、维护金融稳定并促进经济增长具有重要意义。在上海金融法院设立之前，最高人民法院先后出台《关于对与证券交易所监管职能相关的诉讼案件管辖与受理问题的规定》、《关于中国证券登记结算有限责任公司履行职能相关的诉讼案件指定管辖问题的通知》、《关于审理期货纠纷案件若干问题的规定(二)》等司法解释和规范性文件，指定以上海证券交易所、上海期货交易所、中国金融期货交易所股份有限公司等金融市场基础设施为被告或者第三人与其履行职能引发的一审民事、行政案件，由上海市辖区中级人民法院管辖。由于上述金融市场基础设施住所地位于上海市第一中级人民法院辖区，目前相关案件均由上海市第一中级人民法院管辖。上海金融法院成立之后，根据《决定》，此类案件应移交由上海金融法院管辖。

除上海证券交易所、上海期货交易所、中国金融期货交易所股份有限公司以外，近年来，随着上海金融中心建设的深入发展，住所地在上海市的金融市场基础设施不断增加完善。2018 年 5 月，我们赴上海调研，专门召集在上海的金融市场基础设施代表举办了座谈会，了解其相关职能，听取上海金融法院案件管辖的意见。与会金融市场基础设施代表纷纷表示，集中管辖有助于案件的统一审理和业务的风险防控，还减少了为解决纠纷耗费的成本，故对最高人民法院集中管辖非常支持。我们认为，对除上海证券交易所、上海期货交易所、中国金融期货交易所股份有限公司以外的其他住所地在上海市的金融市场基础设施，所涉及的金融民商事案件和涉金融行政案件集中管辖有必要性，且不会引发很大争议。一是符合民事诉讼法、行政诉讼法地域管辖的基本原则。根据民事诉讼法、行政诉讼法"原告就被告"的一般地域管辖基本原则，上海法院对住所地在上海的金融市场基础设施为被告或者第三人的民事、行政案件本身就具有法定管辖权；二是有利于防范系统性金融风险。金融市场基础设施大都属于系统重要性金融机构，业务规模较大、业务复杂程度较高，一旦发生风险事件将给地区乃至全球金融体系带来冲击。许多国家与地区已经专门制定了系统重要性金融机构名单，在法律与监管上予以特别对待；三是有利于提升中国国际金融交易规则话语权。有的金融市场基础设施属于交易场所，系交易的组织者，其规则的解释及变动，不仅对于参与交易的各方利益有极大的影响，还会影响到我国在国际金融市场上对规则的话语权。因规则产生的纠纷，有可能通过民事诉讼或者行政诉讼进入司法程序由法院裁判。如果不统一管辖，而由各地不同的法院通过个案解释规则，难免会产生执法不统一现象，进而影响交易者的信心与交易场所的地位；四是有利于维护国家金融安全。如属于交易场所的金融市场基础设施，往往涉及保证金的缴纳、收取、集中管理等，对交易的安全具有重要意义。当这些金融市场基础设施因履行其职能卷入诉讼时，需要统一司法裁判标准，避免其财产尤其是保证金成为随意扣划的对象。

基于上述考虑，《规定》明确诸如上海证券交易所、上海期货交易所、中国金融期货交易所股份有限公司等金融市场基础设施为被告或者第三人，与其履行职能相关的第一审金融民商事案件和涉金融行政案件，集中由上海金融法院管辖。至于金融市场基础设施的范围，中国人民银行曾指出，"金融市场基础设施是指参与机构(包括系统运行机构)之间，用于清算、结算或记录支付、证券、衍生品或其他金融交易的多边系统，包括重要支付系统、中央证券存管、证券结算系统、中央对手和交易数据库等五类金融公共设施"。实践中，对于被告或者第三人是否属于金融市场基础设施，应以中国人民银行等主管部门认定为准。基于司法解释制定严谨、开放、周延的考虑，《规定》没有直接列举这些金融市场基础设施名称，比如说，现在是金融市场基础设施的主体，今后出现更名、合并、退出等情形，我们就没有必要再行修改司法解释。同样，今后如出现住所地在上海市的新的主体，属于中国人民银行等主管部门认定的金融市场基础设施，则显然适用本《规定》，对此我们也没有必要再行出台新的司法解释。

图书在版编目(CIP)数据

金融市场基础设施的法律保护：现状、冲突与改进/
郑彧，季奎明，曾大鹏著.—上海：上海人民出版社，
2018
（华东政法大学国际金融法律学院上海"五个中心"
建设丛书）
ISBN 978 - 7 - 208 - 15455 - 1

Ⅰ.①金⋯　Ⅱ.①郑⋯　②季⋯　③曾⋯　Ⅲ.①金融市
场-基础设施-法律保护-中国　Ⅳ.①D922.297

中国版本图书馆 CIP 数据核字（2018）第 220700 号

责任编辑　夏红梅
封面设计　一本好书

华东政法大学国际金融法律学院上海"五个中心"建设丛书
金融市场基础设施的法律保护
——现状、冲突与改进
郑　彧　季奎明　曾大鹏 著

出　　版　上海人民大版社
　　　　　（200001　上海福建中路 193 号）
发　　行　上海人民出版社发行中心
印　　刷　常熟市新骅印刷有限公司
开　　本　635×965　1/16
印　　张　14.75
插　　页　2
字　　数　198,000
版　　次　2018 年 11 月第 1 版
印　　次　2018 年 11 月第 1 次印刷
ISBN 978 - 7 - 208 - 15455 - 1/F·2553
定　　价　48.00 元